DES COUPLES TRAGIQUES DE L'HISTOIRE

DU MÊME AUTEUR

AUX ÉDITIONS PERRIN

Louis II de Bavière ou le Roi foudroyé, 1975, couronné par l'Académie française.

Sissi ou la Fatalité, 1983, prix des Ambassadeurs.

La Princesse Mathilde, 1988, prix Napoléon III.

Eugénie, la dernière impératrice, 1997, Grand Prix de la Fondation Napoléon.

Haussmann, la gloire du Second Empire, 2001, prix Historia.

Rodolphe et les secrets de Mayerling, 2004.

La Saga des Habsbourg, 2010.

La Saga des Windsor, 2011.

La Saga des reines, 2012.

La Saga des favorites, 2013.

La Saga des grandes dynasties, 2014.

Le Sceptre et le Sang, 2014.

Nicolas II et Alexandra de Russie. Une tragédie impériale, 2015.

François-Joseph et Sissi. Le devoir et la rébellion, 2017.

Elizabeth II. La Reine, 2018.

• Albums illustrés de photographies de Jérôme da Cunha

Les Châteaux fous de Louis II de Bavière, 1986.

Sur les pas de Mozart (en collaboration avec Frédéric Pfeffer), 1991.

Sur les pas des tsars à Saint-Pétersbourg, 1992.

Sur les pas de Sissi, 1998.

Tapioca, cet inconnu, 2008.

• Collection « Tempus »

Rodolphe et les secrets de Mayerling, 2007.

Le Roman de Vienne, 2008.

Eugénie, la dernière impératrice, 2008.

Louis II de Bavière, 2010.

La Saga des Grimaldi, 2011.

Malesherbes gentilhomme des Lumières, 2012.

La Saga des Habsbourg, 2013.

La Saga des Windsor, 2014.

La Saga des Romanov, 2015.

Sissi, impératrice d'Autriche, reine de Hongrie, 2017.

Les Châteaux de la Loire, 2018.

Le Sceptre et le Sang. Rois et reines dans la tourmente, 2018.

AUX ÉDITIONS PLON

Dictionnaire amoureux des trains, 2006.

La Saga des Romanov, 2008.

La Véritable Histoire des châteaux de la Loire, 2009.

Dictionnaire amoureux des monarchies, 2019.

(suite en fin d'ouvrage)

Jean des Cars

DES COUPLES TRAGIQUES DE L'HISTOIRE

PERRIN

Ouvrage publié sous la responsabilité éditoriale
de Grégory Berthier-Saudrais

92, avenue de France
75013 Paris
Tél. : 01 44 16 08 00

ISBN : 978-2-262-08718-0
Dépôt légal : novembre 2020

Mise en pages : FACOMPO, Rouen

Pour Monique, avec amour et complicité.

1
Au Portugal :
le couronnement de la reine morte

L'historien et académicien français Pierre Gaxotte estimait que « l'histoire, c'est une reine qui a des malheurs ». Il est certain qu'Inès de Castro a eu des malheurs. Mais, pis encore, elle n'est devenue reine qu'après sa mort ! Une incroyable histoire... Si vos pas vous conduisent vers la petite ville d'Alcobaça, au nord de Lisbonne, sur la route de Fatima, vous découvrirez un extraordinaire monastère édifié en pleine Reconquista, en 1147, par le premier roi du Portugal, Alphonse Ier Henriques. Il était un descendant d'Henri de Bourgogne, le premier titulaire du « comté de Portugal ». Alphonse Henriques fit venir des moines observant la règle de saint Bernard, formés à Cîteaux, en Bourgogne. Et c'est pour eux qu'il fit construire ce gigantesque monastère, accomplissant ainsi une promesse faite au cours d'un combat contre les Maures en 1147. Les moines de Cîteaux arrivèrent en 1153 et le monastère fut achevé en 1178. L'église abbatiale est d'une pureté de lignes et d'une sobriété de décoration qui tranchent avec le gothique flamboyant de l'époque. Près de 600 mètres de long, 21 de large et plus de 20 mètres de hauteur. C'est ce lieu d'une haute spiritualité que le roi Pierre Ier de Portugal, surnommé « le Cruel », choisit pour y élever le tombeau de sa bien-aimée Inès de Castro. La splendeur du monument de marbre blanc est un chef-d'œuvre de la sculpture gothique. Le sarcophage d'Inès repose sur des griffons à tête d'homme. Ils figurent ses assassins. Les quatre faces sont surmontées d'une frise aux armes du Portugal et de la famille de Castro. Sur les côtés, les sculptures figurent des scènes de la vie du Christ.

À ses pieds, une composition grouillante de personnages illustre le Jugement dernier. La gisante couronnée est endormie pour l'éternité. Six anges éplorés veillent sur son sommeil. Face à son tombeau, Pierre Ier a voulu que l'on dresse son propre sarcophage. Ils sont face à face afin qu'au jour du Jugement dernier Inès et Pierre, les yeux dans les yeux, échangent un regard d'amour avant de se lever de leurs tombeaux pour entrer dans la vie éternelle. Cette extraordinaire histoire d'amour défie le temps. C'est, évidemment, une tragédie.

Elle se situe à une période clé de l'histoire du Portugal. C'est un pays jeune. En 1095, le comté de Portugal d'Henri de Bourgogne ne comportait que la région de Porto, à l'embouchure du Douro. Son successeur, Alphonse le Conquérant, est le premier à prendre le titre de roi. Il repousse les Maures au-delà de Lisbonne. Son fils, Sanche Ier, attire des colons dans le pays fraîchement reconquis sur les Arabes. Plus tard, Alphonse III, vers 1250, libère le sud du territoire. Il acquiert l'Algarve, mais pour entériner cette conquête il doit calmer l'animosité de la Castille à l'égard du Portugal et épouser la fille d'Alphonse X de Castille. Son fils Denis va faire du Portugal un pays prospère. Il favorise la vie urbaine, l'industrie, le commerce, appelle à son service un amiral génois pour créer une marine et il fonde l'université de Lisbonne en 1291. Son successeur, Alphonse IV le Brave, est le père de notre héros, Pierre. Comme ses prédécesseurs, il est obligé de lutter contre la Castille. Il va néanmoins se réconcilier avec Alphonse XI de Castille pour lutter avec lui contre les Maures. Il prend part à la grande reconquête hispano-portugaise de Tarifa, dans le sud de l'Espagne, en 1340. La même année, pour concrétiser cette réconciliation, Alphonse IV va fiancer Pierre, âgé de vingt ans, à la fille du roi de Castille. Cette dernière se prénomme Constance. Lorsqu'elle arrive à la cour du Portugal, avec sa nombreuse suite, ce n'est pas elle qui retient l'attention de son fiancé Pierre, mais une de ses suivantes, sa dame d'honneur, Inès de Castro. Âgée elle aussi de vingt ans, extrêmement belle, elle a les yeux verts et un col de cygne. Et Pierre tombe immédiatement éperdument amoureux d'elle. Il va néanmoins accomplir son devoir d'infant et épouser Constance. Mais très vite, Inès devient sa maîtresse. Alphonse IV est contrarié mais laisse faire. Constance meurt cinq ans plus tard, en 1345, après avoir donné à Alphonse un fils, Ferdinand. Pierre annonce alors à son père qu'il a l'intention d'épouser Inès et de légitimer ses bâtards. Cette fois, le roi est furieux. Il ne veut pas de cette union car il juge Inès dangereuse et sa famille trop puissante. Il sait qu'elle a des frères très ambitieux et craint une nouvelle mainmise de la Castille sur le pouvoir portugais. Alphonse chasse Inès de la Cour. Mais l'amour de Pierre et d'Inès est si fort que ni la colère du roi ni son exil ne les empêcheront de s'aimer. Inès se réfugie à Coimbra dans une *quinta* dépendant du monastère de Santa Clara-a-Velha, au bord du rio Mondego. On l'appelle « le couvent au bord du fleuve ».

Pierre rend souvent visite à Inès. S'il ne peut venir, il lui envoie des lettres qui arrivent par bateau sur le petit canal qui serpente le long de son jardin. Inès lui a donné trois enfants, Béatrice, Jean et Denis. Les amants sont devenus des époux secrets. Ils se fixent des rendez-vous au pied de la Fonte dos Amores, (« fontaine des amoureux ») chantée par le grand poète Camoens. Cette passion clandestine exaspère Alphonse IV qui aimerait bien que son fils se remarie pour continuer d'assurer la descendance légitime du royaume. Bien que secret, le mariage existe. Il faut donc assassiner Inès par raison d'État. Trois hommes de main sont chargés de ce travail pendant que Pierre est parti à la chasse, le 7 janvier 1355.

Le meurtre est d'une violence extrême. Inès est transpercée de multiples coups de poignard puis décapitée. La maison où elle résidait va désormais s'appeler la Quinta das Lágrimas, la « villa des Larmes ». Inès y aura un tombeau, que nous savons provisoire, dans l'église de Santa Clara.

L'assassinat d'Inès rend Pierre fou. Il se transforme en fils révolté, gagne le nord du pays et entre en rébellion contre son père pendant deux ans. On dit que sa mère, Béatrice de Castille, réussit à les réconcilier et qu'il a promis à son père de pardonner aux assassins de son épouse.

Alphonse IV meurt en 1357. Sitôt proclamé roi sous le nom de Pierre Ier, il va mériter son surnom de « Justicier » ou de « Cruel ». Il n'a pas pardonné... Deux des assassins d'Inès, Pero Coelho et Diego Lopes Pacheco, s'étaient réfugiés en Castille. Le nouveau souverain ordonne leur retour au Portugal. Pierre estime que pour s'être acharnés avec autant de cruauté sur sa pauvre Inès, ses bourreaux ne doivent pas avoir de cœur. Il exige qu'on le leur arrache de leur vivant, l'un par la poitrine, l'autre par les épaules. Le troisième tueur, Álvaro Gonçalves, s'était réfugié au-delà des Pyrénées. Il aura ainsi échappé à une fin atroce...

Mais ce n'était que la première partie de la vengeance de Pierre...

En 1361, le roi organise une cérémonie particulièrement macabre. Elle se déroule en plusieurs étapes. Le cercueil d'Inès est d'abord extrait de l'église de Santa Clara. La dépouille est transférée de nuit, dans un lent cortège, du couvent de Santa Clara au monastère d'Alcobaça. Sur les 100 kilomètres du parcours sont disposés des porteurs de torche qui éclairent le convoi. Le clergé et le peuple suivent en chantant des cantiques et des psaumes. À l'arrivée à Alcobaça, Inès est extraite de son cercueil. Elle est morte depuis huit ans : on imagine le spectacle ! Son corps est recouvert d'un manteau de pourpre et de nombreuses dentelles qui couvrent sa tête que l'on a replacée sur son corps... Elle est assise sur un trône à côté de celui du roi, dans la nef de l'église. Elle va maintenant être couronnée. Pierre Ier avait promis : « Tu seras reine ici comme tu l'aurais été ; tes fils, seulement parce qu'ils sont tes fils, deviendront infants ; ton corps innocent recevra les honneurs royaux. » La reine reçoit sa couronne. Tous les nobles de sa cour ont été convoqués pour assister à la cérémonie. Chacun devra rendre hommage à la reine en s'inclinant et baiser sa main desséchée, à peine voilée d'une dentelle. Inès, la reine morte, est vengée. Inutile de dire que ce spectacle, incroyable, d'un corps décomposé sidère tous ceux qui y assistent !

Inès peut maintenant être inhumée dans son tombeau de marbre blanc. Pierre Ier ne s'est jamais remarié, mais il a une maîtresse qui lui donne un fils, João, en 1357, l'année de son accession au trône.

Pierre Ier meurt en 1367. Il repose désormais dans l'église d'Alcobaça, face à Inès, dans un tombeau de marbre aussi somptueux que celui de son épouse. Le gisant, sévère, barbu et couronné, est lui aussi soutenu par des anges. Sur ses faces latérales, le tombeau conte la vie de saint Barthélemy, patron du roi. Le chevet est occupé par une très belle rosace représentant peut-être la roue de la Fortune, mais plutôt des scènes de la vie d'Inès et Pierre, scènes qui se poursuivent dans la frise supérieure du tombeau. Ce tombeau qu'il a voulu est encore un chant d'amour à Inès.

Le fils qu'il avait eu avec Constance de Castille, Ferdinand, devient le roi Ferdinand Ier. Quand celui-ci décède en 1383, c'est Jean, alors grand prieur de l'ordre d'Aviz, qui lui succède. Il sera le fondateur de la dynastie d'Aviz. Comme il avait été soutenu par les Anglais pour son accession au trône (c'était un bâtard, ce n'était donc pas évident), il va signer en 1386 le traité de Windsor scellant une alliance qui, jusqu'à nos jours, est encore la base de la politique étrangère du Portugal. On est dans les prémisses de la guerre de Cent Ans. La France soutient la Castille pour qu'elle absorbe le Portugal et l'Angleterre défend un Portugal indépendant. Cette alliance très politique aura, plus tard, des conséquences épicuriennes : à partir du XVIIIe siècle, le vignoble de porto sera particulièrement apprécié des Britanniques.

Un des fils de Jean ne régnera pas mais se fera connaître dans le monde entier : il s'agit d'Henri le Navigateur. On sait qu'ayant réuni autour de lui les marins et les voyageurs les plus célèbres de son temps, il fonda à Sagres un arsenal, un observatoire, une école cartographique et nautique. C'est de là qu'il dirigea une série d'expéditions vers l'Afrique donnant l'impulsion décisive qui a permis les grandes explorations, lesquelles feront la fortune du Portugal au XVe siècle.

Pierre Ier peut dormir tranquille auprès de sa belle Inès : c'est sa descendance qui, bien qu'illégitime, a fait du Portugal le pays des rois navigateurs. La cérémonie – macabre – du couronnement posthume d'Inès a inspiré, au XIXe siècle, la peinture d'histoire et divers auteurs, mais aussi, au XXe, une célèbre tragédie à l'écrivain français Henry de Montherlant, *La Reine morte*, créée à la Comédie-Française le 8 décembre 1942. C'est la première pièce d'un romancier qui s'est fait connaître, avant guerre, par *Les Célibataires* et *Les Jeunes Filles*. Il situe sa pièce « au Portugal autrefois ». Le vieux roi ne s'y prénomme pas Alphonse mais don Ferrante. Il est d'une totale inhumanité. Il fait assassiner Inès non par raison d'État, mais gratuitement. Le sacrifice d'Inès est inutile. Montherlant lui-même dira de sa pièce et du roi qu'il est l'« incarnation de sa haine de la vie ». La pièce, mise en scène par Pierre Dux et interprétée par Madeleine Renaud et Jean Yonnel, obtient un triomphe mérité. Pour une large partie du public, la vérité et la force de cette impressionnante et hallucinante tragédie amoureuse sont une découverte. Beaucoup diront, dans cette période d'Occupation, qu'il y avait longtemps que la plus prestigieuse scène dramatique française n'avait été aussi bien inspirée.

2
François II
et Marie Stuart :
trop de couronnes pour deux enfants

L'histoire du mariage de Marie Stuart et du dauphin François, fils aîné d'Henri II et de Catherine de Médicis, est évidemment politique, prévue dès avant leur rencontre. Et pourtant, ces deux enfants s'aiment. Ils se connaissent depuis leurs très jeunes années et ont été élevés ensemble. Mais pourquoi la jeune reine d'Écosse est-elle élevée à la cour de France ?

Marie Stuart est née le 8 décembre 1542 en Écosse, au château de Linlithgow, dans une période dramatique où l'Écosse était sur le point de perdre son indépendance. Son père, le roi Jacques V Stuart, venait d'être battu par les Anglais à Solway Moss. Cette défaite l'avait considérablement déprimé. C'était un peu dans sa nature ; un homme vaillant et courageux mais qui pouvait se laisser abattre lorsque le sort s'acharnait sur lui. Après sa lourde défaite, il avait erré de château en château et était passé par celui de Linlithgow (il y était né en 1512) où sa femme, Marie de Guise, était sur le point d'accoucher.

Puis il s'était rendu à Falkland. Il y avait été pris de fièvre, avait cessé de s'alimenter. C'est là qu'il avait appris la naissance de sa fille Marie. Le fait que ce soit une fille l'accable. Il meurt trois jours plus tard, le 13 décembre 1542. La petite Marie, âgée de huit jours, est la nouvelle reine d'Écosse.

L'Angleterre et l'Écosse ont toujours eu des rapports compliqués, la première essayant d'absorber la seconde et la seconde trouvant toujours les forces nécessaires pour s'y opposer. Pour survivre dans ce permanent risque d'agression, l'Écosse s'était, depuis longtemps, tournée vers la France. C'est la fameuse *Auld Alliance* qui existait depuis le début du XIVᵉ siècle. En effet, pendant la guerre de Cent Ans, des contingents écossais avaient combattu aux côtés de la France contre les Anglais. En 1445, le roi de France Charles VII instituait une compagnie de gendarmes écossais pour organiser sa garde personnelle. Un biographe de Marie Stuart, Michel Duchein, nous explique l'intérêt de cette alliance : « Du point de vue français, l'Alliance présentait l'intérêt d'assurer, en cas de conflit avec l'Angleterre, la possibilité d'ouvrir un second front au nord. L'Écosse était "la porte arrière de l'Angleterre". Du point de vue écossais, l'avantage était encore plus évident : aide économique et surtout aide militaire pour défendre un pays essentiellement faible et menacé[1]. »

La première épouse de Louis XI était Marguerite d'Écosse, fille de Jacques Iᵉʳ Stuart. Ces mariages franco-écossais étaient parfois contrebalancés par des mariages franco-anglais. Ainsi, le père de Jacques V

1 Michel Duchein, *Marie Stuart*, Paris, Fayard, 1987.

était marié à la sœur d'Henri VIII, Marguerite Tudor. Jacques V, roi d'Écosse, était donc le neveu du roi d'Angleterre. Pour compenser ce sang anglais, Jacques V décide d'épouser une princesse française. Il se rend à la cour de François Ier et demande au roi la main de Marie de Bourbon, fille du duc de Vendôme. Mais une fois sa demande faite, il tombe éperdument amoureux de la propre fille de François Ier, Madeleine. Il prie alors le roi de France de bien vouloir reprendre sa parole... et de lui accorder la main de sa fille ! Bon prince, François Ier accepte. Les noces sont célébrées à Notre-Dame de Paris, le 1er janvier 1537.

Malheureusement, Madeleine est phtisique. Le climat humide et venteux de l'Écosse ne lui réussit pas. Elle meurt six mois plus tard, en juillet. Elle avait seize ans. Jacques V persiste : sa deuxième femme sera française. Il demande à un prêtre écossais qui vivait à la cour de France, David Beaton, de lui trouver une épouse susceptible de devenir reine d'Écosse. David Beaton lui suggère Marie de Guise, duchesse de Longuevillle, veuve depuis un an et mère d'un petit garçon. Elle a vingt-trois ans. Beaton a bien choisi : Marie de Guise est belle, vertueuse, énergique, d'un caractère agréable. Elle est si remarquable qu'Henri VIII, après la mort de sa troisième femme, Jane Seymour, l'avait demandée en mariage. Elle avait refusé, faisant remarquer avec un certain humour qu'elle avait le « cou trop petit », allusion claire à la décapitation d'Anne Boleyn ! Son cou était long et parfait et la dame avait de l'esprit.

Le roi d'Écosse épouse Marie de Guise en 1538. L'inspirateur de cette union, David Beaton, reçoit sa récompense : il est nommé archevêque et primat d'Écosse. Le mariage est heureux. La nouvelle reine d'Écosse aime son pays et se fait aimer de ses sujets. Comme beaucoup de femmes à cette époque – on peut penser à Diane de Poitiers et à beaucoup d'autres –, elle aime la vie au grand air, le cheval, les châteaux, en particulier le palais de Linlithgow, construit par son époux au bord d'un lac, qu'elle compare aux châteaux de la Loire. Un premier fils va naître, pour sa plus grande joie, car elle a dû laisser en France l'enfant qu'elle avait eu de son premier mariage. En 1541, elle accouche d'un second fils, qui meurt presque aussitôt. Hélas, peu de temps après, le roi et la reine d'Écosse vont être au désespoir : leur premier fils meurt lui aussi, emporté par une maladie infantile. Le roi Jacques V et la reine sont dévastés : ils n'ont plus d'héritier.

Politiquement, les rapports avec l'Angleterre se détériorent. Henri VIII déclare la guerre à l'Écosse. Le roi Jacques V tente une ultime opération contre les Anglais mais les Écossais sont battus à Solway Moss et Jacques V en meurt. Aussitôt, le cardinal Beaton devient régent d'Écosse, selon le testament du défunt roi. Le prélat est énergique, très au fait de la situation politique de l'Écosse, mais il peine à s'imposer à la turbulente noblesse écossaise. Autre source d'inquiétude, le protestantisme commence à se répandre en Écosse, porté par un jeune prédicateur redoutable et intransigeant, John Knox. Heureusement, Henri VIII, après sa victoire, n'a pas poussé son avantage. La mort de Jacques V et une nouvelle reine d'Écosse qui est un bébé fragile le font réfléchir. Il juge que finalement l'Écosse pourrait très facilement revenir à l'Angleterre. Il a enfin eu un fils, Édouard, en 1537. Il suffit d'attendre quelques années et de lui faire épouser la jeune reine d'Écosse. Ce serait la réunion des deux couronnes sans affrontement et sans bataille. De toute façon, l'Écosse n'a pas besoin d'Henri VIII pour être en ébullition. Les nobles écossais se chargent de s'en occuper ! Ainsi, le comte d'Arran, de la puissante famille des Hamilton, revendique la régence. Il est, par sa naissance, le premier seigneur d'Écosse et le plus proche dans la ligne de succession au trône. Il fait arrêter Beaton. Il prend le pouvoir. Henri VIII profite de l'occasion pour exiger les fiançailles de son fils Édouard avec la petite reine Marie. Pour plus de sécurité, il souhaite que Marie soit conduite en Angleterre pour être élevée à la Cour. Le parlement écossais, s'il accepte les fiançailles, refuse le départ de Marie. Inquiète, sa mère, Marie de Guise, quitte avec elle le château de Linlithgow, trop peu protégé, et la conduit à Stirling, une forteresse qui est l'une des portes d'accès des Highlands, pratiquement imprenable et l'une des résidences favorites des Stuarts. C'est dans l'église abbatiale de Stirling que la petite Marie, âgée de neuf mois, est couronnée reine d'Écosse, le 9 septembre 1543. On lui présente la couronne, l'épée et le sceptre, ce qu'on appelle « les honneurs de l'Écosse », lesquels, aujourd'hui encore, sont conservés au château d'Édimbourg.

Henri VIII est furieux. Il envoie sa flotte piller le port d'Édimbourg, dans le Firth of Forth, en 1545. L'armée anglaise se livre à des représailles, incendie des châteaux et des villages. Beaton, qui avait réussi à s'échapper, est sauvagement assassiné le

29 mai 1546, sur ordre d'Henri VIII. Affolé, le comte d'Arran, après avoir été proanglais, puis proécossais, se décide à faire appel à la France. C'était le bon moment car Henri VIII et François Ier vont mourir presque simultanément, le 28 janvier 1547 pour Henri et le 31 mars suivant pour François Ier.

Le nouveau roi d'Angleterre, Édouard VI, le toujours fiancé de Marie Stuart, est mineur. Le duc de Somerset assure la régence. En France, c'est Henri II qui monte sur le trône des Valois, le 31 mars 1547. Il répond immédiatement à l'appel au secours de l'Écosse. C'est un cousin de Catherine de Médicis, la reine de France, qui commande la petite flotte qu'Henri II envoie vers Édimbourg. Il s'appelle Léon Strozzi. Les troupes françaises s'emparent du château de St Andrews, la cité de la première université écossaise. Parmi les prisonniers qui rejoindront les galères du roi de France se trouve le prédicateur John Knox. Il n'y restera pas longtemps. Mais on reparlera de lui...

Furieux du débarquement français, le régent Somerset envoie une armée de 15 000 hommes en Écosse pour récupérer Marie, encore fiancée au roi d'Angleterre. Ces soldats ne trouveront pas Marie et une épouvantable bataille aura lieu dans les environs d'Édimbourg le 8 septembre 1547, à Pinkie Cleugh. Marie de Guise craint pour sa fille. Par prudence, elle la fait conduire de Sterling jusqu'au prieuré de Inchmahome, sur une île au milieu d'un lac, dans les contreforts des Highlands. Après les affrontements de Pinkie Cleugh, il n'est plus question de fiançailles entre Marie et le jeune roi d'Angleterre. Il faut un nouveau fiancé pour Marie. Il est tout trouvé. Ce sera le fils d'Henri II et de Catherine, le dauphin François. Il a quatre ans. Marie en a presque six. Le parlement d'Écosse vote l'annulation des fiançailles de Marie avec Édouard VI et organise les projets de mariage avec le dauphin de France. Marie Stuart sera élevée en France, auprès de son futur époux. La France continuera à aider l'Écosse. Elle envoie une nouvelle flotte, beaucoup plus importante que la précédente, toujours commandée par Strozzi. Elle entre dans le port d'Édimbourg le 16 juin 1548. Six mille hommes en débarquent. La flotte repart ensuite vers le sud, vers la France, tandis qu'un petit groupe de galères fait voile vers le nord, contourne l'Écosse par l'archipel des Orcades avant d'arriver en mer d'Irlande, puis remonte l'estuaire de la Clyde à l'ouest de l'Écosse. Les galères atteignent le château de Dumbarton, perché sur un roc basaltique. C'est l'une des plus anciennes places fortes écossaises. Marie de Guise les attend avec sa fille. Un de ses beaux portraits témoigne encore aujourd'hui de son séjour. Marie Stuart y reste le temps que la mer d'Irlande, déchaînée, se calme. Puis, la reine-enfant embarque avec son gouverneur, lord Erskine, son demi-frère, lord Jacques Stuart, fils naturel de Jacques V, une gouvernante, la belle lady Fleming, et quatre petites Écossaises, du même âge qu'elle, toutes prénommées Marie. On les appellera désormais « les quatre Marie de la reine ».

Le départ est fixé au 7 août 1548. Six jours de forte houle avant d'aborder la côte bretonne, autour du 15 août, à Roscoff. La petite reine et sa suite passent leur première nuit à Morlaix.

Puis sa suite remonte la Loire, avec elle, par bateau, jusqu'à Orléans. À Ancenis, Marie fait la connaissance de sa grand-mère, la duchesse de Guise, née Antoinette de Bourbon, tout de suite séduite par sa petite-fille. Ce sera réciproque. Marie aura toujours plaisir à séjourner chez elle dans son château de Meudon. La vraie réception officielle de Marie est fixée au 16 octobre, au château de Carrières-sur-Seine. Mais le roi est absent, il guerroie en Italie. C'est la reine qui accueille Marie, sa future belle-fille. Elle est accompagnée du dauphin François, le fiancé, âgé de quatre ans et dix mois. Il est temps de présenter la future belle-famille de Marie Stuart.

Le roi de France, Henri II, a vingt-neuf ans. Ce personnage mélancolique est le deuxième fils de François Ier. Avec son frère aîné, il a subi, dans son enfance, un traumatisme dont il ne s'est pas vraiment remis. Après la défaite de Pavie, en 1525, Charles Quint avait emprisonné François Ier. Le roi captif avait dû signer l'infâme traité de Madrid par lequel il livrait à l'Espagne ses deux fils, le dauphin François et son frère, Henri. Les deux garçons, âgés de huit et sept ans, allaient être emprisonnés à la place de leur père à Madrid ! Leur captivité dura quatre ans puis ils retrouvèrent la France. Henri, surnommé « le beau ténébreux », est grand, bien fait, athlétique mais plutôt renfrogné, choqué par les liaisons de son père, notamment avec la duchesse d'Étampes. Il n'a qu'une amie à la Cour, la grande sénéchale, la très belle Diane de Poitiers. Elle a vingt ans de plus que lui. François Ier décide de marier son fils cadet avant son aîné. Il va lui choisir une épouse qui n'est pas de sang royal mais qui a l'avantage, pour la politique italienne du roi, d'être la nièce du pape Clément VII. Après tout, ce n'est pas grave qu'elle soit issue de la riche bourgeoisie florentine, Henri n'est pas destiné à régner. Elle se nomme Catherine de Médicis. Le mariage a lieu à Marseille le 11 octobre 1533. Catherine et Henri ont le même âge, quatorze ans. Elle n'est pas jolie mais elle est intelligente et pleine de charme. Elle réussit à faire la conquête de son beau-père par ses talents de cavalière, sa conversation et son goût pour les fêtes. Catherine est follement amoureuse de son beau mari. Lui n'est guère empressé à son égard. Elle comprend très rapidement la place que tient Diane de Poitiers dans la vie de son époux.

C'est alors qu'un grand malheur va totalement changer la vie du couple princier : François, le dauphin, meurt brutalement le 10 août 1536, après avoir violemment pratiqué le jeu de paume puis bu de l'eau glacée. Il succombe à une congestion. Henri devient donc le dauphin et Catherine est future reine de France. Tout irait bien s'ils réussissaient à avoir un enfant. Diane de Poitiers, désormais la maîtresse du dauphin, tente d'aider le couple. Le temps passe. Catherine est terrorisée car elle sait que si elle n'enfante pas un héritier, elle risque d'être répudiée. Enfin, le 19 janvier 1544 à Fontainebleau, après dix ans de mariage, Catherine accouche d'un petit garçon nommé François. Le mariage de Catherine est sauvé. En douze ans, elle aura dix enfants, dont sept seulement survivront.

Au moment de l'arrivée de Marie Stuart à la cour de France, Henri II et Catherine n'ont encore que trois enfants : le dauphin François (quatre ans et dix mois) ; Élisabeth, future reine d'Espagne (trois ans), et Claude, future duchesse de Lorraine (un an). D'autres enfants suivront : en 1550, Charles, futur Charles IX ; en 1551, Henri, futur Henri III ; en 1553, Marguerite, future reine Margot et épouse d'Henri IV. Enfin, en 1554, François, futur duc d'Alençon.

Marie va tout de suite être intégrée au cercle des enfants royaux ; elle partagera leur vie pendant plusieurs années. C'est une existence très itinérante, la Cour se déplace beaucoup, de château en château selon les saisons, mais aussi parce que lorsqu'on a occupé un château pendant quelque temps, il est indispensable de le nettoyer de fond en comble. À Paris, le roi réside au Louvre, mais il apprécie aussi beaucoup Saint-Germain-en-Laye où les enfants vont souvent se rendre, de même pour Fontainebleau. Et puis, bien sûr, il y a le Val de Loire : Blois, Amboise et le merveilleux Chambord. À chaque voyage, la Cour est précédée d'une immense caravane transportant le mobilier, les tapisseries, la vaisselle, les vêtements et tout le personnel nécessaire. Ces déménagements prodigieux sont tellement inscrits dans les habitudes de la Cour que tout le monde trouve cela parfaitement naturel. Et puis, évidemment, il y a Diane de Poitiers. Elle possède, à titre personnel, deux châteaux, l'imposant Chenonceau qui enjambe le Cher, et l'admirable Anet, où elle accueille les petits princes qui y sont très heureux. Il est vraisemblable que les enfants ignorent tout des amours de leur père et de Diane de Poitiers. Ils savent qu'elle est importante, qu'elle souhaite s'occuper d'eux.

Quant à Catherine, c'est une vraie mère italienne, extrêmement attachée à tous ses enfants.

Pour Marie Stuart, c'est un univers totalement nouveau, beaucoup plus stable, joyeux et organisé que tout ce qu'elle avait connu jusqu'alors. Aller de château en château, elle l'avait beaucoup pratiqué en Écosse, mais c'était alors dans l'angoisse, pour échapper à ses ennemis, susceptibles de l'enlever. Malgré tout l'amour de sa mère, la petite fille avait vécu dans un climat permanent d'insécurité.

Elle va tout de suite être adoptée par la famille d'Henri II, et particulièrement par son fiancé, le petit dauphin François. Catherine de Médicis écrira au duc de Guise, le grand-père de Marie : « Dès le premier jour, ils furent aussi apprivoisés ensemble comme s'ils se fussent connus de tout temps. »

L'éducation des enfants est confiée à une multitude de précepteurs et de professeurs, très contrôlés par la reine et par Diane. Leurs études sont classiques : le français, le latin, l'italien, l'histoire et la géographie, mais aussi les exercices physiques et les arts d'agrément. Un enseignement conforme à l'esprit de la Renaissance. On lit les poèmes des auteurs de la Pléiade. Très vite, Marie écrit des vers. On apprend la musique, Marie chante et joue du luth. La danse est aussi très prisée à la Cour et Marie danse à ravir. Par-dessus tout cela, il y a l'incroyable luxe de cette Cour : des atours superbes, des dentelles, des broderies. Marie est excessivement coquette. Sa beauté et sa silhouette élancée mettent en valeur tout ce qu'elle porte.

Pendant ce temps, en Écosse, sa mère Marie de Guise fait face à des problèmes considérables : un pays ravagé par les guerres, des troupes françaises toujours présentes mais de moins en moins appréciées, certains nobles écossais favorables à l'Angleterre, un régent, le comte d'Arran, faible et manipulé… Marie de Guise décide alors de se rendre en France en 1550. Elle va y passer une année, heureuse de retrouver sa fille et le fils qu'elle avait eu de son premier mariage. Elle fait aussi un long séjour chez sa mère. Les Guise sont de plus en plus puissants à la Cour. Pour eux, Marie Stuart est un précieux atout. Bien sûr, il y a aussi des rivalités à la cour de France, et le principal rival des Guise est le connétable de Montmorency qui a l'avantage d'être l'ami le plus proche du roi Henri II. La reine douairière d'Écosse n'obtient pas grand-chose de son voyage, sinon un peu d'argent et quelques promesses. À la fin de son séjour, une intrigue met la Cour en ébullition. Diane de Poitiers étant contrainte de rester dans son château d'Anet après une mauvaise chute de cheval, le connétable de Montmorency avait eu l'idée de favoriser le rapprochement du roi et de la belle lady Fleming, la gouvernante de Marie Stuart. La rumeur se répand que le roi rejoint la belle Écossaise tous les soirs, dans ses appartements qui sont ceux… de Marie Stuart, à Saint-Germain-en-Laye. Avertie, Diane s'y rend en toute hâte et surprend son royal amant à la sortie du lit de lady Fleming. Terrible colère de la maîtresse du roi ! Colère encore augmentée par le fait que lady Fleming se retrouve bientôt enceinte ! Henri II met fin rapidement au scandale, jure sa fidélité éternelle à la sublime Diane. Quant à l'irrésistible lady Fleming, après avoir accouché d'un bâtard royal, elle regagne définitivement son Écosse natale.

Marie de Guise l'y avait précédée. Elle obtient, en avril 1554, que le parlement d'Écosse la nomme régente, remplaçant ainsi le comte d'Arran. En 1557, Marie Stuart atteint l'âge de quinze ans. Le dauphin François en a presque quatorze. Sa santé est délicate mais rien ne s'oppose à marier les deux adolescents, comme cela était convenu depuis 1548. Ils s'adorent. L'ambassadeur de Venise avait noté : « C'est une fort jolie petite fille. Le dauphin a beaucoup de goût pour elle. Il arrive que, se faisant tous les deux des caresses, ils aiment à se retirer à part dans un coin de la salle pour qu'on ne puisse entendre leurs petits secrets. » Marie de Guise revient en décembre 1557 pour régler le contrat de mariage de Marie Stuart. Les conditions qu'elle impose sont les suivantes : le dauphin et la reine régneraient conjointement sur l'Écosse et, le moment venu, sur la France. Leur fils aîné leur succéderait sur les trônes des deux pays. S'ils n'avaient pas d'enfants, le trône d'Écosse reviendrait au chef du clan Hamilton, le comte d'Arran, déjà titré duc de Châtellerault. Le contrat de mariage est signé le 12 avril 1558 dans la grande galerie du Louvre. Mais Henri II ne veut pas s'en tenir au contrat. Il va faire signer par Marie trois actes. Premier acte : si elle mourait sans enfants, elle léguerait l'Écosse à la France. Deuxième acte : tout vote du parlement d'Écosse s'opposant à cette disposition serait nul. Troisième acte : les revenus du Trésor écossais seraient donnés au roi de France pour rembourser les frais engagés dans la défense de l'Écosse. C'était en totale contradiction avec le contrat de mariage ! Marie Stuart était-elle consciente de ce qu'on lui faisait signer ? Sans doute pas totalement, mais elle ne pouvait ignorer la duplicité de son beau-père. C'était peut-être une leçon de politique de la part d'Henri II. Dans l'avenir, cette pratique de la dissimulation n'aidera pas beaucoup Marie Stuart...

Le mariage a lieu le 24 avril 1558 sur le parvis de Notre-Dame où un décor extraordinaire a été aménagé. Cette cérémonie à l'extérieur, par un temps superbe, devait permettre au peuple de Paris de ne rien perdre du spectacle. La mariée est éblouissante. Un chroniqueur raconte : « Son corsage étincelle de colliers de grand prix. Elle porte une couronne d'or garnie de perles, diamants, saphirs, émeraudes d'une valeur inestimable. » C'est le cardinal de Bourbon, archevêque de Rouen, qui les unit sur l'estrade. Puis, le cortège entre dans la cathédrale pour la messe. Suit un banquet à l'évêché puis un bal et enfin un banquet de nuit offert par le parlement de Paris. La fête se termine à trois heures du matin – en fait, elle se poursuivra encore les jours suivants.

Le dauphin et la dauphine sont apparemment parfaitement heureux. François est fou de son épouse. On dit même « qu'il use sa santé déjà chancelante à vouloir le lui prouver sans cesse ».

Pendant ce temps, les événements se bousculent en Écosse et à Londres. Le 17 novembre 1558, Marie Tudor meurt. La fille d'Henri VIII et de la très catholique Catherine d'Aragon avait tenté d'imposer le catholicisme dans son pays, avec violence mais sans succès. Elle était mariée à Philippe II d'Espagne mais le couple n'avait pas eu d'enfants. La succession est donc ouverte. Elle va se régler d'elle-même : Henri VIII, dans son testament, avait désigné sa fille

Elizabeth, deuxième dans l'ordre de succession après sa sœur aînée Marie Tudor. C'était étrange puisqu'il avait fait décapiter sa mère et l'avait déclarée bâtarde aux yeux de la loi anglaise. Néanmoins, le testament légitimait l'avènement d'Elizabeth sur le trône d'Angleterre. Celle-ci est plutôt populaire. Elle a vingt-cinq ans et rétablit le protestantisme comme religion d'État. À ce moment-là, la France et l'Angleterre sont en guerre depuis un an. Henri II décide que c'est sa belle-fille, Marie Stuart, qui est l'héritière légitime du trône d'Angleterre puisqu'elle est la petite-fille de la sœur d'Henri VIII.

Elizabeth proteste vigoureusement. Lors de la signature de la paix du Cateau-Cambrésis, en avril 1559, Henri II récidive. Il ne veut parler du sort de Calais qu'avec Marie Stuart, la seule reine d'Angleterre qu'il reconnaisse. C'est une position absurde : Henri II n'a aucune intention d'attaquer l'Angleterre, et de toute façon il ne pourrait imposer une future reine de France comme reine d'Angleterre ! Elizabeth est furieuse. Il est possible qu'Henri II ait distillé à cet instant un poison dans le cœur d'Elizabeth, qui lui fera détester sa cousine Marie Stuart, à laquelle elle n'avait, jusqu'alors, jamais eu affaire. Les choses en restent là. La paix du Cateau-Cambrésis est aussi une paix avec l'Espagne. Le traité prévoit un double mariage : celui de Philippe II, veuf récent de Marie Tudor, avec Élisabeth, la fille d'Henri II, tandis que la sœur d'Henri II épouse le duc de Savoie, allié des Espagnols. Les festivités du mariage auront lieu au mois de juillet 1559. On prévoit un tournoi médiéval, dans un champ clos, installé à Paris, rue Saint-Antoine. On sait que ce tournoi va coûter la vie à Henri II : la lance du comte de Montgomery va éclater son casque et pénétrer par son œil jusqu'au cerveau. Henri II est un athlète. Il a quarante ans. Son agonie va durer plusieurs jours. François II et Marie Stuart sont désormais roi et reine de France. C'est le triomphe du clan des Guise. Montgomery est exilé en province. Le jeune souverain est couronné à Reims le 18 septembre 1559.

François II, influencé par les Guise, persiste dans les opinions de son père. Loin de vouloir se réconcilier avec Elizabeth, il va faire confirmer que Marie Stuart est bien reine d'Angleterre et d'Irlande. Voilà qui ne va pas aider Marie pour l'avenir. Il aurait mieux fait de se préoccuper de ce qui se passait dans son royaume où le clan du protestantisme commence à prospérer, jusqu'à devenir une opposition politique à la monarchie catholique. Six mois plus tard, la haine entre les huguenots et les catholiques se traduit par un événement épouvantable, qui est un tragique prélude aux guerres de religion. Il s'agit, bien sûr, de la « conjuration d'Amboise », parfois appelée le « tumulte d'Amboise » pour en atténuer la portée, mais c'est un doux euphémisme tant l'horreur de ce qui s'est passé est glaçante. Un gentilhomme protestant, La Renaudie, a réuni en Bretagne, puis à Tours, des conjurés huguenots. Officiellement, ils doivent se rendre à Blois, où se trouve la Cour, afin de demander au jeune roi, François II, âgé de quinze ans, la liberté de pratiquer leur culte réformé. En réalité, les conjurés veulent soustraire le roi à l'influence des Guise, oncles de la jeune reine, Marie Stuart. Ils projettent d'enlever le souverain mais le complot est éventé, trahi par un avocat parisien, Pierre des

Avenelles. Le 17 mars 1560, la Cour quitte Blois car ce château n'est pas défendable et se réfugie à Amboise. Pour calmer les esprits, François II signe un édit de pacification. Mais les conjurés persistent et hantent les environs d'Amboise. Après un bref combat, les réformés sont emprisonnés ou exécutés, et le cadavre de La Renaudie est accroché sous un pont. La répression est particulièrement atroce : les huguenots sont pendus au grand balcon en fer forgé du château, aux créneaux, ou jetés dans la Loire dans des sacs après avoir été décapités et écartelés. Seul Condé, inspirateur du complot, échappe à ce sinistre « bal des pendus » que l'on pouvait voir depuis la terrasse de la tour des Minimes. Les corps de certains huguenots sont même accrochés aux murs de la ville, traumatisée par ce spectacle hallucinant. On comptera près de mille deux cents victimes... François II et Marie assistent sans broncher à ce terrible spectacle.

Les calvinistes se soulèvent dans les provinces. En signe d'apaisement, Catherine de Médicis nomme chancelier un magistrat humaniste, Michel de L'Hospital. Il mène une politique de conciliation avec les réformés et soutient la signature de l'édit de Romorantin, en mai, qui introduit l'amiral de Coligny – calviniste – dans le Conseil du roi et convoque les états généraux.

Le 10 juin 1560, Marie Stuart a la douleur de perdre sa mère. Marie de Guise, épuisée par des années de luttes et de trahisons, s'éteint au château d'Édimbourg. L'Écosse est entre les mains de la noblesse protestante et des Anglais. Le traité d'Édimbourg, signé par les commissaires français, anglais et le parlement écossais, exige le départ des troupes françaises et anglaises d'Écosse. François II et Marie doivent aussi renoncer définitivement à toute prétention sur le trône d'Angleterre.

En septembre, on parle d'une grossesse de la reine, mais elle n'est pas confirmée. François II est malade. Une malformation des sinus l'empêche, depuis toujours, de se moucher. Il a mauvaise mine. Son teint pâle est marbré de rouge. Le 16 novembre 1560, il prend froid en chassant dans la forêt d'Orléans. Il souffre terriblement de son oreille gauche, enflée et qui suppure. Marie le veille jour et nuit. Les médecins pensent que seule une trépanation pourrait le sauver. Son épouse et sa mère s'y opposent. Il souffre déjà suffisamment. Le roi meurt le 5 décembre 1560, sans avoir atteint ses dix-sept ans. Marie pleure son époux qu'elle aimait sincèrement. Elle exprime sa douleur dans un poème :

En mon triste et doux chant
D'un ton fort lamentable
Je jette un œil tranchant
De perte incomparable ;
Et en soupirs cuisants
Passe mes meilleurs ans…

C'est, bien sûr, le frère de François qui lui succède. Charles IX a dix ans, sa mère Catherine va donc assurer la régence et prendre le pouvoir. Bien entendu, on songe à remarier Marie. Elle a dix-huit ans, elle est veuve et toujours reine d'Écosse. On envisage un mariage avec l'infant d'Espagne, don Carlos, qui a seize ans. Mais Philippe II refuse. C'est alors que l'Écosse va se manifester. Le demi-frère de Marie, Jacques Stuart, vient la voir en France, en janvier 1561, car les catholiques écossais ont besoin d'elle. Cette jeune et belle reine pourrait réussir à s'imposer. En mai 1561, la décision de Marie est prise : elle va rentrer en Écosse, mais l'Écosse ne lui suffit pas. Elle rêve aussi au trône d'Angleterre. Elle s'embarque à Calais le 15 août.

« Adieu France, adieu France, je pense ne vous voir jamais plus. »

Marie Stuart a raison, elle ne reverra jamais la France. Après la tragédie de son veuvage, un destin dramatique l'attend en Écosse.

3
Pierre III et Catherine II : deux visions inconciliables de la Russie

Nous sommes à Saint-Pétersbourg, capitale de l'Empire russe fondée en 1712. La tsarine Élisabeth, fille de Pierre le Grand, règne depuis 1741. Cette femme très libre, officiellement célibataire et sans enfants malgré diverses rumeurs, explose de santé et d'énergie. Elle boit, levant le coude avec les officiers de sa garde, multiplie les amants, aime danser, faire des farces, adore se déguiser en homme, passe des heures à cheval et son vocabulaire ferait rougir la princesse Palatine elle-même. On raconte qu'elle a au moins 4 000 robes, peut-être 15 000 tant il lui en reste après un grave incendie dans ses appartements ! Selon ses détracteurs, l'impératrice serait excessive, brouillonne, sans pensée politique majeure, ayant du mal à exister dans la mémoire du fondateur de cette admirable cité. Et sa gloutonnerie serait également amoureuse ! Or, en réalité, elle ne se contente pas d'être la caricature de son père, le « tsar qui a réveillé la Russie ». Elle poursuit son œuvre intellectuelle et maintient, autant que faire se peut, l'élan donné au début du siècle par ce géant de l'histoire. C'est déjà méritoire. Ainsi, c'est elle qui charge l'architecte Rastrelli d'édifier le palais d'Hiver à Saint-Pétersbourg et fait ouvrir un théâtre public « pour la représentation de tragédies et de comédies », devenant la mère du théâtre russe. La tsarine Élisabeth Petrovna prouve aussi une belle finesse et une audace politique lorsqu'elle accueille, en 1760, les descendants des huguenots français chassés par les persécutions et interdictions découlant de la révocation de l'édit de Nantes, cette faute majeure de Louis XIV. De la part de la tsarine, c'est encore plus courageux qu'astucieux puisque la Russie est de religion orthodoxe alors que l'Europe du Nord, qui accueille aussi des huguenots venus de France, est majoritairement luthérienne. Ainsi, la tsarine fait de Saint-Pétersbourg une sorte de bureau international d'embauche des réformés apportant leur expérience et leur savoir. Elle récupère des talents dont se prive la monarchie des Bourbons. C'est très bien joué. Une seule ombre à l'horizon de la tsarine : elle déteste la Prusse et les Prussiens. Et elle ose lancer un défi à Frédéric II qu'elle surnomme le « roi bouillant ». Elle lui inflige une cruelle défaite, humiliante puisque les Russes entrent dans Berlin et contrôlent la Prusse-Orientale. La volcanique Élisabeth avait chassé les Prussiens de son entourage. Maintenant, elle les humilie chez eux...

La mort interrompt cette prodigieuse conquête : le 5 janvier 1762, la tsarine Élisabeth succombe à une attaque d'apoplexie, âgée de cinquante-trois ans. Sa mort soudaine ressemble à sa vie, faite de soubresauts, d'inconscience et de spasmes imprévisibles. Si le roi de Prusse est soulagé par la disparition de cette impératrice « insupportable », elle avait trop souffert de l'impéritie paternelle et de ses ambiguïtés pour ne pas avoir réglé sa succession d'une manière indiscutable. Sans héritier officiel, elle a choisi un neveu, Pierre Fiodorovitch, fils de sa sœur Anna. Mais Pierre est le pire choix que pouvait faire sa tante : il est fasciné par la Prusse ! Et ce n'est pas surprenant : son père, le duc Charles-Frédéric de Holstein-Gottop, est un prince luthérien. Pierre est né le 10 février 1728 à Kiel, dans le germanique et septentrional duché de Holstein dont la baie s'ouvre sur la Baltique. Sa mère est morte quand il avait trois mois. Son père, qui ne s'intéressait guère à lui, l'avait confié à des officiers ignares et cruels.

Pour conjurer l'ascendance germanique de son neveu chétif et apeuré, la tsarine Élisabeth l'avait invité en Russie en 1742. Elle avait remarqué combien son manque d'affection avait fait de cet enfant un être sournois et dissimulateur. Mais la greffe n'avait pas pris : Pierre, désormais Pierre III, ne se sent pas russe. Il rejette ce qu'il y a de russe dans son caractère. Il voue une sorte d'admiration, parfois teintée de répulsion, à la Prusse et à tout ce qui le rattache à sa terre natale. Passionné d'exercices militaires, il fait manœuvrer ses soldats comme s'ils étaient en plomb. Il « joue à la guerre »... Frédéric II est son idole, qu'il vénère avec un respect appliqué. Sa tante en avait été choquée mais elle n'oubliait pas que son chétif neveu avait subi une enfance sinistre et spartiate. Lorsqu'il lui succède, le 25 décembre 1761, il est, autant par le sang que par tempérament, ce que l'on pourrait appeler un « Romanov allemand ».

Pierre III est très vite impopulaire. On s'interroge à Saint-Pétersbourg : la défunte tsarine se serait-elle fourvoyée en désignant cet attardé fragile pour monter sur le trône ? Pour compenser les multiples défaillances de ce neveu qui avait du mal à être un homme, elle l'avait marié, le 25 août 1745, à une princesse allemande ayant presque le même âge que lui. Celle-ci, née à Stettin[1], se nomme Sophie Frédérique Augusta d'Anhalt-Zerbst-Bernburg. Sa famille la surnomme Fiké. Son père est un impécunieux général-major de l'armée prussienne. Sa mère passe pour volage, intrigante, toujours en désaccord avec son époux qui a vingt-deux ans de plus qu'elle. Sophie reçoit une excellente éducation, parle et écrit très bien le français, peut converser en italien et comprend l'anglais. On ne lui connaît qu'un défaut : elle n'a pas l'oreille musicale. Intelligente, elle sait attirer l'attention quand il le faut. Et imposer ses vues. C'est la future Catherine II…

Au printemps 1762, l'état mental du tsar Pierre III est alarmant. Sa germanophilie tourne au délire. Une obsession ! Non seulement il érige Frédéric II en modèle politique absolu, mais il oblige ses officiers à se vêtir à l'allemande. Et il porte, dissimulé dans une bague, un portrait du roi de Prusse. Résultat : le tsar s'aliène son armée, vexée d'être méprisée. L'ambassadeur d'Angleterre, aussi effaré que le représentant de Louis XV, adresse une dépêche à Londres : « L'amitié ou plutôt la passion de Sa

1 Alors capitale de la Poméranie-Occidentale, sur l'Oder. Attribuée à la Pologne par la conférence de Potsdam en 1945, son nom actuel est Szczecin.

Majesté impériale pour le roi de Prusse dépasse toute expression. »

L'armée russe se sent bafouée et insultée tous les jours. Saint-Pétersbourg se trouve plongée dans un conflit artificiel et menacée par un danger qui n'existe pas. Le tsar est fou, il n'y a pas d'autre explication ! Henri Troyat écrit : « Pour se donner l'illusion d'une guerre permanente, il multiplie les salves d'artillerie. Du matin au soir, Saint-Pétersbourg vibre au fracas de la canonnade. Les habitants en ont la tête rompue, les nerfs malades[2]. » Ceux du monarque sont en piteux état. L'invraisemblable fracas menace de lézarder et de démolir soixante ans de patiente et laborieuse construction pour que naisse cette admirable cité au bord de la Neva. Un habitant, presque sourd à force de vivre au son du canon, est apeuré autant pour les édifices que pour lui-même. Il se souvient : « C'était, dans sa paisible capitale, le bruit d'un siège de ville. Il ordonna un jour qu'on lui fît entendre un seul coup de cent grosses pièces de canon à la fois. Il fallut, pour retenir cette fantaisie, lui représenter qu'il allait faire s'écrouler la ville. »

Menaçant pour son lieu de résidence, Pierre III l'est aussi envers sa femme, laquelle se montre la moins allemande possible, ce qui est un comble... Le couple n'est qu'un duo de haines identitaires rivales, l'époux russe rêvant d'incarner un destin allemand, l'épouse germanique s'intégrant chaque jour un peu plus dans la vie et les habitudes russes. La nouvelle tsarine apparaît peu, d'ailleurs. Lassée de vivre avec

2 Henri Troyat, de l'Académie française, *Catherine la Grande*, Paris, Flammarion, 1977.

un maniaque auquel elle n'inspire aucun désir, elle a pris un amant et attend un enfant de lui. Le tsar, qui ne remarque rien, humilie son épouse en se montrant avec sa maîtresse, Élisabeth Vorontsova, commune et laide. Catherine profite des lubies de son inquiétant mari : dans un appartement du palais d'Hiver, elle cache autant son embonpoint que son impatience. Tant qu'elle est grosse, elle ne peut se mêler des affaires publiques et se tient, sagement, le plus loin possible des aberrations du souverain, mais elle en est informée avec minutie. A-t-elle eu un sentiment pour ce piètre époux aux multiples et sombres fragilités ? Non. Elle avouera, plus tard, par écrit : « [...] Pour dire la vérité, je crois que la couronne de Russie m'attirait beaucoup plus que sa personne. L'espoir d'une couronne, non point dans le ciel mais sur cette terre, me soutenait l'esprit et le courage. » Pour cette raison, à l'opposé du tsar son mari, elle se sent de plus en plus russe et se fait appeler Ekaterina – un hommage à l'épouse de Pierre le Grand.

La folie de Pierre III s'en prend aussi à la hiérarchie ecclésiastique. Pierre le Grand l'avait déjà osé, son petit-fils récidive : il oblige les popes à couper leur emblématique barbe. Pire pour ces religieux : il les oblige à porter une tenue bizarre. Il met en place un clergé inconcevable : les « orthodoxes luthériens » ! Un sacrilège contre la Sainte Russie ! Les servants de Dieu rejoignent les mécontents. Le constat s'impose : l'empereur, débile et maniaque, conduit la Russie au chaos, en bafouant ses traditions les plus sacrées.

Dans cette tragédie d'un couple particulièrement mal assorti, l'accouchement d'Ekaterina tient autant du burlesque que de Machiavel. Prise par les douleurs de l'enfantement, elle fomente, avec son fidèle valet Chkourine, un complot pour détourner l'attention de ses appartements. Dans le palais d'Hiver, les cris d'un nouveau-né risqueraient de la condamner à mort car le tsar l'a déjà menacée d'arrestation et de prison. Fou, Pierre III a la même obsession que Néron, il adore les incendies et la vue de flammes ravageant des habitations l'excite… Alors, au soir du 11 (22) avril 1762, le serviteur de la tsarine met le feu à sa propre masure, évidemment en bois, et tout le quartier brûle. Judicieusement, le tsar et sa maîtresse sont attirés sur place. Ils sont fascinés par ce spectacle ! Le stratagème permet à Ekaterina d'être délivrée en toute quiétude : elle donne naissance à un fils, Alexis. Et toujours grâce à son valet, l'enfant est évacué vers un lieu sûr.

C'est sans doute au cours de cette nuit théâtrale que la tsarine donne la mesure de son habileté, de sa ruse en même temps que de sa détermination. La véritable souveraine, c'est elle, et non son pitoyable pantin de mari. Un diplomate autrichien perce son esprit politique : « Il est à peine possible que, sous des dehors calmes, elle ne cache pas quelque secrète entreprise. » Ce choix, qui consiste à dissimuler sa pensée, va la sauver. Ekaterina est en danger : son maniaque de mari la traite d'imbécile en public, au cours d'un dîner, le 9 juin. Fatale erreur de Pierre III ! Son cri prouve que l'Empire russe et l'épouse du tsar sont en grand danger. Des fidèles, dont le serviable Alexis Orlov, amant d'Ekaterina, préparent la déposition du catastrophique tsar. Bien sûr, il faut de l'argent pour encourager les indécis. Sollicitée, l'Angleterre prête 100 000 roubles par l'intermédiaire d'un marchand heureux de participer à cette œuvre d'assainissement. La France, en revanche, n'apporte aucun soutien au complot. Ekaterina, lorsqu'elle sera devenue la grande impératrice Catherine II, s'en souviendra.

Le temps presse : Pierre III veut maintenant faire passer en cour martiale… un rat qui a osé déranger l'alignement parfait de ses soldats de plomb ! L'infortuné rongeur est « condamné » à être pendu et à être exposé ainsi pendant trois jours ! Pour l'exemple ! L'état-major est encore plus inquiet quand le tsar, véritablement enragé d'une folie militaire, veut déclarer la guerre au roi du Danemark, on ne sait pour quelle raison…

La question n'est ni simple ni nouvelle : comment se débarrasser d'un époux ou d'une épouse de plus en plus gênant(e) et qui, malgré ses aberrations, reste entouré(e) de gardes fidèles ? Catherine et Pierre III ont en commun cette obsession. Elle va le prendre de vitesse. Le sort va servir Catherine : en effet, le tsar commet une erreur fatale. Le 12 (23) juin 1762, il quitte Saint-Pétersbourg pour son palais d'Oranienbaum dont la consonance allemande le réjouit[3]. De plus, Pierre III menace d'épouser sa maîtresse et d'enfermer Ekaterina dans un couvent. Évidemment avertie, la tsarine suit attentivement les phases annoncées de ce sinistre programme… La voici sommée de se rendre

3 En 1948, Oranienbaum changera de nom et deviendra Lomonossov, du nom du savant et académicien russe qui y avait installé une verrerie en 1754. Cette résidence est à une trentaine de kilomètres de Saint-Pétersbourg, sur les bords de la Baltique.

à Peterhof (aujourd'hui Petrodvorets), sur le golfe de Finlande. Obéir est risqué. Refuser est pire car le tsar risque de faire exécuter cette épouse récalcitrante, d'autant plus qu'un complice d'Ekaterina, pris de boisson, a été arrêté. Il pourrait tout révéler si on le questionne comme il faut... La tsarine, accompagnée de ses dames d'honneur et d'hommes sûrs, se rend donc à Peterhof, somptueux hommage de Pierre le Grand à Versailles qu'il avait visité avec passion. Assignée au pavillon dit Monplaisir (en un seul mot), elle est prête. Le 28 juin, à six heures du matin, Alexis Orlov réveille Ekaterina. Il est très calme. Elle racontera elle-même la scène, dans ses *Mémoires*. Il lui dit :

« "Madame, il est temps de vous préparer. Il est temps de vous proclamer impératrice." Je n'hésitai pas, je m'habillai aussi vite que possible sans faire de *toilette*[4] et je montai dans la voiture qu'il avait préparée. [...] Nous arrivâmes à Saint-Pétersbourg par la caserne du régiment Izmaïlovski ; les soldats arrivèrent, m'embrassèrent, baisèrent mes pieds, mes mains et mes vêtements. [...] Deux d'entre eux accompagnaient un pope avec une croix et commencèrent à prononcer leur serment de fidélité... »

Elle est bénie, réclamée comme souveraine et assiste à un *Te Deum* dans l'ancienne collégiale Notre-Dame de Kazan où est exposée, depuis 1710, une icône de la Vierge miraculeuse, découverte en 1579. Sur les marches, Catherine se laisse acclamer et n'hésite pas à se proclamer impératrice.

En peu de temps, les régiments se regroupent. Il y a maintenant près de 14 000 hommes autour de

4 Elle emploie ce mot français dans son récit.

celle que l'armée proclame sa souveraine. Ekaterina constate une « frénésie joyeuse » comme elle n'en avait jamais constaté en sa faveur. Elle écrit : « [...] Je me rendis au palais d'Hiver pour prendre les mesures destinées à assurer le succès. Il y eut des discussions et il fut décidé que je me rendrais, à la tête de l'armée, où Pierre III devait être en train de dîner... »

Mais auparavant, l'impératrice fait appeler son fils légitime, Paul, huit ans, apeuré par cette bousculade. À une fenêtre, Ekaterina apparaît, exhibant le tsarévitch comme un alibi. Elle est le présent, sa chair est l'avenir. En cette interminable journée d'été, le palais d'Hiver entre dans l'histoire russe pour la première fois, et il n'y a pas eu de sang versé... Une révolution de palais ? Non, une révolution, subtile, dans un palais... À cet instant, le coup d'État est, psychologiquement, réussi. La Grande Catherine vient de se révéler au monde, nouvelle lumière éclairant la Russie désemparée. À Saint-Pétersbourg, elle ramasse un pouvoir dévoyé, en lambeaux, et met fin au règne lamentable et honteux d'un incapable. Mais que faire de Pierre III ? Malgré les acclamations, les foules enthousiastes sur les quais et le martèlement victorieux des cloches résonnant de bulbe en bulbe, la cinquième femme souveraine de Russie n'oublie pas sa situation. Elle n'a pas une goutte de sang slave et, en se présentant comme l'héritière de Pierre le Grand dans la ville qu'il a fait naître du néant, elle n'en est pas la descendante. Elle doit être légitimée. La veille, son pathétique mari a vite compris que cette épouse qu'il méprisait et repoussait s'était jouée de lui. Paralysé par l'indécision, il était retourné à Oranienbaum. Dans la nuit, Ekaterina, en uniforme de la Garde, y revient à la tête d'un régiment. Elle obtient l'abdication du tsar fantoche. Il s'exprime en hoquetant. C'est une scène étonnante puisque le monarque détrôné est entouré de mille cinq cents hommes originaires du Holstein, son pays natal, mais aucun d'eux ne prend sa défense... Il a trop caricaturé ses passions. La germanité qu'il revendiquait ne vient pas à son secours et c'est sans doute la plus cuisante déception qu'il éprouve. Il demande que sa maîtresse reste avec lui. Ekaterina refuse. Alors, piteusement, il supplie qu'on lui laisse son caniche, Mopsy, son serviteur noir, Narcissus, et son violon. La nouvelle impératrice accepte. Pierre III est indigne dans l'épreuve comme il l'avait été au pouvoir. Mais quel sort lui réserver ?

Les frères Orlov sont doués pour la mise en scène. Ils organisent alors la seconde entrée de la souveraine dans sa capitale, celle qui doit l'imposer à la Russie et celle que l'histoire devra retenir. Le peintre Erichsen a fixé ce spectacle dans un célèbre portrait équestre. Ekaterina est méconnaissable. Coiffée d'un tricorne, l'épée à la main, en uniforme de colonel portant culotte et pourpoint verts du régiment Preobrajenski, montant un cheval blanc à selle rouge et or, la Grande Catherine entre dans la légende. Elle est celle qui a marché à la tête de l'armée pour mettre fin au désastreux règne de Pierre III. Pendant une quarantaine d'heures, elle n'a rien mangé ni bu et n'a pas dormi. Le soir, elle se couche enfin. Épuisée. Et surtout satisfaite : Pierre III, son infâme soi-disant mari, n'a plus aucun soutien... Mais elle doit s'en débarrasser.

La seconde phase de l'opération est donc beaucoup moins positive que la première. Alexis Orlov, d'un dévouement infaillible, se charge de conduire le tsar déchu à une douzaine de kilomètres de Peterhof, vers la colline du palais de Ropcha. Il y est enfermé et relégué. Une semaine plus tard, dans des circonstances difficiles à établir précisément, on apprend que le mari – défaillant à tous égards – de l'impératrice a succombé le 10 juillet. La cause de son décès est peu reluisante : officiellement, S.M. Pierre III a été victime de « coliques hémorroïdales ». En réalité, peut-être sur un ordre de Catherine ou, au minimum, avec son assentiment, Alexis Orlov a participé à cette mise à mort, qu'il décrit lui-même dans ses courriers, peut-être par étranglement ou étouffement. Et plusieurs officiers ont été ses complices. Soudain, ce drame ternit la gloire toute récente de l'impératrice, une gloire encore fragile. « Cette mort qu'elle a souhaitée sans l'ordonner, cette mort qui l'arrange et l'embarrasse tout ensemble, est une affaire d'État, non une affaire de cœur. [...] Catherine n'a pas de remords, elle n'a que des inquiétudes[5] », estime Henri Troyat. Elle devra faire oublier qu'elle a, au minimum, endossé la mort du père de l'héritier légitime des Romanov. À trente-neuf ans, celle qui est devenue Catherine II porte le poids de l'Empire russe mais aussi celui d'un soupçon à perpétuité. Si son cauchemar conjugal a duré dix-sept ans et si elle avait été tenue à l'écart des affaires publiques, elle a beaucoup appris. Le règne de folie de Pierre III, qui n'aimait que ses

5 Henri Troyat, *Catherine la Grande*, *op. cit.*

chevaux et ses chiens, n'a duré que six mois, six mois d'anarchie et de désordres. Lequel des deux époux allait éliminer l'autre ? L'apparente soumission de Catherine n'était qu'une longue préparation à régner et à gouverner. Le peuple russe compte environ 25 millions de sujets qui ne savaient plus quoi penser ni croire. Il est ébloui par l'apparente sérénité de cette femme dont on vante la résistance à la fatigue et la capacité de travail. Elle se veut protectrice de la raison et des équilibres, laissant toujours à la réflexion et à la consultation le soin d'orienter son action. Avec elle, la philosophie entreprend le long voyage jusqu'à Saint-Pétersbourg.

Mais comment peut-elle être totalement russe ? Un matin, après une nuit d'insomnie – des remords ? des regrets ? – et alors que, selon la tradition, elle reçoit ses médecins, elle les apostrophe :

« Saignez-moi de ma dernière goutte de sang allemand pour que je n'aie plus que du sang russe dans les veines !... »

Les chirurgiens s'activent. C'est une véritable transfusion politique. Pierre III n'y avait pas pensé ! Ekaterina se sent totalement russe... La Grande Catherine ne sera pas un despote mais une souveraine éclairée, lectrice de Voltaire et rachetant la bibliothèque de Diderot qu'il avait été obligé de vendre et la lui redonnant car « un écrivain ne peut vivre sans ses livres ». Son règne sera l'un des plus glorieux des Romanov, des plus bénéfiques pour la Russie et des plus brillants pour l'histoire européenne.

4
Louis XVI
et Marie-Antoinette :
seul le malheur
les réunira

On peut penser, *a priori*, qu'ils étaient mal assortis. Le petit-fils de Louis XV, le dauphin Louis Auguste, est un grand garçon, enveloppé, embarrassé de son corps, timide, pas très sociable. La plus jeune des filles de l'impératrice Marie-Thérèse d'Autriche, Antonia, est plutôt jolie, séductrice et charmeuse. Ils vont néanmoins devoir s'accommoder l'un de l'autre : on a décidé, pour eux, de les marier. C'est une union politique destinée à symboliser un rapprochement diplomatique entre le royaume de France et l'empire des Habsbourg, après des années de relations tendues.

Louis Auguste, duc de Berry, futur Louis XVI, est né le 23 août 1754. Il est, après Louis Joseph, duc de Bourgogne, le deuxième fils du couple héritier de Louis XV, le dauphin Louis Ferdinand et la princesse Marie-Josèphe de Saxe. D'autres enfants suivront, le comte de Provence, futur Louis XVIII, né en 1755, le comte d'Artois, futur Charles X, né en 1757, et deux filles, Clotilde, née en 1759, qui épousera Charles-Emmanuel IV de Savoie, et enfin, née en 1764, Madame Élisabeth.

L'atmosphère familiale est extrêmement dévote. Le dauphin Louis Ferdinand n'aime guère les frivolités de la Cour. Il est d'abord très hostile à Mme de Pompadour, favorite de son père. Il lui faudra du temps pour l'accepter et comprendre sa finesse d'esprit. S'il se méfie des idées nouvelles colportées par les philosophes et l'*Encyclopédie*, il a des goûts simples, un caractère très différent de celui de son père. Cela n'empêche pas qu'ils aient l'un pour l'autre une très grande affection. Cependant, le roi, Louis XV, a éteint ses enthousiasmes. Louis Ferdinand avait une vocation militaire ; son engagement à la bataille de Fontenoy avait prouvé son courage, mais Louis XV n'avait pas soutenu ce penchant guerrier. Il ne l'associe pas non plus aux affaires politiques. Neurasthénique comme son père, le dauphin va alors se consacrer à ses enfants et à l'étude. Il s'intéresse à l'histoire, au commerce international et au droit. Son avenir tout tracé ne l'enthousiasme guère. On l'entendra souvent dire : « Si j'ai le malheur de monter sur le trône... » Son épouse, Marie-Josèphe de Saxe, élevée à Dresde dans l'une des cours les plus brillantes d'Europe, est une princesse joyeuse, aimant les plaisirs. Au contact de son mari, austère et ennemi du divertissement, elle perd sa gaieté, devient d'humeur chagrine. Elle va changer du tout au tout en se plongeant dans la dévotion et l'austérité.

Les enfants reçoivent une très bonne éducation mais très vite Louis Auguste se sentira différent de ses frères. La mort de son frère aîné, le duc de Bourgogne, en 1761, sera un premier traumatisme.

Ils étaient très proches car Bourgogne, victime d'une tuberculose osseuse, s'était étiolé, condamné à un fauteuil roulant. Et Louis Auguste était son compagnon permanent. Non seulement Louis Auguste perd un frère aimé, mais il devient l'héritier en second après son père. Désormais, il sera élevé avec ses deux autres frères, Provence et Artois. En 1765, le dauphin, leur père, s'éteint d'une « maladie de langueur », ce qui plonge Louis XV dans le désespoir. Il prend Louis Auguste dans ses bras : cet enfant est le nouveau dauphin. Il a onze ans.

Le 4 mars 1767, c'est au tour de la mère des enfants royaux de s'éteindre : Marie-Josèphe est victime de la tuberculose. L'éducation que continue de recevoir le dauphin est satisfaisante. Il est au courant des dernières découvertes scientifiques. Il aime les mathématiques, la physique, la cartographie. La marine est sa passion. Il s'intéresse à tout ce qui arrive d'Angleterre ; il parle parfaitement anglais, achète de nombreux livres dans cette langue. Ainsi, il lit *Les Aventures de Robinson Crusoé*, *La Chute de l'Empire romain*, mais il y a des lacunes dans cette éducation : on ne lui a rien appris de la vie de Cour. Il ne sait pas s'habiller ni se présenter. Il est piètre danseur. C'est peu gratifiant pour un futur souverain. Il n'est pas à l'aise parce qu'on ne lui a pas appris à l'être. Autre handicap qui pourrait se révéler désastreux, il n'a jamais quitté Versailles. On se souvient des véritables tours de France que Catherine de Médicis faisait faire à ses enfants pour les présenter à leurs peuples, qu'ils soient connus et qu'ils connaissent le royaume. Mais il n'y a pas que l'éducation, il y a aussi le caractère. Ses frères,

Provence et Artois, seront, eux, parfaitement à l'aise. Question de tempérament... C'est peut-être aussi, de la part du dauphin, un complexe d'infériorité. Il l'avait eu par rapport à son frère aîné, le duc de Bourgogne, considéré par la famille comme une sorte de perfection. Peut-être Louis Auguste ressentait-il une gêne à l'égard de l'agilité intellectuelle de son frère Provence et du charme et de la séduction de son frère Artois...

L'idée du mariage du dauphin avec la plus jeune des archiduchesses d'Autriche, Antonia, est envisagée pour la première fois en 1764. Les pourparlers aboutissent en août 1766. Mais c'est seulement en juin 1769 que Louis XV donne son accord définitif au mariage, qui aura lieu en mai 1770. Le dauphin sera âgé de quinze ans et demi et Antonia, Marie-Antoinette pour les Français, de quatorze ans et demi. Elle est née à Vienne, à la Hofburg, le 2 novembre 1755, quinzième des seize enfants de Marie-Thérèse et de François de Lorraine. Elle avait été élevée au milieu de ses autres frères et sœurs dans un joyeux laisser-aller. Certes, les jeunes archiduchesses avaient des gouvernantes et des précepteurs, mais on n'avait pas été très exigeant sur les résultats. La jeune Antonia était plutôt paresseuse, n'aimait pas les études et s'y dérobait chaque fois qu'elle le pouvait. Elle aimait jouer avec ses frères et sœurs dans le parc de Schönbrunn. On avait tout de même réussi à lui faire apprendre un peu l'italien et le français. Ses leçons de musique lui avaient été données par Gluck, maître de chapelle de la Cour et réformateur de l'opéra, mais tout cela semblait bien insuffisant à l'impératrice pour une future reine de

France. À la demande de Marie-Thérèse, le ministre Choiseul envoie à Vienne l'abbé de Vermond pour compléter l'éducation de Marie-Antoinette. Il fera de son mieux. Il écrit à l'ambassadeur d'Autriche auprès de Louis XV, Mercy-Argenteau : « Un peu de paresse et beaucoup de légèreté m'ont rendu son instruction très difficile. » On oblige Antonia à porter un corset, à prendre soin de ses dents et de sa coiffure, bref à passer de la petite fille capricieuse et négligée à une adolescente digne du destin qui l'attend. Le 19 avril au soir, on célèbre à Vienne le mariage par procuration de la jeune archiduchesse. L'impératrice conduit elle-même sa fille au pied de l'autel de l'église des Augustins, paroisse de la Cour. C'est un des frères d'Antonia, l'archiduc Ferdinand, qui prend la place du dauphin. Après avoir été très longuement chapitrée par sa mère sur son rôle d'épouse et les personnes qui lui seraient favorables à Versailles, Antonia s'apprête à quitter définitivement Vienne le 21 avril 1770, à neuf heures et demie du matin. Son voyage va durer vingt-quatre jours, ponctué du même cérémonial à chaque étape : discours, bouquets de fleurs, musique. Celle qui n'est encore qu'une petite fille pleure à chaudes larmes. Elle ne reverra jamais ni sa mère ni l'Autriche. Elle passe protocolairement la frontière française par une île sur le Rhin, entre Kehl et Strasbourg. Enfin, le 13 mai, dans une forêt près de Compiègne, a lieu la rencontre de la future dauphine avec sa nouvelle famille. Elle se jette aux pieds de Louis XV, lui baise la main et l'appelle « papa ».

Le roi est conquis par cette jeune fille gracieuse, souriante, son teint de porcelaine et ses yeux bleus.

Le fiancé l'embrasse sur la joue, sans manifester un enthousiasme particulier. Ils ne se connaissaient que par des portraits qu'ils avaient reçus l'un de l'autre. Puis, c'est le tour des trois sœurs du roi, Mesdames Adélaïde, Victoire et Sophie, toutes trois célibataires. À Versailles elles ont un statut important ; elles incarnent le parti dévot, la bienséance et l'hostilité à la favorite, Mme du Barry. Madame Adélaïde a de la tendresse pour le dauphin dont elle s'est beaucoup occupée après la mort de ses parents. L'arrivée de la dauphine va protocolairement les rétrograder. Puisqu'il n'y a plus de reine, la dauphine aura la première place féminine à la Cour.

Un peu plus loin, à Compiègne, Antonia rencontrera ses futurs beaux-frères, le gros Provence et le séduisant Artois, sa future belle-sœur Clotilde. Madame Élisabeth, qui sera si chère à Marie-Antoinette, est alors trop jeune pour être présente à cette cérémonie : elle n'a que six ans.

Le 15 mai, le cortège royal se rend au carmel de Saint-Denis où la plus jeune fille de Louis XV, Louise, vient de commencer son noviciat. Le soir, un dîner a lieu au château de la Muette. Louis XV y a convié la Du Barry. Ingénument, Marie-Antoinette demande à sa nouvelle dame d'honneur, Mme de Noailles, qui est cette ravissante personne et ce qu'elle fait... Mme de Noailles répond très diplomatiquement : « Sa fonction est d'amuser le roi. » On dit que Marie-Antoinette lui répondit : « En ce cas, je me déclare sa rivale. » On n'est sûr de rien... Marie-Antoinette était certainement grisée par son statut, mais on peut douter d'un tel esprit d'à-propos chez une adolescente de quatorze ans et demi.

Le mariage est célébré le 16 mai dans la chapelle royale de Versailles. Un banquet suivra dans la nouvelle salle de l'Opéra. Puis les mariés pourront enfin se retirer dans l'intimité de leurs appartements. Très vite, une rumeur va courir : le mariage n'a pas été consommé. Le mari n'a aucun désir pour son épouse et ne se montre même pas galant à son égard. Il trouve sa femme jolie mais ne sait pas le lui montrer. Et elle n'éprouve aucune attirance physique pour ce grand garçon maladroit et timide. Tout cela était plus ou moins vrai, mais nous avons aujourd'hui l'avantage d'avoir la preuve évidente du problème intime rencontré par le trop jeune couple grâce à la correspondance imposée par l'impératrice Marie-Thérèse à sa fille et celle, tout aussi imposée, de l'ambassadeur d'Autriche en France, Mercy-Argenteau. Un troisième agent de renseignements n'est autre que l'abbé de Vermond, qui avait été, pendant quelques mois, le précepteur d'Antonia à Vienne. Marie-Thérèse avait obtenu qu'il soit nommé lecteur de la dauphine. Sans le savoir, Marie-Antoinette est donc surveillée, voire espionnée, en permanence au profit de sa vigilante mère. Grâce à cette correspondance, l'impératrice est parfaitement au courant de la non-consommation du mariage de sa fille. La mère de la dauphine s'en inquiète beaucoup. Elle ne marie pas ses enfants par hasard. Si elle choisit pour ses filles des époux prestigieux, elle exige en retour que celles-ci continuent à servir leur pays natal, l'Autriche. On verra par la suite qu'elle demandera à plusieurs reprises à Marie-Antoinette de défendre la politique étrangère de Vienne auprès de son mari, ce à quoi le roi s'opposera toujours. Mais pour être efficace, il faut que Marie-Antoinette s'entende bien avec lui, qu'une véritable complicité s'installe entre eux. Or, en ce début de noces, il n'en est rien. Le problème du dauphin n'a pas davantage échappé à Louis XV. Le roi le fait examiner en juillet par son premier chirurgien. Celui-ci constate que le dauphin est normalement constitué et que sa seule difficulté est sans doute d'ordre psychologique. Il faut rappeler que les mariés sont trop jeunes, totalement inexpérimentés, et que la nature ne parle ni pour l'un ni pour l'autre. Il est regrettable que la cour de Versailles n'ait pas bénéficié, comme celle des Habsbourg, de ce qu'on appelait, joliment, les « comtesses hygiéniques », c'est-à-dire des initiatrices pour l'héritier du trône, comme ce sera le cas, plus tard, avec le futur empereur François-Joseph. Personne n'avait songé à l'éducation du dauphin dans ce domaine délicat. On pense alors que le temps arrangera cette situation... Cette période va être longue : elle durera huit ans ! En attendant, la dauphine fait son apprentissage de la cour de Versailles et ce n'est pas simple.

Ainsi, Marie-Antoinette réalise que la dame chargée d'amuser le roi est, en réalité, sa maîtresse. Encore un désaccord avec le dauphin ! En effet, celui-ci, après avoir été du côté de Mesdames, sœurs du roi extrêmement opposées à la Du Barry, avait changé d'avis. Il s'était rapproché de son grand-père, l'accompagnait dans ses chasses, mais surtout acceptait de participer, avec lui, aux soupers qui suivaient à Marly, à Choisy ou ailleurs, en compagnie de la favorite. Louis XV en était très heureux. Quant à Marie-Antoinette, elle était demeurée du côté de Mesdames ; elle détestait la favorite, refusait de la saluer ou de lui adresser la parole. Mme du Barry en était très vexée. Cela devenait une affaire d'État. Même Marie-Thérèse s'en mêlait dans ses lettres : « Si on exigeait de vous des bassesses, des familiarités, ni moi ni personne ne pourrait vous les conseiller ; mais une parole indifférente, de certains regards, non pour la dame mais pour votre grand-père, votre maître, votre bienfaiteur. » Alors la dauphine s'était résignée. Le 1er janvier 1772, passant dans la galerie des Glaces devant la favorite, elle lâcha : « Il y a bien du monde aujourd'hui à Versailles... » L'affaire était close. Le roi et sa favorite, ravis, le dauphin, soulagé.

Marie-Antoinette fait son entrée solennelle à Paris seulement le 10 juin 1773. C'est un triomphe. Elle est fêtée, applaudie, on la trouve belle et charmante. Paris est conquis, elle est conquise par Paris. Elle a dix-huit ans. Elle découvre les plaisirs du théâtre, de l'opéra. Le dauphin l'accompagne. Elle lui en est reconnaissante. Le couple semble mieux s'entendre. Fin avril 1774, le roi se rend au Petit Trianon en compagnie de sa maîtresse. Ce délicieux château, de dimensions réduites, avait été construit dans le parc de Versailles pour Mme de Pompadour. Elle n'en avait vu que les plans, étant morte avant la fin des travaux. C'est avec Mme du Barry que Louis XV profitait de ces lieux exquis, conçus tout exprès à côté de son jardin botanique, le plus beau d'Europe, avec ses serres chaudes et froides. La botanique était devenue l'une des passions du roi. Louis XV ne se sent pas très bien mais part tout de même chasser le lendemain, en calèche. Il revient à Trianon dans l'après-midi, avec « une forte fièvre et de violents maux de tête ». La Du Barry fait chercher le médecin du roi. Il diagnostique la petite vérole, autrement dit la variole. Il rappelle : « Sire, c'est à Versailles qu'il faut être malade... »

Le roi s'éteint le 10 mai 1774. Le dauphin et la dauphine sont roi et reine de France. On raconte que le couple se met à genoux en disant : « Mon Dieu, guidez-nous, protégez-nous... Nous régnons trop jeunes... »

Après cette prise de conscience, terrible et malheureusement réaliste, Louis XVI va prendre la mesure de l'ampleur de sa tâche. Marie-Antoinette, elle, va surtout profiter de son nouveau statut pour s'adonner à tous ses plaisirs.

On peut dire qu'elle y est encouragée par le jeune roi. Il est désormais très amoureux d'elle mais leur situation intime n'a pas changé. Il est fier de cette jeune reine, radieuse, élégante, ravissante, et ne peut rien lui refuser. C'est ainsi qu'un mois après la mort de Louis XV, il lui donne le Petit Trianon comme propriété personnelle. Cela n'était pas dans les usages de la monarchie française, la reine ne possédait rien en son nom. Le Petit Trianon sera son domaine. Elle n'y conviera que des amis sélectionnés. Elle y sera libérée de l'étiquette qui lui pèse tellement à Versailles. Le roi y sera son invité. Il ne dormira jamais à Trianon. Ce lieu merveilleux qu'elle va meubler à sa convenance commence rapidement à lui créer sa mauvaise réputation. Elle sait qu'elle peut tout obtenir de son mari, mais elle ne se prive pas, en secret, de dire qu'ils n'ont pas grand-chose en commun. Chez elle comme chez lui, il n'y a pas de désir. Ainsi, elle écrira à son ami le comte de Rosenberg : « Mes goûts ne sont pas les mêmes que ceux du roi qui n'a que ceux de la chasse et des ouvrages mécaniques. Vous conviendrez que j'aurais assez mauvaise grâce auprès d'une forge. Je n'y serais pas Vulcain et le rôle de Vénus pourrait lui déplaire beaucoup plus que mes goûts qu'il ne désapprouve pas[1]. »

Le réseau d'espionnage de Marie-Thérèse apprend le contenu de ce texte. L'impératrice est prise d'une violente colère. Elle envoie une lettre de remontrances très sévères à sa fille. Celle-ci commettra une seconde faute. Lors de leur sacre à Reims, le 11 juin 1775, Marie-Antoinette a le désir de rencontrer Choiseul, ancien ministre de Louis XV, que le nouveau roi déteste. Elle ne sait comment s'y prendre parce qu'elle pense que cela va contrarier le roi. Finalement, elle se résout à le lui demander directement et c'est le roi qui va convoquer Choiseul pour que la reine lui accorde une audience. Marie-Antoinette raconte, encore dans une lettre au comte de Rosenberg, que « c'est son pauvre homme de mari qui lui a arrangé l'heure la plus commode pour cette rencontre ». Évidemment, Marie-Thérèse sera informée de cette lettre. Nouvelle colère de maman ! Mais ces deux lettres sont troublantes : elles prouvent que Marie-Antoinette n'a toujours aucune attirance pour son mari, pour ses goûts, pour son comportement. Ce mépris pour le roi lui vient peut-être de la manipulation dont elle est l'objet par sa mère mais aussi par l'ambassadeur Mercy-Argenteau. Celui-ci ne comprend pas le souverain et surtout dit à la reine qu'elle est beaucoup plus intelligente que lui, beaucoup plus forte aussi, et que c'est à elle de

---

1 *Marie-Antoinette, correspondance (1770-1793)*, édition établie et présentée par Évelyne Lever, Paris, Tallandier, 2005.

le diriger. Mauvais climat ! C'est l'époque où la reine commence à avoir des amitiés, des coteries. Elle va aussi se lancer dans de folles dépenses pour sa toilette. Elle a découvert la marchande de modes Rose Bertin qui va devenir une familière de Versailles, reçue à toute heure dans ses appartements privés, à la grande stupéfaction des dames de la Cour qui n'y ont pas accès. Le roi se couche tôt, à dix heures. On dira même que, parfois, une main complice avance l'aiguille… pour hâter son coucher. Le roi se lève également toujours tôt, à six heures, pour aller à la chasse. Dix heures du soir, c'est l'heure où la reine commence à s'amuser, à jouer – elle perd des sommes folles –, à aller au bal, à l'Opéra à Paris. Elle se couche en général vers trois heures du matin et s'éveille en fin de matinée. Des agendas et des horaires bien peu compatibles pour une vie d'amoureux épris physiquement. Cela se sait. C'est un « couple disjoint », selon l'expression de Simone Bertière. Des libelles commencent à circuler et le couple souverain n'a toujours pas d'héritier. Les deux frères du roi, Provence et Artois, ont épousé deux sœurs, princesses de Savoie, toutes les deux fort laides. La comtesse d'Artois a accouché, en 1775, d'un fils, le duc d'Angoulême. L'avenir de la dynastie est assuré, mais pas par le roi et la reine…

Au fond, cette situation si pénible pour Louis XVI et si navrante pour la monarchie ne trouble pas beaucoup Marie-Antoinette. La vie très agréable qu'elle mène la comble. Sa petite coterie est à sa dévotion. Bien sûr, elle sait qu'elle devra avoir des enfants, mais elle recule ce moment. Elle connaît trop l'inconvénient des grossesses répétées, elle en a trop vu autour d'elle. Marie-Thérèse est donc de plus en plus inquiète. L'impératrice décide d'envoyer à Versailles son fils Joseph II qui partage le pouvoir avec elle. Officiellement, il vient pour des raisons politiques, afin de resserrer les liens avec la France, mais il vient surtout voir sa sœur pour la rappeler à ses devoirs et tenter de comprendre les blocages du couple. En avril 1777, la reine est très heureuse de retrouver son frère. Pour lui, elle donne une fête de nuit dans le tout nouveau jardin qu'elle a aménagé à Trianon. Il lui parle franchement, la rabroue pour sa futilité. Il a des entretiens politiques avec Louis XVI, mais il réussit surtout à avoir une conversation très intime avec lui dans les jardins du pavillon de Louveciennes de Mme du Barry. Quand il confesse son beau-frère, Joseph II mesure les difficultés du couple et prodigue des conseils à ce mari pas assez entreprenant. Il va tout expliquer à son frère Léopold dans une lettre extrêmement crue mais qui correspond à son tempérament : « Dans son lit, il a des érections fort bien conditionnées ; il introduit le membre, reste là sans se remuer deux minutes, se retire sans jamais décharger, toujours bandant, et souhaite le bonsoir. Cela ne se comprend pas, car avec cela il a parfois des pollutions nocturnes. Mais, en place ni en faisant l'œuvre, jamais ; et il est content, disant tout bonnement qu'il ne faisait cela que par devoir et qu'il n'y avait aucun goût. Ah ! Si j'avais pu être présent une fois, je l'aurais bien arrangé. Il faudrait le fouetter pour le faire décharger de foutre comme les ânes. Ma sœur, avec cela, a peu de tempérament, et ils sont là, deux francs maladroits ensemble[2]. »

---

2 *Ibid.*

On suppose qu'avec son beau-frère, Joseph II s'est exprimé en termes plus délicats. Il lui a expliqué comment il devait s'y prendre... Et apparemment, Louis XVI a compris, car quelques mois plus tard, le 30 août 1777, Marie-Antoinette annonce à sa mère que son mariage ayant été parfaitement consommé, elle a « de grandes espérances ». Quand celles-ci sont confirmées, les deux époux sont au comble du bonheur. C'est une petite fille qui va naître dans la nuit du 17 au 18 décembre 1778, en public pour que sa légitimité ne soit pas contestée. Louis XVI, voyant sa femme étouffer à cause de la présence de ces témoins dans la pièce surchauffée, force une fenêtre pour donner de l'air à son épouse. Cette attention prouve son implication dans ce moment qu'ils partagent, la naissance de leur premier enfant. La petite fille, en hommage à sa grand-mère, sera prénommée Marie-Thérèse. On l'appelle Madame Royale ; pour ses parents, elle sera « Mousseline ».

Marie-Antoinette sera une bonne mère. Mais si elle prend grand soin de sa fille, elle ne renonce pas pour autant à sa vie de fêtes et de plaisirs. En 1779, la reine est atteinte de la rougeole. Elle ne peut voir ni sa fille ni son mari de peur de les contaminer. Elle passe donc sa maladie et sa convalescence au Petit Trianon, mais elle n'y est pas seule. Sa petite cour de chevaliers servants est autour d'elle : le baron de Besenval, le comte Esterházy, le duc de Coigny et le comte de Guînes sont avec elle à Trianon, du matin au soir, pour la distraire. Certes, ils quittent Trianon la nuit. Mais cette convalescence mondaine entourée d'hommes ne fait pas bon effet.

En juin 1780, le petit théâtre de Trianon étant achevé, Marie-Antoinette réalise son rêve : jouer sur scène en compagnie de ses plus chers amis. Eux-mêmes s'appellent « la troupe des seigneurs ». Le goût de sa fille pour le théâtre n'enchante pas Marie-Thérèse. Celle-ci lui écrit : « Je crois bien que malgré tous les soins que vous employez, à permettre tout l'ordre et toute la décence possibles dans les spectacles de Trianon, vous ne les goûtez pas trop. Je suis de votre avis, sachant par plus d'un exemple que, d'ordinaire, ces représentations finissent ou par quelque intrigue d'amour ou par quelque esclandre. » Une mise en garde nuancée mais qui traduit l'inquiétude de la souveraine. Marie-Antoinette n'aura plus jamais de remontrances de sa mère car, le 29 novembre 1780, l'impératrice s'éteint. La reine en éprouve un immense chagrin. Mais après un deuil sincère, elle va pouvoir agir en toute liberté. Certes, Mercy-Argenteau continue d'informer Joseph II, mais la correspondance entre la reine et son frère sera plus espacée. En juillet 1781, Joseph II, désormais seul à la tête de l'empire des Habsbourg, revient visiter le couple royal à Versailles. Marie-Antoinette est à nouveau enceinte, ce qui rassure son frère. La mode ayant changé, pour se promener avec lui à Trianon elle est vêtue d'une simple robe de mousseline blanche, la taille entourée d'une ceinture de soie, coiffée d'un chapeau de paille.

Profitant de cette intimité, Joseph II la met à nouveau en garde contre sa « soi-disant société ». Il lui dit : « Vous n'avez qu'à refuser parfois leurs désirs. Vous verriez d'abord la valeur de leur attachement et distingueriez ceux qui aimaient vraiment votre honneur et votre réputation ou seulement leurs avantages. » Sage conseil... mais qui n'a aucune influence sur la reine. C'est en 1781 que la reine atteint le sommet de sa popularité en mettant enfin au monde un fils, le 22 octobre 1781. Le roi s'approche du lit de sa femme et lui dit : « Madame, vous avez comblé mes vœux et ceux de la France. Vous êtes mère d'un dauphin. »

Il est prénommé Louis Joseph et tout le royaume va célébrer l'événement, particulièrement Paris. Apparemment, la vie intime du couple est redevenue normale. Après une fausse couche en novembre 1783, la reine donne naissance à un second fils le 27 mars 1785, Louis Charles, titré duc de Normandie, le futur Louis XVII. Une dernière petite fille, non désirée, Sophie, naît en juillet 1786. Très faible à sa naissance, elle meurt onze mois plus tard. La reine a accompli son devoir, le roi lui en est reconnaissant. Mais il y a quand même une ombre au tableau, la présence un peu trop fréquente auprès de Marie-Antoinette d'un bel officier suédois, Axel de Fersen. La dauphine l'avait rencontré pour la première fois au cours du carnaval, au bal du 30 janvier 1774, à Paris, à l'Opéra. Ils s'étaient parlé longuement. Ils ne se reverront pas avant quatre ans, le 25 août 1778. Fersen est à nouveau en France, présenté au roi et à la reine. Celle-ci déclare : « Ah ! C'est une ancienne connaissance... » Cette fois, Marie-Antoinette manifeste d'une façon visible son intérêt pour lui. Toute la Cour s'en aperçoit, même Louis XVI. Troublé, le Suédois décide de couper court à cette passion naissante. Il quitte brusquement Versailles en 1780 pour suivre Rochambeau en Amérique et se battre aux côtés des Insurgents. Il rentre en France en juin 1783. Louis XVI lui donne la permission d'acquérir la charge de colonel du régiment Royal-Suédois. Après des fiançailles avortées avec Mlle Necker, Fersen décide, finalement, de ne pas se marier. Il repart pour la Suède. Il revient à Versailles le 7 juin 1784, dans la suite du roi Gustave III. En l'honneur du souverain, on organise une des plus belles fêtes de nuit jamais données à Trianon. Comment le roi accepte-t-il la présence de Fersen dans l'entourage de la reine ? Grâce à son habileté, en effet, elle avait parlé à son mari de toutes les médisances qui circulaient au sujet de son amitié pour le Suédois. Elle a proposé au roi de cesser de le voir pour couper court aux ragots. Louis XVI refuse. Dès lors, on voit souvent Fersen à Versailles, parfois dans les appartements privés de la reine, parfois au Petit Trianon. Jusqu'où est allé leur marivaudage ? De nombreux spécialistes se sont penchés sur leur correspondance sans pouvoir en tirer des conclusions inattaquables. Rien n'a pu être prouvé. Simone Bertière s'interroge : « Furent-ils amants ? Nous n'avons pas les moyens de le savoir. Cela ne change rien à l'essentiel, au fait qu'elle ait opposé aux lois de la conjugalité les droits du cœur, irrésistibles à ses yeux[3]. »

Au début de l'année 1785, alors que la reine attend son troisième enfant, le roi prend une décision sage mais qui va provoquer une polémique dont elle sera la victime. Depuis plusieurs mois, Louis XVI, avec l'architecte Richard Mique, envisage d'importants

3 *Marie-Antoinette face à l'histoire*, actes du colloque organisé à la Sorbonne le 30 septembre 2006 par l'Institut de la maison de Bourbon, Paris, Éditions François-Xavier de Guibert, 2008.

travaux dont le château de Versailles a besoin. Ils sont prévus pour 1790. Interrogé sur la durée de ces travaux, Mique avait répondu :

— Trois ans, Sire, si nous en avons les moyens...

— Et si nous ne les avons pas ?

— Alors, Sire, cela prendra dix ans...

Pendant la période des travaux, il faut trouver un autre château de grande dimension, près de Paris. On choisit Saint-Cloud. Il appartient à la famille d'Orléans. C'est donc à son cousin Philippe d'Orléans (le futur Philippe Égalité) que Louis XVI rachète ce château, au début février 1785, pour 6 millions de livres. Le roi, toujours aussi amoureux de Marie-Antoinette, l'offre à son épouse le 20 février. Encore une entorse aux usages : la reine se trouve à la tête d'un patrimoine considérable, ce qui ne va pas améliorer sa réputation. Pourtant, l'idée de son mari est généreuse. Il souhaite que la reine puisse disposer d'un lieu pour élever au mieux leurs enfants. L'air pur de Saint-Cloud conviendrait sûrement au jeune dauphin dont la santé fragile commence à inquiéter sérieusement le couple royal. Le mois suivant, la reine met au monde le petit duc de Normandie. Pour ses relevailles, traditionnellement célébrées à Paris, elle peut mesurer son impopularité lorsqu'elle apparaît à l'Opéra : c'est un silence lourd qui l'accueille. De retour à Versailles, la reine, bouleversée, se précipite dans les bras de son mari et pleure abondamment, tout en répétant : « Que leur ai-je fait ? »

Et cependant, le pire est encore à venir... Pour résumer ce qu'on appelle « l'affaire du collier », les joailliers Boehmer et Bassange avaient confectionné un extraordinaire collier comportant 540 diamants d'une valeur de 1,6 million de livres. En difficulté financière, ils l'avaient fait dans l'espoir que Louis XV l'offrirait à Mme du Barry. Le roi avait refusé. Ils font une nouvelle tentative auprès de Louis XVI, lors de la naissance de Madame Royale. Cette fois, c'est Marie-Antoinette qui refuse, disant avec sagesse : « Nous avons plus besoin de vaisseaux que d'un collier. »

Aux abois, les joailliers tentent un autre stratagème. Ils offrent 1 000 louis à celle ou à celui qui les aidera à vendre ce collier. Une aventurière, la comtesse de La Motte, descendante d'un bâtard d'Henri II et soucieuse de revanche sociale, sait que le cardinal de Rohan, archevêque de Strasbourg et grand aumônier de France, est mal vu à Versailles. La reine ne l'aime pas et refuse même de le voir car lorsqu'il était ambassadeur de France à Vienne, il avait indigné l'impératrice Marie-Thérèse par sa vie scandaleuse et elle avait demandé son rappel en France. Aidée du sulfureux comte de Cagliostro, affairiste versé dans les sciences occultes, Mme de La Motte fait croire au cardinal que la reine rêve d'acquérir ce joyau et lui propose de l'acheter pour cette dernière. On lui présente des lettres de Marie-Antoinette (qui sont évidemment fausses) prouvant son intérêt pour la parure. On organise, une nuit, dans un bosquet du parc de Versailles, une entrevue secrète avec la reine. Le cardinal croit avoir rendez-vous avec Marie-Antoinette. Il s'agit en fait d'une « barboteuse de rue », nommée Nicole Legay, qui a accentué sa ressemblance avec la souveraine. Elle tend au cardinal une rose en lui murmurant : « Vous pouvez espérer que le passé sera oublié... »

Convaincu que l'achat du collier lui rendra la faveur de la reine, le cardinal l'acquiert à crédit et le remet à un prétendu officier de Marie-Antoinette qui est... un amant de la comtesse de La Motte ! Celle-ci récupère le collier, le dessertit et fait vendre les diamants à Londres par... son mari ! Une nouvelle fausse lettre de la reine remercie le cardinal de Rohan de son geste...

Le temps passant, le cardinal s'étonne de la froideur de la reine qui n'a pas changé d'attitude à son égard. Il refuse de verser la suite de ses paiements aux joailliers. Ceux-ci, persuadés que la reine a le collier en sa possession, lui demandent une audience. Elle la refuse. Ils font alors parvenir à Mme Campan, première femme de chambre de la reine, une lettre explicite révélant la supercherie dont la souveraine a été la victime. Mme Campan remet cette lettre à Marie-Antoinette alors qu'elle est en pleine répétition du *Barbier de Séville* au petit théâtre de Trianon. La reine est atterrée ! Elle exige des joailliers qu'ils rédigent d'urgence un mémoire. Elle est persuadée que le cardinal de Rohan a essayé de la compromettre et elle prévient immédiatement le roi de cette invraisemblable histoire.

C'est le couple royal qui va gérer ce qui devient très vite une affaire d'État. Et malheureusement, ils vont très mal la gérer... Plutôt que de régler ce scandale discrètement en réunissant et en confondant tous les protagonistes de l'escroquerie – l'un et l'autre étant convaincus que c'est un montage contre la reine et que le cardinal en est le grand responsable (ce qui est faux) –, Louis XVI convoque le prélat, le 15 août suivant, dans le cabinet du roi où se traitent les affaires les plus secrètes. Sont présents le souverain, le baron de Breteuil, ministre de la Maison du roi, et le garde des Sceaux, M. de Miromesnil. Le cardinal de Rohan sort de son vêtement les supposées lettres de la reine, remises par Mme de La Motte. On lui démontre, facilement, que ce sont des faux grossiers. Il réalise qu'il a été dupé. Le naïf cardinal quitte, effondré, le cabinet du roi. Là, il va subir une humiliation complète : Louis XVI, exaspéré, le fait arrêter en pleine galerie des Glaces, devant tous les courtisans.

Naïvement, Marie-Antoinette pense que l'affaire est réglée et que le cardinal sera condamné par le Parlement. Elle écrit à son frère Joseph II : « En ce qui me concerne, je suis ravie de ne plus entendre parler de cette vilaine affaire. » Hélas, moins d'un an plus tard, le 31 mai 1786, le Parlement acquitte le cardinal par vingt-six voix contre vingt-deux. Cagliostro est banni du royaume, la comtesse de La Motte est marquée au fer rouge et enfermée à vie à la prison de la Salpêtrière... dont elle s'évadera rapidement. Pour la plus grande humiliation de la reine, le cardinal de Rohan est fêté dans Paris. Des milliers de personnes l'acclament et manifestent leur joie de voir l'« Autrichienne humiliée ».

Louis XVI et Marie-Antoinette, furieux, exilent le cardinal à l'abbaye de La Chaise-Dieu, en Auvergne. Le couple commet une très grave faute : le roi et la reine, unis dans leur colère, font de l'acquitté un martyr. Stefan Zweig résumera magistralement l'incroyable et dévastateur mécanisme de cette affaire : « La reine était innocente et, pour rendre publique son innocence, elle en appela au Parlement ; le résultat fut qu'on la crut coupable[4]. »

En 1788, le contrôleur général des Finances, Calonne, tente de résorber le déficit en proposant une véritable révolution fiscale. Il s'agit de taxer les ordres privilégiés. Louis XVI approuve son ministre, mais la reine, qui déteste Calonne parce qu'il ne l'avait pas soutenue pendant l'affaire du collier, prend fait et cause pour l'assemblée des notables, laquelle refuse d'approuver la réforme. Calonne s'en va. Il est remplacé par Loménie de Brienne qui part lui aussi. Il va falloir rappeler Necker que Louis XVI déteste. C'est Marie-Antoinette et Mercy-Argenteau qui vont négocier avec le banquier genevois pour le faire revenir à Versailles. Encore une humiliation pour le roi. Mais même Necker ne peut juguler la crise financière et les états généraux sont convoqués pour le 5 mai 1789. Une telle réunion ne s'était pas tenue depuis... 1614.

Moins d'un mois après, Louis XVI et Marie-Antoinette ont la douleur de perdre le dauphin, qui s'éteint à l'âge de huit ans, le 3 juin 1789, à Meudon. Atteint d'une tuberculose osseuse, ses derniers mois ont été un véritable martyre. Le 11 juillet, le roi renvoie Necker pour le remplacer par Breteuil. Ce durcissement du pouvoir provoque une insurrection à Paris, des pillages et, le 14 juillet, la Bastille est prise d'assaut. La Révolution est en marche. Le 16 juillet, le frère du roi, le comte d'Artois, et les Polignac émigrent. Les 5 et 6 octobre, la marche des femmes sur Versailles entraîne le retour forcé du roi et de sa famille à Paris. Ils

4 *Marie-Antoinette*, traduction française, Paris, Grasset, 1939 (nombreuses rééditions).

sont sous surveillance aux Tuileries. Paradoxalement, cette succession de journées pénibles, d'humiliations, puis le changement complet de vie qu'impose leur installation aux Tuileries avec une Cour extrêmement réduite favorisent l'intimité du couple. Plus de chasse pour le roi, plus d'escapades à Trianon pour la reine ; ils mènent pour la première fois une véritable vie de famille. Curieusement, dans le malheur, le couple va se ressouder. Le mari et sa femme deviennent solidaires et ils vont se soutenir face à l'épreuve. Marie-Antoinette écrira à son frère Léopold, qui a succédé à Joseph II le 1er mai 1790 : « Je dis nous parce que je ne sépare pas le roi de moi. Si jamais nous redevenons non pas ce que nous avons été mais au moins ce que nous devons être, vous devez et pouvez compter sur toute la fidélité et les sentiments d'un bon allié. » En effet, depuis le début de cette année 1790, alors que le roi est abattu par toutes les humiliations qui lui sont imposées, tourmenté par la Constitution civile du clergé et par la limitation progressive de ses pouvoirs, Marie-Antoinette développe une intense activité politique. Elle se rapproche de Mirabeau, pensant qu'il peut être un atout pour le couple royal. Parallèlement, elle pratique une diplomatie secrète pour obtenir des souverains européens, et particulièrement de l'Autriche, des manœuvres d'intimidation afin de contrer la volonté de la Convention de rogner davantage les pouvoirs du roi.

Le 14 juillet 1790, la fête de la Fédération réunit sur le Champ-de-Mars les fédérés venus de tous les départements – ils illustrent la nouvelle organisation administrative de la France. Louis XVI doit y prêter serment à une Constitution... qui n'est pas encore écrite. Un an après la prise de la Bastille, c'est la dernière occasion, pour le roi et la reine, d'être ovationnés. C'est la dernière fois que le couple entendra : « Vive le roi ! Vive la reine ! Vive le dauphin ! »

Mais la situation politique devenant de plus en plus intenable pour la famille royale, Louis XVI se laisse convaincre par Marie-Antoinette de fuir Paris. C'est Axel de Fersen qui organise ce voyage vers le nord-est, à Montmédy, pour rejoindre des troupes fidèles commandées par Bouillé.

Comme on le sait, pour avoir perdu trop de temps, cette fuite se termine piteusement à Varennes-en-Argonne. Reconnus à Sainte-Menehould par le fils du maître de poste Drouet, le roi et sa famille sont ramenés à Paris le 25 juin. Ils sont prisonniers. Le roi est suspendu de ses pouvoirs. Marie-Antoinette continue d'appeler l'étranger au secours. Elle entame même des pourparlers avec le député Barnave, lui demandant son aide. Il défend l'irresponsabilité royale dans la fuite à Varennes et entretient une correspondance régulière avec la reine.

C'est la déclaration de guerre de l'Assemblée à l'empereur d'Autriche, le 20 avril 1792, qui accélère le processus fatal pour le couple royal. Le général en chef des armées autrichiennes et prussiennes, le duc de Brunswick, rédige un manifeste menaçant pour le peuple de Paris « s'il est fait le moindre outrage à Leurs Majestés le roi et la reine ». Cet avertissement est dû à l'intervention de la reine, alors que le roi est désespéré. Le résultat est l'inverse de celui escompté, le couple royal est accusé de collaborer avec l'ennemi.

Le 10 août les Tuileries sont attaquées et envahies. Parmi les défenseurs du palais, les gardes suisses sont massacrés. On dénombre neuf cents victimes. Le roi et sa famille se sont réfugiés à l'Assemblée. Ils sont ensuite transférés au Temple, non pas dans le palais où le comte d'Artois recevait somptueusement, mais dans la sinistre tour qui devient leur prison. Louis XVI, Marie-Antoinette, leurs deux enfants et Madame Royale vont vivre reclus. À ce moment-là, les rapports du couple royal vont complètement s'inverser. Aux Tuileries, c'était le roi qui était effondré et la reine qui s'activait beaucoup pour tenter d'inverser le cours des événements. Le Temple, c'est la fin de leur parcours. Maintenant, c'est Marie-Antoinette qui s'effondre et Louis XVI qui accepte la situation avec calme et sérénité. Il sait comment ce drame va finir. Il l'accepte. En attendant, il organise leur vie, réconforte la reine, sa sœur Élisabeth et les enfants. Il est responsable de sa famille, il en est le pilier. C'est peut-être la première fois que Marie-Antoinette va admirer son mari. Il va lui servir d'exemple. En janvier, le roi fait des adieux déchirants à sa famille. Il est jugé puis exécuté le 21 janvier 1793. Marie-Antoinette reste seule au Temple avec ses enfants et sa belle-sœur Élisabeth. Le 3 juillet, on lui enlève son fils pour le confier au ménage du cordonnier Simon. Le 5 août, elle est conduite à la Conciergerie. Elle prépare sa défense. On sait quelles abominations elle devra subir pendant son procès. Mais la force et la dignité qu'elle manifeste dans ces circonstances pathétiques, c'est son mari le roi qui les lui a inspirées. Leur comportement, admirable, dans une tragédie qui les dépasse, les a unis pour toujours.

5
Marie Walewska : l'amour sacrifié de Napoléon

Le 1er janvier 1807, Varsovie attend avec ferveur l'arrivée de l'empereur des Français, le conquérant qui affirme ne combattre que pour rendre aux peuples leur liberté. Les Polonais placent tous leurs espoirs en Napoléon car leur pays, tant de fois envahi, disputé et partagé, a été rayé du nombre des nations à la fin du XVIIIe siècle. Malgré le froid très vif, une jeune femme se rend au relais de Błonie, à l'ouest de Varsovie, où l'Empereur doit changer une dernière fois de chevaux. Elle se faufile à travers la foule, parvient jusqu'à la voiture de Napoléon arrêtée au relais, comme elle en avait été informée. L'inconnue balbutie un compliment : « Soyez le bienvenu, mille fois bienvenu sur notre terre... » La jeune femme semble considérer que la Pologne attendait Napoléon pour exister à nouveau. Elle croit en lui puisqu'il a battu l'Autriche. L'Empereur est charmé par l'enthousiasme de cette Polonaise, blonde aux yeux bleus, pas très grande mais jolie et très gracieuse. Duroc, grand maréchal du palais, est vite informé de son identité. Elle se nomme Marie Walewska. Née en 1786 dans la fort ancienne mais nombreuse et désargentée famille Łączyński, elle a appris en pension un peu de français avec plaisir et un peu d'allemand... sans plaisir. Très tôt, Marie a incarné les vertus exigeantes de la Pologne, le catholicisme et le patriotisme, inséparables l'un de l'autre. Sa mère, veuve, a évidemment cherché très tôt à la marier.

Un prétendant jeune, beau et riche est vite éliminé parce qu'il est russe. Reste l'autre prétendant, le comte Anastase Walewski. Sa situation n'est pas banale : il a soixante-dix ans, il est veuf pour la seconde fois et l'aîné de ses petits-enfants a... neuf ans de plus que Marie ! En face de ces inconvénients, il a l'avantage d'appartenir à une famille anoblie en 1574, d'être un authentique seigneur fortuné et très généreux avec les pauvres, ancien chambellan du roi, décoré de l'Aigle blanc dont il porte le cordon sur son habit les jours de fête. Marie, qu'on imagine légitimement inquiète, mesure la différence d'âge entre elle et ce vieil homme : cinquante ans ! Mais il lui est impossible de résister à sa mère « [...] car à la première objection qu'elle a faite, il a été répondu d'une manière frappante. Elle va alors tomber malade d'une fièvre inflammatoire qui la tient quatre mois entiers entre la vie et la mort. À peine convalescente, on la conduit à l'autel[1] ». Le mariage a lieu en 1804, Marie a dix-huit ans. À son vieil époux, elle a donné un fils, Antoine, né le 14 juin 1805.

1 Frédéric Masson, de l'Académie française, *Napoléon et les femmes*, réédition avec une judicieuse préface de Jean Tulard, de l'Institut, Paris, France-Empire, 2010.

Napoléon invite la jeune comtesse à un bal. Elle refuse, honteuse de son audace au relais de poste… Tout Varsovie en parle. On la presse d'accepter l'invitation : il serait désobligeant, voire très grave, d'offenser Napoléon si bien disposé à l'égard de la Pologne et qui a créé le grand-duché de Varsovie. Les membres du gouvernement provisoire et les notables insistent. Napoléon l'invite d'une façon qui ne laisse pas de doute sur ses intentions : « Venez, Madame, venez ! Tous vos désirs seront remplis. Votre patrie me sera encore plus chère si vous prenez pitié de mon pauvre cœur… » Ce n'est plus une invitation, c'est un chantage ! Elle repousse d'abord les avances du maître de l'Europe puis se laisse séduire. Par patriotisme, dit-on, espérant que Napoléon délivre définitivement la Pologne de l'étau russe. Le chantage réussit. Bien qu'elle passe pour douce et craintive, elle finit par accepter. À peine rentrée chez elle, sa femme de chambre lui remet un billet. L'écriture est difficile à déchiffrer mais elle lit : « Je n'ai vu que vous, je n'ai admiré que vous, je ne désire que vous. Une réponse bien prompte pour calmer l'impatiente ardeur de N.[2]. » Ce message est daté du 18 janvier 1807. Il y a dix-sept jours qu'ils se sont aperçus à ce relais de poste. Elle froisse ce billet. Non, il n'y a pas de réponse, et pourtant, le messager, qui n'est autre que le prince Joseph Poniatowski, attend. Il patiente une demi-heure et repart, absolument furieux.

2 *Correspondance de Napoléon*, édition établie par Loris Chavanette, préface de Patrice Gueniffey, Paris, Robert Laffont, collection « Bouquins », 2020.

Le comte Walewski, n'oubliant pas qu'il a été chambellan, exige lui-même que Marie accepte l'invitation de Napoléon ! Le mari en fait une cause sacrée. Après le bal, l'Empereur, séduit, fixe à la jeune comtesse un autre rendez-vous, plus intime. L'affaire s'ébruite et de bonnes âmes insistent pour que Marie ne se dérobe pas. Certains osent évoquer le destin biblique d'Esther, jeune Juive se donnant au roi perse Assuérus afin de sauver son peuple… La jeune Polonaise est-elle une héroïne de Racine ? Marie ne peut résister longtemps à un destin qui la dépasse. Le 22 janvier 1807, à six heures du matin, l'Empereur s'inquiète : on lui a rapporté que la comtesse était souffrante. Il veut savoir si elle n'est pas « incommodée ». Il écrit : « Vous avez été à la même place toute la nuit dans mes idées. Je conserverai longtemps le souvenir de cette nuit. Je sens le besoin de vous dire combien vous m'êtes chère. […] Marie, songez que je vous aime, que vous m'avez flatté de partager tous mes sentiments. N'est-ce pas que vous serez consentante ? Mille baisers sur vos mains, un sur ce cœur dont je voudrais troubler un peu la tranquillité […]. » Le lendemain, son courrier est encore plus intense : « Madame, vous étiez si belle et si bonne hier soir, que longtemps dans la nuit il me semblait vous voir encore. Il n'y a point de ténèbres qui empêchent que l'on ne vous voie, vous êtes comme un ange. Je suis fâché de vous avoir dit de venir à la parade, il fait si froid, et vous vous enrhumeriez. Je me fais un bonheur de vous voir danser ce soir et de lire dans vos yeux les émotions de votre cœur… *mio dolce amore*, un délicieux baiser sur votre charmante bouche, et mille bien respectueux sur vos mains. »

Face aux preuves de la naissance de cette passion, complétons ces missives du 23 janvier par une lettre, le même jour, de l'Empereur à l'impératrice, car, rappelons-le, Joséphine est toujours son épouse :

« […] J'ai ri de ce que tu me dis que tu as pris un mari pour être avec lui. Je pensais, dans mon ignorance, que la femme était faite pour le mari, le mari pour la patrie, la famille et la gloire. Pardon de mon ignorance, on apprend toujours avec nos belles dames. Adieu, mon amie. Crois qu'il m'en coûte de ne pas te faire venir ; dis-toi : "C'est une preuve combien je lui suis précieuse !" N. » Napoléon n'est pas au cœur d'un trio, il est, à ce moment, le héros de deux duos dont l'un est tout neuf, car il écrit aussi beaucoup à Joséphine.

Puis, après le 24 janvier et avant l'indécise – et coûteuse en vies humaines – bataille d'Eylau des 7 et 8 février 1807 en Prusse-Orientale contre les Russes et les Prussiens, Napoléon juge Marie parfaite. Il a envie de l'entendre lui dire ce qu'elle lui a écrit. À Varsovie, la liaison est officielle, peu discrète. Toutefois, la comtesse Walewska n'oublie pas sa mission : aider à faire renaître la Pologne, comme nation et comme État. Elle demande la confirmation d'un gouvernement provisoire et la constitution d'une ébauche d'armée. Chez Marie, à cette époque, il n'est pas question d'amour, encore moins de passion, car elle est honnête. Elle est la fragile mais déterminée messagère des espoirs polonais. Marie ne quitte pas son mari pour un autre homme. Elle est l'ambassadrice de la cause polonaise et Marie aime, d'abord, la Pologne. Elle n'est pas ambitieuse ni intéressée à être une simple maîtresse, mais son rôle est clair. Napoléon, qui d'habitude n'apprécie pas les femmes se mêlant de politique, lui répond qu'il doit s'occuper, d'abord, de la France. Et ensuite de la Pologne, assurant la jeune femme qu'il a déjà « forcé la Russie à lâcher la part qu'elle usurpait ». Pour bien faire comprendre à l'Empereur qu'elle souffre et attend la renaissance de son pays, la comtesse Walewska ne s'habille que de robes blanches, grises ou noires. Napoléon déteste les femmes vêtues de couleur foncée. Il le lui dit. Elle lui répond : « Une Polonaise doit porter le deuil de sa patrie. Quand vous la ressusciterez, je ne quitterai plus le rose. »

Alors que Napoléon va quitter la Pologne sans avoir complètement tenu sa promesse, Marie Walewska, déçue, désabusée et mécontente de s'être donnée sans que la Pologne renaisse complètement, refuse de suivre son amant impérial à Paris. Elle attendra 1808, mais c'est surtout en 1809, pendant la campagne d'Autriche, qu'ils se revoient. Après la victoire de la gigantesque bataille de Wagram, sur un plateau au bord du Danube les 5 et 6 juillet 1809, Marie la Polonaise vient rejoindre l'Empereur à Vienne. Il installe son quartier général au palais de Schönbrunn et fait préparer, tout près, une charmante maison pour Marie. Le vainqueur lui promet que l'Autriche devra céder au grand-duché de Varsovie la plus grande partie de ses possessions polonaises. Lors de la paix de Vienne, le 14 octobre, Marie est enceinte. Elle retourne accoucher à Walewice, chez son mari. Elle donne naissance, le 4 mai 1810, à un fils, Alexandre

Walewski, futur ministre des Affaires étrangères de Napoléon III. À noter : le vieux comte Walewski, très fier de cette prétendue paternité à quatre-vingt-quatre ans (!), pousse la complaisance jusqu'à reconnaître l'enfant de Napoléon et de sa femme et… à lui donner son nom ! Le 23 avril 1810, à Paris, au Louvre, Napoléon, âgé de quarante ans, épouse l'archiduchesse d'Autriche Marie-Louise de Habsbourg-Lorraine, fille de l'empereur François Ier et petite-nièce de Marie-Antoinette. L'union, qui donnera enfin un enfant légitime à Napoléon, scandalise les nostalgiques de la Révolution, mais ce mariage était la condition de la paix avec l'Autriche.

À la fin de la même année, Marie s'installe à Paris, dans le quartier de la Chaussée-d'Antin, avec son fils et sa belle-sœur. La liaison avec Napoléon semble terminée même s'il continue de combler la Polonaise de libéralités et d'attentions. Chaque matin, l'Empereur veut savoir ce dont elle a besoin et Duroc s'assure qu'elle ne manque de rien. Corvisart, le médecin de Napoléon, surveille sa santé et celle de leur fils. Marie reste très attachée à l'Empereur, elle lui est fidèle et reconnaissante de ce qu'il a pu faire pour la Pologne, même si ses espoirs ont été déçus. Elle est très discrète, cache son enfant, sort peu. Elle ne peut toutefois ignorer les invitations pressantes de Joséphine à Malmaison. La première impératrice l'y reçoit avec l'enfant qu'elle aurait tant voulu donner à l'Empereur et comble le jeune Polonais de cadeaux. Marie n'apparaît pas à la cour impériale et ne fait aucune dépense excessive de mode. On peut seulement dire que ses robes continuent de transmettre ses espoirs : en tulle ou en taffetas, elles sont ornées de fleurs bleues et blanches, les couleurs de la Pologne…

Au début de février 1814, les alliés exigent que la France retrouve ses frontières d'avant la Révolution. Lancé dans la campagne de France et à la veille de la bataille de Champaubert – qui sera une victoire –, l'Empereur met en ordre l'avenir financier du jeune comte Walewski et de sa mère Marie. Il charge son trésorier général, M. de La Bouillerie, de prévoir une rente de 50 000 livres pour eux. Marie n'est pas au courant. Les formalités lui semblant trop lentes ou incomplètes, depuis Nogent-sur-Seine où il s'est installé, Napoléon insiste auprès de son mandataire par un courrier manuscrit urgent : « […] J'ai reçu votre lettre relativement au jeune Walewski. Je vous laisse carte blanche. Faites ce qui est convenable, mais faites de suite. Ce qui m'intéresse, c'est surtout l'enfant, et la mère après[3]. »

À Fontainebleau, dans la nuit du 12 avril 1814, Napoléon tente de s'empoisonner avec de l'opium. Mais comme il a dilué la solution dans de l'eau, l'effet du poison est très diminué. Marie est arrivée et toute la nuit espère que l'Empereur va l'appeler. Napoléon, souffrant atrocement, ne retrouve ses esprits que lorsque la fidèle comtesse est repartie. Napoléon dit : « La pauvre femme ! Elle se croira oubliée ! »

Elle lui écrit trois jours plus tard, il lui répond immédiatement, le 16 avril : « Marie, j'ai reçu votre lettre du 15. Les sentiments qui vous animent me

3 Frédéric Masson, *Napoléon et les femmes*, *op. cit.*

touchent vivement, ils sont dignes de votre belle âme et de la bonté de votre cœur. Lorsque vous aurez arrangé vos affaires, si vous allez aux eaux de Lucques ou de Pise, je vous verrai avec un grand et vif intérêt, ainsi que votre fils, pour qui mes sentiments seront toujours invariables. Portez-vous bien, n'ayez point de chagrin, pensez à moi avec plaisir, et ne doutez jamais de moi. » En évoquant ces autres « adieux de Fontainebleau », Lamartine écrira, en 1851, ce bel hommage à Marie Walewska : « Mais pendant que la victoire et l'indifférence éloignaient ainsi de lui l'épouse que la politique lui avait donnée et que l'Empire n'avait pu lui attacher, l'adversité ramenait auprès de lui, à Fontainebleau, une jeune et belle étrangère dont la défaite et l'exil ne pouvaient lui enlever l'amour[4]. »

Marie a vingt-huit ans. Elle a le courage de demander aux alliés l'autorisation de se rendre à l'île d'Elbe. Personne n'y voit d'objection. Elle affirme qu'elle ne fera qu'une brève escale sur la route de Naples où elle doit assurer l'avenir financier de son enfant. Ainsi, Marie Walewska est la première personne ne faisant pas partie de sa famille qui vient visiter le « souverain de l'île d'Elbe ». Elle l'en informe. Il lui répond de la capitale de l'île, Portoferraio, le 9 août 1814 : « Marie, j'ai reçu votre lettre, j'ai parlé à votre frère. Allez à Naples arranger vos affaires ; en allant ou en revenant, je vous verrai avec l'intérêt que vous m'avez toujours inspiré, et le petit dont on me dit tant de bien que j'en ai une

4 *Correspondance de Napoléon, op. cit.*

véritable joie et me fais fort de l'embrasser. Adieu Madame, cent tendres choses. »

Accompagnée de son fils, le jeune comte Alexandre (quatre ans), elle débarque au port de Marciana Marina, à 20 kilomètres à l'ouest de Portoferraio, le jeudi 1er septembre 1814 en pleine nuit, ce qui n'est pas l'usage et accrédite la thèse d'un mystère. Le maréchal Bertrand, chambellan impérial, était prévenu et savait que le bateau mouillerait dans une crique discrète au fond du golfe. Nous savons aujourd'hui que Napoléon avait suivi avec sa lunette, au crépuscule, l'approche du bâtiment. Et, précédé de quatre cavaliers porteurs de torches, il se rend à la rencontre de Marie et de son fils, leur fils... En ville, ce va-et-vient se transforme en rumeur : « C'est l'impératrice Marie-Louise et le roi de Rome ! »

Cet enfant charmant est, précisément, vêtu comme le roi de Rome. C'est un stratagème de Napoléon qui essaie de faire croire à la visite de Marie-Louise et de l'héritier. Dans cette nuit opaque, les habitants, comme la garde impériale et même ceux qui ont vécu aux Tuileries, sont persuadés qu'il ne peut s'agir que de l'impératrice venue apporter son amour à l'exilé car à plusieurs reprises, sur la foi de ragots et de fantasmes, on a annoncé son arrivée imminente. D'ailleurs, Marie Walewska, qui a compris qu'on la prend pour une autre, répète à ceux qui l'interrogent que cet enfant est le « fils de l'Empereur ». « Oui, ajoute-t-elle, c'est mon fils. » Ses réponses ne sont pas des mensonges mais elle ne dit pas qui elle est...

Lorsque les habitants et les courtisans découvriront la vérité très romanesque, certains seront déçus, d'autres ravis. Mais dans un cas comme dans l'autre, la femme est accompagnée d'un fils de l'Empereur, c'est une consolation et un gage de fierté pour les insulaires dont la vie est déjà très bouleversée.

En pleine nuit, la petite troupe gagne Marciana Alta, près de l'ermitage où séjourne Napoléon depuis le 23 août. Essayant de fuir la chaleur de l'été elbois, il a fait dresser sa tente de campagne, car il a cédé sa chambre à Marie, après avoir caressé les boucles blondes de leur fils. C'est une bataille du souvenir amoureux qu'il livre. Tous deux sont émus. Ali, le fidèle mamelouk, voit l'Empereur quitter sa tente et rejoindre rapidement sa visiteuse. Avec Marie Walewska, Napoléon va passer une nuit avec celle qui, à Fontainebleau, avait attendu toute une nuit, angoissée, devant la porte de cet homme qu'elle avait tant aimé. Depuis qu'il est exilé, elle lui a écrit plusieurs fois, alors qu'elle gagnait, par petites étapes, la côte toscane. Napoléon avait fini par céder. Mais lorsqu'il apprend la rumeur qui agite les Elbois, il est furieux car il craint que le gouvernement autrichien ne tire prétexte de la venue de cette maîtresse pour inciter l'impératrice à ajourner encore sa propre venue. De fait, le silence de Marie-Louise n'est rompu que par quelques lettres où elle parle de deux sujets qui exaspèrent l'Empereur : sa santé et... le temps qu'il fait ! Napoléon veut éviter que la présence de la Polonaise ne soit l'objet d'un scandale. Il aurait voulu que le séjour de Marie soit sans tapage, comme si cela était possible. La comtesse polonaise sera donc, une nouvelle fois, sacrifiée au devoir conjugal et aux obligations d'État, mais le conquérant vaincu ne le lui dit pas tout de suite...

Au matin, il l'emmène jusqu'à son rocher, ce vrai nid d'aigle qu'est le Monte Giove, le mont Jupiter, avec sa petite maison basse de quatre pièces à 627 mètres d'altitude. Puis il s'esquive pour sa visite quotidienne à Madame Mère qui l'attend, presque en face. La famille avant tout…

Le soir, il dîne sous sa tente avec Marie, leur fils et les officiers polonais de la Garde. On improvise des danses, on chante. Marie espère, Marie est heureuse. À la voir ainsi, la question reste posée : Marie Walewska avait-elle l'espoir de rester auprès de Napoléon ? Était-elle venue pour ne pas repartir ? On peut le penser. Entre-temps, elle a été informée de la détresse financière de l'Empereur. Catastrophée, elle veut lui restituer le collier de perles qu'il lui avait offert à la naissance d'Alexandre et qu'elle portait si bien la veille au soir. Il refuse avec émotion et la prie de repartir le soir même. Rien ne manque à cet épisode émouvant, ni le cadre exceptionnel où il se déroule, ni le dénouement romantique.

Avec la nuit, la tempête s'est levée et la pluie tombe fort. Marie, transie, serrant son enfant contre elle, tente de s'embarquer à Marciana. Mais la mer est trop forte, son navire ira l'attendre à Porto Longone, à l'autre extrémité de l'île. Il lui faut plusieurs heures sur des chemins transformés en torrents pour y parvenir. L'escorte la dissuade d'essayer de gagner le bateau. Mais, fière et sans doute en colère, elle saute dans une barque et, au prix de mille périls, gagne l'échelle de coupée. Le vaisseau s'éloigne enfin, dans des creux terrifiants et des remous. Pendant ce temps, comme dans tout drame romantique, Napoléon, pris de remords et d'angoisse, saute à cheval et galope jusqu'à

Porto Longone, mais il arrive trop tard. Il a laissé partir son grand amour. Pis : il l'a chassé. Elle est restée trente-six heures, dont une nuit… Le 20 septembre, peu après le départ de Marie, le colonel et commissaire Campbell, chargé par la Couronne britannique de surveiller Napoléon, note que l'ancien maître de l'Europe « semble avoir perdu toute attitude de travail et d'étude sédentaire, […] les agitations et les indécisions de son esprit ne lui permettent pas d'y porter le même intérêt quand la nouveauté a perdu de son charme ; il tombe alors dans un état d'inactivité qu'il n'avait jamais connu et, depuis quelque temps, il se retire dans sa chambre pour s'y livrer au repos pendant plusieurs heures de la journée. Je commence à croire qu'il est tout à fait résigné à sa retraite ». Comme on le sait, le représentant de S.M. le roi d'Angleterre George III n'est pas perspicace, ni informé !

C'est en 1815, à Malmaison, que Marie Walewska revoit Napoléon pour la dernière fois, peu avant son départ pour Sainte-Hélène. Bouleversée, elle semble en être toujours amoureuse. En 1816, après la mort du comte Walewski – il était toujours, officiellement et civilement, son mari –, la veuve Walewska se remarie à Bruxelles avec un représentant de la noblesse d'Empire, le comte Philippe d'Ornano, général de brigade et futur maréchal de France (en 1861), dont la mère, née Isabelle Bonaparte, était une cousine germaine du père de Napoléon. Elle en a un fils – le troisième – l'année suivante, Rodolphe-Auguste. Ce remariage de Marie troubla profondément le prisonnier de Sainte-Hélène. Il en fut jaloux. Selon un de ses compagnons, « il avait toujours conservé une tendresse extrême à Mme Walewska et il n'était pas dans sa nature de permettre à ce qu'il aimait d'aimer autre chose que lui ».

Elle meurt peu après à Paris, le 11 décembre 1817, à peine âgée de trente et un ans. Elle a un peu déçu les milieux politiques polonais de son temps qui souhaitaient qu'elle use davantage de son influence pour restaurer l'indépendance polonaise. Mais beaucoup lui ont pardonné tant elle fut courageuse. Cette jolie jeune femme laisse le souvenir d'un amour qui fit jaser toute l'Europe et que l'adversité n'entama jamais. Et les Polonais restèrent tout de même reconnaissants envers Napoléon qui, selon le joli mot du général de Gaulle évoquant le douloureux destin de ce pays sans cesse dépecé, « avait rendu un corps à la Pologne qui n'était plus qu'une âme ». D'une certaine façon, ce corps était celui de la jeune et audacieuse Polonaise, la plus célèbre maîtresse de Napoléon et celle qui, on peut le penser, l'aima le plus sincèrement.

6

Le duc et la duchesse de Berry : de la tragédie au vaudeville

Malgré leurs vingt ans de différence, ils sont faits l'un pour l'autre.

Lui, le duc de Berry, second fils du comte d'Artois et donc neveu de Louis XVI, a onze ans en 1789. Il part en émigration avec son père. Il va se battre dès que son âge le lui permettra, avant de vivre sa vie d'émigré désargenté à Londres. Cet amoureux de la vie et des femmes a un tempérament fougueux, presque enfantin. Cela tombe bien car celle qui va devenir son épouse est un mélange détonant : Habsbourg par sa mère, elle est divinement blonde aux yeux bleus, la peau très blanche, Bourbon-Sicile par son père, sa nature est aussi éruptive que le Vésuve. La gaieté et l'énergie de Marie-Caroline de Bourbon-Sicile lui permettront de surmonter les pires épreuves de la vie. Et Dieu sait qu'elle ne sera pas épargnée !

En 1815, Louis XVIII a récupéré son trône après les Cent-Jours. Depuis cinq ans, il est veuf de Marie-Joséphine de Savoie et n'a pas d'héritier. C'est donc son frère, le comte d'Artois, qui est destiné à lui succéder. Celui-ci a eu deux fils de son union avec Marie-Thérèse de Savoie, sœur de l'épouse de Louis XVIII, dont il était séparé. Elle est morte en 1805. L'aîné des garçons, donc l'héritier en second, est le duc d'Angoulême. En 1799, il a épousé, en exil, la seule rescapée du Temple, la fille de Louis XVI et de Marie-Antoinette, Madame Royale, qui avait été libérée en 1795. Le couple n'a pas d'enfants et n'en aura jamais car ils ont déjà quarante et trente-six ans. Lui est confit en dévotion, elle reste traumatisée par la tragédie de sa famille. Pour assurer l'avenir des Bourbons, il ne reste donc que le second fils du comte d'Artois, le duc de Berry. Il n'est pas marié. Il faut donc lui trouver une épouse digne de cette monarchie restaurée... deux fois à cause de Napoléon ! C'est d'autant plus important que le duc d'Orléans, chef de la branche cadette des Bourbons, a déjà deux fils.

On cherche donc une candidate, comme Napoléon l'avait fait après son divorce d'avec Joséphine. La sœur du tsar ? Sa religion orthodoxe ruine ce projet. Il faut une princesse de haut rang mais catholique.

On dit que c'est Talleyrand, toujours diplomate et entremetteur, qui suggère de chercher du côté de la branche napolitaine des Bourbons. Ce n'est pas très original puisque le fils de Philippe Égalité, le duc d'Orléans, a déjà choisi son épouse dans cette famille alors qu'aucune dynastie européenne ne voulait comme gendre le fils d'un régicide (Philippe Égalité avait voté la mort de Louis XVI). Ferdinand Ier des Deux-Siciles, lui, avait consenti que sa fille Marie-Amélie épouse Louis-Philippe. On sait que les Orléans sont le tourment perpétuel et la bête noire de Louis XVIII et de son frère. Pourtant, en choisissant Marie-Caroline de Bourbon-Sicile, c'est une nièce de la duchesse d'Orléans qui va devenir la duchesse de Berry.

Mais qui est Marie-Caroline de Bourbon-Sicile ? Elle est la fille du futur roi François Ier de Naples et des Deux-Siciles. Comme son père, il a épousé une archiduchesse d'Autriche, prénommée Marie-Clémentine. Marie-Caroline est née à Caserte, le Versailles napolitain, le 5 novembre 1798. Malheureusement, moins de deux mois plus tard, la famille royale est obligée de quitter Naples car les troupes françaises de Bonaparte sont sur le point d'investir la ville. Paradoxalement, c'est l'amiral Nelson, vainqueur de Bonaparte à Aboukir, qui est chargé de convoyer le roi Ferdinand Ier, son épouse, le couple héritier et leur petite fille jusqu'à Palerme ! Partis le 23 décembre, ils atteignent la ville le lendemain de Noël, après une traversée épouvantable. Ils s'installent tant bien que mal dans un palais où on ne les attendait pas... Pendant ce temps, à Naples, la République parthénopéenne a été proclamée le 21 janvier 1799 par les troupes du général français Championnet. Nelson organise un blocus de la ville et, six mois plus tard, ladite République capitule.

La famille ne reviendra à Naples qu'en janvier 1801. La mère de Marie-Caroline, qui a donné entre-temps naissance à un héritier, a la douleur de le voir mourir à l'âge de six mois. Elle-même, phtisique, va s'éteindre la même année. Le père de Marie-Caroline se remarie l'année suivante avec la princesse Maria Isabella, fille du roi d'Espagne Charles IV. Petite et ronde, elle n'est pas un prix de beauté, et n'est pas non plus intellectuelle, mais elle saura combler son mari François en lui donnant douze enfants ! Elle sera la vraie mère de Marie-Caroline qui sera élevée au milieu de ses demi-frères et demi-sœurs. On privilégie le bonheur de ces enfants plutôt que leur éducation et leur instruction. Pour la famille royale, l'installation à Naples ne dure pas très longtemps puisque le 8 février 1806 les troupes de Joseph Bonaparte menacent à nouveau la ville.

La famille royale reprend alors le chemin de la Sicile. Marie-Caroline a huit ans et adorera cette enfance sicilienne. Suivent la fin de l'Empire, le congrès de Vienne, l'abdication de Napoléon, la première Restauration, les Cent-Jours, Waterloo… La chute définitive de Napoléon permet à Ferdinand de récupérer son royaume. C'est à ce moment exact que Louis XVIII va négocier le mariage du duc de Berry. Il envoie le comte de Blacas comme ambassadeur extraordinaire. Ce favori de Louis XVIII, dont il avait été obligé de se séparer, était surnommé par Talleyrand, qui s'y connaissait, le « fléau de la monarchie ». L'envoyer comme ambassadeur à Naples était un bon moyen de s'en débarrasser. Marie-Caroline est horrifiée par sa vue. André Castelot le décrit ainsi : « Blacas était long, le visage enfariné, portait une perruque blonde tirant vers le ton filasse, mais avec cela se montrait pompeux, solennel, autoritaire et arborait une gravité qui prenait l'allure de pensées réfléchies[1]. »

Blacas juge Marie-Caroline pas élevée du tout et, de plus, très paresseuse… Elle-même dira : « Nous autres Siciliennes, nous sommes ignorantes comme des carpes. Figurez-vous que j'ai passé ma première

1 André Castelot, *La Duchesse de Berry*, Paris, Perrin, 1967.

enfance en Sicile et que je n'ai même pas appris l'italien ! » Certes, elle est petite, un mètre cinquante, elle a le visage allongé et la lippe Habsbourg. Elle n'est pas une beauté classique, d'autant qu'elle souffre aussi d'un léger strabisme. Mais son charme et sa gaieté la rendent délicieuse. Elle est vivante, pétillante. On l'appellera la « jolie laide ». Le duc de Berry s'inquiète un peu quand Blacas lui envoie un portrait de sa fiancée peint par un artiste local peu doué. C'est une véritable catastrophe ! Tant pis !

Le 24 avril 1816, dans la cathédrale de Naples, on célèbre le mariage par procuration de Marie-Caroline, le duc de Berry étant représenté par un demi-frère de la mariée. Le 14 mai, la nouvelle duchesse de Berry embarque à bord de la *Christine*, escortée par deux navires napolitains et trois vaisseaux français. Durant cette période, les deux fiancés échangent des lettres très intéressantes. Elles vont les familiariser l'un avec l'autre avant de se connaître, jusqu'à tomber réellement amoureux… par correspondance !

En effet, à chaque escale, Marie-Caroline reçoit une lettre de Charles et de chaque escale part une lettre pour lui. Le ton évolue de courrier en courrier, plus de « Monseigneur » ni de « Madame », on s'appelle par son prénom et Marie-Caroline devient Caroline. Au début, Charles écrit : « Vous avez été en grand danger sur mer auprès de cette vilaine île d'Elbe d'où sont partis tous nos maux l'année dernière. Je suis effrayé de mes trente-huit ans. Je sais qu'à dix-sept ans je trouvais ceux qui approchaient de la quarantaine bien vieux. J'ai peur que vous ne me trouviez pas beau car les peintres de Paris ne sont pas comme ceux de Palerme, ils flattent. »

Peu après, il lui assure : « Avec quelle impatience je vous attends ! Que de plaisir je prendrai à vous rendre heureuse. Caroline, mon amie, aimable enfant dont le bonheur doit être mon ouvrage, je ferai tout ce qui dépendra de moi. Mon cœur est bon, je puis le dire, et je mériterai toute ta confiance. Pardonne, chère amie, si déjà je te tutoie. Mais le vous est trop froid. » Elle lui répond : « Je viens de recevoir ta lettre du 26, mon cher ami, c'est déjà un grand rapprochement dont je jouis bien, comme des expressions de ta lettre. J'y réponds de même avec le plus entier abandon et confiance... Je t'embrasse et suis pour la vie ta Caroline. » Réponse prometteuse : « Ma Caroline, tu me le permets donc et, entre nous, le vous est à jamais banni... » Le 12 juin, il est de plus en plus amoureux : « Je brûle de te voir ma Caroline car tu m'entendras plus facilement que tu ne me lis. » (Caroline s'était plainte d'avoir du mal à déchiffrer son écriture.) « Mon cœur bat et je crois qu'il battra bien plus fort lorsque mes lèvres presseront tes jolies joues. Je voudrais bien t'embrasser avant le roi mais il n'y a pas moyen, et tu auras un baiser au tabac et cela tous les jours ! Il faut que je te dise aussi que le roi ne nous permet pas de nous tutoyer devant lui. Je ne sais si on t'a fait un portrait exact de Sa Majesté. Ah ! Ah ! Ne va pas rire, ma petite femme. »

Heureusement, ces lettres quotidiennes occupent Marie-Caroline car son voyage a été long. La traversée jusqu'à Marseille a été agitée, mais à l'arrivée une nouvelle contrainte s'impose : une quarantaine, limitée à dix jours, parce qu'elle vient d'un pays pestiféré. Le lazaret est situé dans l'archipel du Frioul. Le roi Louis XVIII s'en excuse auprès de sa nièce : « C'est donc par un hôpital, par une espèce de prison, que vous faites votre entrée en France ! Mais il fallait bien payer un tribut à l'époque où nous vivons et j'espère que ce sera le seul. »

Une salve d'artillerie annonce la fin de la quarantaine. Caroline débarque devant l'hôtel de ville de Marseille. Toutes les cloches de la cité sonnent, on entend les tambours. Mais pour maintenir le traditionnel passage de frontière d'une princesse étrangère entrant en France, c'est dans le grand salon de l'hôtel de ville qu'un tapis symbolise cet usage. La princesse le franchit. On tire alors de nouveaux coups de canon depuis le fort Saint-Jean. Le protocole de la Restauration est la copie exacte de celui de l'Ancien Régime... Comme Marie-Antoinette avant elle, Marie-Caroline devra subir, dans chaque ville qu'elle traverse, des fanfares, des discours, des chansons, des pluies de fleurs, des quantités d'arcs de triomphe. Le voyage jusqu'à la forêt de Fontainebleau dure quinze jours. Caroline supporte tout. Elle sourit, elle est gracieuse, ne manifeste jamais le moindre signe de fatigue. Il y a même des moments burlesques. Dans une ville du parcours – elle le racontera plus tard –, les feuillages qui couronnent un gigantesque arc de triomphe s'agitent d'étrange façon pour « livrer passage à un gros et gras jeune homme dont la blonde chevelure bouclée était ceinte d'une couronne de roses et les épaules ornées de grandes ailes. Il était revêtu d'un maillot du plus beau jaune serin qu'accompagnait un coquet petit jupon ». Tout à coup, ce Cupidon se lance dans le vide ! Caroline pousse un cri ! Heureusement, le gros jeune homme était soutenu par tout un système ingénieux de cordes et de poulies et atterrit gracieusement auprès d'elle. Sa peur se change en sourire. Il lui récite alors un compliment.

Enfin, la rencontre de Caroline avec la famille royale a lieu le 15 juin 1816, dans la forêt de Fontainebleau, au rond-point de la Croix de Saint-Hérem, là même où Louis XV avait accueilli Marie Leszczyńska. L'obélisque qui est en son centre est lié au souvenir de Marie-Antoinette. Aujourd'hui, on l'appelle souvent la « pyramide ». Deux tentes ont été dressées, l'une pavoisée aux lys de France, l'autre aux armes du royaume de Naples. Un tapis les relie. Les deux cortèges, parfaitement coordonnés, s'immobilisent devant leurs tentes respectives. Il était prévu que chacun fasse la moitié du chemin sur le fameux tapis, mais pour la première fois – et pas la dernière – Caroline va bousculer le protocole. Elle demande à sa dame d'honneur : « Le tapis est-il international ? »

Sans attendre la réponse, elle s'envole littéralement ! Elle bondit avant de se jeter aux pieds de Louis XVIII dont elle reçoit le fameux « baiser au tabac » annoncé par Charles ! Il est ébloui par cet elfe blond couronné de perles. Caroline est présentée à Charles, qui dira le soir même : « Elle est bien mieux que tous ses portraits et je sens combien je vais l'aimer. »

Puis vient le reste de la famille. Le comte d'Artois, toujours beau et élégant, son fils aîné le duc d'Angoulême, absent et pas très à l'aise, tout comme son épouse que le roi présente comme « L'Ange ». Caroline doit penser à cet instant que Louis XVIII a une drôle de conception des anges car la duchesse a un aspect rébarbatif et revêche ! Le lendemain, c'est l'entrée triomphale dans Paris, et le jour suivant, le mariage. En fin de matinée, la cérémonie civile est célébrée aux Tuileries, puis le cortège de trente-six carrosses prend la direction de Notre-Dame. L'intérieur de la cathédrale est revêtu d'un décor blanc, bleu et or. La mariée est rayonnante dans une robe de tulle blanc brodé d'argent, parée de somptueux bijoux. Un « grand couvert » a lieu ensuite aux Tuileries, dans la galerie de Diane. Tout est fastueux, comme un retour aux « temps délicieux » vantés par Talleyrand. Seuls les princes et les princesses de sang royal ont le droit de s'asseoir à la table du souverain. Pendant toute la durée du festin, le public défile sur une estrade aménagée pour la circonstance. Il faut que les Parisiens profitent de cet incroyable spectacle. À la fin du souper, à minuit, on suit les nouveaux époux jusqu'à leur demeure, appelée l'Élysée-Bourbon. Le roi déclare alors : « Le duc de Berry est amoureux de sa femme mais il n'est pas le seul ! Et nous sommes tous des rivaux ! »

Caroline s'installe dans sa nouvelle résidence qui a eu d'illustres prédécesseurs : Mme de Pompadour, Murat, Joséphine, Marie-Louise et même Napoléon pendant les Cent-Jours. Si Charles a gardé le mobilier, en effaçant bien sûr les abeilles pour les remplacer par des lys, tout a été retapissé. On a refait les tentures, les rideaux, on a placé les jardinières garnies de fleurs nouvelles le long des fenêtres. La chambre de la duchesse a la forme d'une tente parée de soie blanche et de taffetas lilas. Caroline a sa maison, avec des dames de compagnie et d'atours. Elle a aussi un écuyer pour l'accompagner, qui lui sera très attaché, le comte de Mesnard. Il a trente ans de plus qu'elle, il est pair de France et profondément royaliste. Il y a aussi le duc de Lévis, chevalier d'honneur, et le baron de Frénilly.

Caroline est heureuse et comblée par son mari. Elle découvre Paris avec délice. Son époux lui montre les Champs-Élysées, tout proches, puis les restaurants parisiens élégants comme Tortoni, le Café Anglais, le Véfour. Il l'emmène aussi à Bagatelle. Son père, le comte d'Artois, avait fait édifier ce ravissant pavillon par l'architecte Bélanger en deux mois, en 1778, à la suite d'un pari avec Marie-Antoinette. Il en a fait cadeau à son fils. Il n'y a qu'une seule règle absolue dans leur existence : tous les soirs, on a obligation de dîner en famille aux Tuileries. On est prié de respecter l'heure, ce qui n'est pas facile pour Caroline, et surtout on y meurt d'ennui !

La duchesse se trouve rapidement enceinte. Le 13 juillet 1817, elle ressent les premières douleurs. L'enfant, une petite fille, ne vivra que deux jours. Personne n'a d'explication. Peut-être la duchesse avait-elle abusé de pastèques venues de Sicile, qu'elle avait partagées avec la duchesse d'Orléans ? Ce premier grand chagrin l'éprouve beaucoup. C'est pour elle – et peut-être pour la consoler – que Charles achète alors le château de Rosny, près de Mantes, au bord de la Seine. C'est l'ancien château de Sully. Ce n'est pas un hasard. La Restauration, pour effacer les mauvais souvenirs de la Révolution, a choisi Henri IV comme modèle. Le jour de la Saint-Louis 1818, le 25 août, le roi inaugure sur le Pont-Neuf (le plus vieux de Paris : il date de 1607 !) la statue équestre d'Henri IV. Toute la famille est présente. La statue a été coulée grâce au bronze provenant de statues impériales récemment renversées, dont celle de la colonne Vendôme. Le sculpteur Quesnel, ardent bonapartiste, s'est vengé en glissant dans le bras droit du Béarnais une petite statue de Napoléon !

Caroline est de nouveau enceinte et accouche prématurément, le 13 septembre 1818, d'un petit garçon qui, lui non plus, ne survit pas. Enfin, le 21 septembre 1819, elle met au monde, à terme, une petite fille pleine de santé. On la prénomme Louise. Caroline, sitôt accouchée, s'écrie : « Après la fille, le garçon ! »

La naissance d'un fils est évidemment indispensable. Le duc de Berry, quelques jours après la venue au monde de sa fille, se rend au Palais-Royal chez les Orléans. En embrassant le petit duc de Chartres – qui a neuf ans –, il déclare à Louis-Philippe d'Orléans, son cousin : « Voilà un beau garçon qui sera peut-être mon héritier. Si ma femme ne me donne que des filles, la Couronne, après moi, passera à votre fils. »

Le couple est heureux mais le mariage n'a pas fait renoncer Charles à ses maîtresses. Il y a la jolie Virginie Oreille, danseuse à l'Opéra. Il y a aussi Marie-Sophie Delaroche qui lui a donné un fils nommé Ferdinand, en 1817, et Louise Barré, fille d'un employé de la vénerie du duc qui accouche d'une fille prénommée… Caroline ! Enfin, il y a la maîtresse anglaise Amy Brown, qu'il a connue en Angleterre pendant l'exil. Elle lui a donné deux petites filles. Grâce à Charles, elle est installée maintenant à Paris, avec elles.

Caroline est loin de tout savoir, mais il y a des rumeurs. Elle a des doutes. Elle est horriblement jalouse et fait des scènes épouvantables à son mari. Ils sont, l'un comme l'autre, capables de violentes colères. Excédé, pas très fier de lui mais ne comptant pas changer son comportement, Charles demande alors à son ami le prince de Castelsicala, ambassadeur du royaume de Naples à Paris, de calmer Caroline. Le prince parle à la duchesse en italien et avec force gestes. Il l'assure que tous les hommes ont des maîtresses, que leurs épouses le savent et en sont parfaitement satisfaites ! Selon le diplomate, c'est une situation générale à laquelle ne fait exception que le duc d'Angoulême, lequel, évidemment, n'est pas un modèle de séduction. Caroline demande si le duc d'Orléans, lui aussi, a des maîtresses. Réponse argumentée de l'ambassadeur :

— Indubitablement, Madame ! Pour qui le prenez-vous ?

— Et ma tante le sait ?

— Assurément, Madame ! Mme la duchesse d'Orléans est trop sage pour s'en formaliser.

Caroline accepte donc la situation et évitera de contrarier son mari à ce sujet. Charles est d'ailleurs toujours très amoureux d'elle. Caroline l'amuse et elle est courageuse. Un jour, alors que les chevaux de leur voiture s'étaient emballés, Caroline avait continué à parler comme si de rien n'était ! Inquiet, il lui avait lancé :

— Mais... Caroline, tu ne vois donc pas ?

— Si fait, je vois, mais comme je n'ai pu arrêter les chevaux, il est inutile de m'en occuper.

Elle avait continué de faire la conversation jusqu'à ce que la voiture verse dans le fossé... Elle ne manque pas de panache !

En ce début de février 1820, il fait très froid à Paris. Qu'importe ! C'est la saison des bals de carnaval. Caroline en a donné un le 29 janvier, à l'Élysée-Bourbon. Une fête magnifique. Pourtant, elle n'avait pu danser, Charles le lui avait interdit car elle venait de s'apercevoir qu'elle était, de nouveau, enceinte. Son mari n'est plus tout à fait le même. Lui si gai et si joyeux est devenu maussade, s'emporte pour un rien. Il broie du noir comme s'il pressentait qu'un malheur va le frapper. Le dimanche 13 février, il y a plusieurs grands bals dans Paris mais le couple a décidé de passer la soirée au coin du feu puis d'aller tranquillement, vers dix heures, à l'Opéra[2]. Caroline en a très envie, Charles plus encore car Virginie Oreille y danse ce soir ; un rendez-vous galant n'est donc pas impossible.

Après l'entracte, Caroline se sent lasse. Son mari la raccompagne donc à sa voiture. Il va pouvoir retrouver Virginie Oreille. Il n'a même pas mis son manteau. Après avoir fermé la portière, il se retourne en disant : « Adieu Caroline... Nous nous retrouverons bientôt... » Au moment où il va rentrer dans l'Opéra, un homme surgit comme une flèche, le poignarde et repart en courant dans la rue. Le duc a d'abord cru à un coup violent, mais tout à coup

2 La salle Louvois ou Montansier, dans l'actuelle rue de Richelieu, à l'emplacement du square Louvois, accueillait l'Opéra depuis 1794.

il crie : « Je suis assassiné ! Cet homme m'a tué ! Je suis mort, je tiens le poignard ! » Le duc a eu la force d'arracher la lame de sa poitrine.

Berry est soutenu par Mesnard tandis que les laquais courent après l'assassin, qu'ils rattrapent. Caroline, qui a tout vu, se précipite vers son mari. Le souffle court, il lui dit : « Caroline... Viens, que je meure dans tes bras ! »

On remonte avec difficulté le blessé jusqu'au salon précédant sa loge. C'est là que la danseuse Virginie Oreille aurait dû le rejoindre plus tard. On l'installe tant bien que mal. Un jeune médecin, qui était dans le public, accourt. Il s'appelle Drogart, bientôt rejoint par le docteur Blancheton, qui réside dans une rue voisine. Ces médecins, hélas dignes de ceux de Molière, commencent par saigner le duc alors qu'il perd son sang par la plaie ouverte ! À ce moment, le spectacle est terminé. Le public apprend la nouvelle et reste sur place. Le duc et la duchesse d'Orléans, qui étaient dans la salle, arrivent les premiers. Chateaubriand, averti on ne sait comment, se précipite. Le duc d'Angoulême, Madame Royale, prévenus par Mesnard, arrivent aussi, accompagnés du comte d'Artois. Caroline soutient son mari en lui caressant les cheveux. Elle a quitté sa robe de soie trempée de sang et enfilé une robe de tricot blanc qu'on lui a apportée de l'Élysée. Elle ne quitte pas son époux. Quand on cherche à l'éloigner, elle répond : « J'ai plus de force que vous n'en supposez. »

Le docteur Dupuytren, célèbre chirurgien de Louis XVIII et du comte d'Artois, arrive. De ses doigts, il sonde la plaie, provoquant une douleur épouvantable et inutile au blessé. De toute façon, le duc est perdu. Il demande à se confesser. On requiert Mgr de Latil, un évêque proche de la famille royale. Et Charles lui déclare : « Mon père, pardonnez-moi, je suis un grand pécheur !… Mes enfants !… »

Le prélat se relève et Charles a la force de dire : « Ma femme, il faut que je te le dise, j'ai eu deux enfants avant de t'avoir connue… » Caroline, sereine, répond : « Qu'on les fasse venir, j'en aurai soin comme de ma propre fille. »

On court chercher, rue des Mathurins, Amy Brown, la maîtresse anglaise, et ses deux filles, Louise et Charlotte, nées en 1808 et 1809. Amy restera dans sa calèche. Les deux filles sont conduites auprès de leur père. Charles dit encore : « Caroline, voici deux orphelines, je te demande d'en prendre soin… »

Charles va alors avouer l'existence de deux autres enfants. Il demande aussi qu'on en prenne soin. Puis le duc de Berry, qui est resté extrêmement lucide dans sa longue agonie, dit le plus fort possible, pour que tout le monde l'entende : « Caroline, ménage-toi pour l'enfant que tu portes ! », comme s'il voulait couper court à toute possibilité de calomnie à l'égard de sa femme à propos de cette grossesse. Il est le père et il tient à le faire savoir. Le duc ne cesse de répéter : « Grâce ! Grâce pour l'homme ! » En effet, son assassin a été arrêté. Il s'appelle Louvel. C'est un jeune ouvrier sellier, un fervent bonapartiste ayant fait le pèlerinage de l'île d'Elbe, qui voulait éteindre la race des Bourbons. On attend le roi mais Louis XVIII n'arrive que vers cinq heures du matin. On le hisse, sur une chaise, dans l'escalier jusqu'à l'endroit où se trouve le prince agonisant. Il a la force de réclamer, de nouveau, la grâce pour son assassin. Le roi feint de ne pas entendre. Jusqu'à six heures, le mourant est resté couché sur le côté droit, ce qui lui permet de respirer. Il demande qu'on le retourne, car il souffre trop. Il sait que cela l'achèvera. On le retourne, il rend son dernier soupir. C'est la fin de ses souffrances... Il avait quarante-deux ans. Caroline surgit alors. En voyant son époux sans vie, elle est submergée de détresse et d'horreur. Elle a une crise de nerfs, s'évanouit. On la ramène à l'Élysée-Bourbon. Elle se précipite alors dans la chambre de son mari, demande à voir sa fille puis exige qu'on fasse venir les filles d'Amy. Caroline coupe alors ses longs cheveux blonds ; elle souhaite qu'une partie de ses mèches soit placée dans le cercueil de Charles. Le lendemain, elle est conduite à Saint-Cloud. Les appartements sont en deuil : les fauteuils, les tabourets et même les miroirs sont recouverts de crêpe noir.

Le corps du duc de Berry a été transporté au Louvre, dans la galerie d'Apollon, et placé sur un lit de parade. La France est partagée. Les royalistes sont anéantis par le décès de celui qui incarnait l'avenir des Bourbons tandis que les ennemis du régime, républicains et bonapartistes, se réjouissent. Comme dans toute tragédie, il faut un bouc émissaire. Ce sera le ministre de l'Intérieur, Decazes. Les ultras réclament sa tête, Artois, le duc et la duchesse d'Angoulême aussi. Louis XVIII cède au bout de cinq jours : Decazes s'en va. « Le pied lui a glissé dans le sang », écrira Chateaubriand.

Les obsèques du duc de Berry ont lieu un mois après sa mort, à Saint-Denis. Selon l'usage, Caroline n'y assiste pas. Le cœur du duc de Berry aurait dû être déposé dans la chapelle du Val-de-Grâce, mais la duchesse obtient de le conserver. Elle va faire construire dans le parc de Rosny une chapelle destinée à le recevoir. Quant à Louvel, l'assassin, les enquêteurs ont beau chercher, il n'avait pas de complices. Âgé de trente-six ans, il a agi seul ; il suivait le duc de Berry depuis longtemps. Jugé par la Chambre des pairs en raison de l'identité de la victime, il est guillotiné le 6 juin 1820 en place de Grève.

Après son séjour à Saint-Cloud, Caroline ne revient pas à l'Élysée-Bourbon. Elle s'installe aux Tuileries où l'on surveille sa grossesse avec vigilance. Au mois de septembre, la date de la délivrance approchant, on a tout prévu. Le docteur Deneux s'installe dans un appartement proche de celui de la duchesse. On a déjà requis plusieurs nourrices et la première femme de chambre dort dans la chambre de Caroline. Dans la nuit du 28 au 29 septembre, à deux heures du matin, elle se réveille en criant : « Vite ! vite ! J'accouche ! »

La femme de chambre a à peine eu le temps d'allumer un flambeau et d'appeler la gouvernante que l'enfant est déjà là ! Caroline, qui a accouché dans le noir, annonce : « J'ai tâté ! C'est un garçon ! »

Il faut absolument des témoins avant de couper le cordon. Le médecin, arrivé trop tard dans une tenue approximative, constate que le nouveau-né respire normalement. Caroline insiste : « Je veux qu'on voie mon fils tenant à moi ! »

Elle remonte sa chemise de nuit pour que tout le monde puisse voir le cordon qui relie encore la mère à l'enfant et qu'on ne puisse croire à la moindre substitution. Bientôt, le salon est rempli de témoins appelés par les dames d'honneur. À chaque fois, la duchesse montre que l'enfant est bien relié à son cordon ombilical. Enfin, le maréchal Suchet peut attester de la légitimité de l'enfant. Henri, duc de Bordeaux, est bien l'enfant de la duchesse de Berry. Deneux peut enfin couper le cordon ! Un vieux soldat qui passait par là déclare : « Le fils d'une pareille femme ne pourra être qu'un grand homme ! »

Treize coups de canon réveillent les Parisiens. Un petit prince est né chez les Bourbons. Des gens commencent à affluer aux Tuileries. On crie : « Vive le roi ! Vive le duc de Bordeaux ! » Mais tout le monde ne l'appelle plus que l'« enfant du miracle »... Caroline a bien joué. Hormis la duchesse d'Orléans, personne ne semble mettre en doute la légitimité du petit duc de Bordeaux. Après ce moment exceptionnel et exaltant qu'a été la naissance de son fils, Caroline est à nouveau triste. Elle ne se remet pas de la mort de Charles et il faut dire que la vie aux Tuileries n'est pas follement gaie. La duchesse veuve voit plusieurs fois par semaine les filles d'Amy Brown qui viennent prendre des leçons aux Tuileries. Elle les accueille chaleureusement. Plus surprenante est la générosité de toute la famille royale. Louis XVIII commence par donner aux deux fillettes la nationalité française et des titres : Charlotte devient comtesse d'Issoudun et Louise comtesse de Vierzon. Aucune bâtardise n'est inscrite sur leurs blasons. Après cette décision, le roi donne à chacune 225 000 francs, une grosse somme. Leur mère, Amy Brown, reçoit 5 000 francs par mois du comte d'Artois.

Ce geste exceptionnel est peut-être nécessaire. Il n'est pas impossible que le duc de Berry, du temps de sa folle passion pour Amy Brown à Londres, ait contracté un mariage secret avec sa maîtresse, ce qui aurait fait de lui un bigame et rendu nul son mariage avec Caroline et donc la légitimité de son fils. Inenvisageable ! Il fallait donc qu'Amy Brown n'ait pas la moindre raison de se plaindre, ni pour elle ni pour ses filles.

Plus surprenant encore, la duchesse d'Angoulême protégera Ferdinand, le fils de Virginie Oreille, né quelques jours après le duc de Bordeaux ! Quant au duc d'Angoulême, il prend en charge la fille de Mlle Barré, prénommée elle aussi Caroline ! Et la duchesse veuve prend soin d'un autre Ferdinand, fille de Mlle Delaroche et de feu le duc ! Que de générosité ! L'encombrante progéniture illégitime de Monseigneur n'aura pas à se plaindre ! Mais ce n'est pas fini ! Après la mort du prince, une vingtaine de femmes, venues de Nantes, se proclamèrent enceintes du duc de Berry. Calmement, la duchesse demanda à Mesnard combien de temps son mari était resté à Nantes.

— Une semaine, Madame...

Marie-Caroline s'exclama :

— Mais alors, la chose est fort possible !

Le 30 avril 1821 commencent quinze jours de fête marquant le baptême du duc de Bordeaux. Sa mère est acclamée par la foule. Caroline commence à se sentir renaître. Elle reprend goût à la vie. Elle adore s'habiller, lançant la mode des robes plus courtes (5 centimètres au-dessus du sol) pour montrer ses ravissants petits pieds. Elle réaménage les appartements qui lui sont attribués aux Tuileries, le deuil est terminé. Elle lance aussi la mode des châles, des chapeaux surmontés de plumes d'autruche et de marabout qui la font paraître plus grande. Bref, la jolie princesse devient l'icône de la Restauration. Enfin, par-dessus tout, elle s'occupe de son château de Rosny. Un jeune architecte dessine la chapelle qui recevra le cœur de Charles, achevée en 1823. Elle achète des meubles, des objets, des tableaux et se constitue une immense bibliothèque, car c'est une lectrice impénitente. Elle raffole de Lamartine, Musset, Hugo, mais son préféré est le romancier écossais Walter Scott. Caroline redessine aussi le parc à l'anglaise de Rosny et le peuple d'animaux : moutons, cerfs, mais aussi biches d'Asie centrale et même… kangourous ! Le gestionnaire de ce domaine est le fidèle Mesnard qui porte le titre de premier écuyer. Il faut dire que la duchesse a un train de vie fastueux. Elle dépense beaucoup et se retrouve souvent à court d'argent. Mais elle est heureuse à Rosny : elle reçoit qui elle veut, somptueusement. Elle est une grande cavalière. Son amie Félicie de La Rochejaquelein lui apprend à monter à califourchon, vêtue d'un pantalon d'homme. Elle innove aussi : en 1824, partant pour Dieppe, Caroline lance la mode des bains de mer, dont elle raffole. Elle y retournera chaque année. On peut dire que la duchesse de Berry s'émancipe, mène la vie qui lui plaît, même si aux Tuileries on juge qu'elle en prend un peu trop à son aise…

C'est justement à Dieppe, en août 1824, qu'elle apprend que Louis XVIII est au plus mal. Elle rentre aussitôt à Paris. Le roi, essoufflé, les jambes gangrenées, a une fin atroce. Il s'éteint dans la nuit du 13 au 14 septembre. Son frère Charles X lui succède. Pour

Caroline, son fils, le duc de Bordeaux, se rapproche un peu plus du trône... L'avènement de ce roi « aux vieilles idées », qui s'offre le luxe dérangeant d'un sacre à Reims, identique à celui de Louis XVI, ne suscite pas l'enthousiasme populaire. C'est une faute que n'avait pas commise Louis XVIII. Le parti libéral critique le retour des jésuites, la puissance de l'Église. Mais le pays va bien. À Paris, la spéculation immobilière est réelle avec la construction du quartier de l'Europe. Il n'empêche, la famille royale n'est pas très populaire. Comme Caroline est la seule à susciter de l'enthousiasme, on décide de lui organiser une tournée de propagande en Vendée, en juin 1828. C'est une bonne idée car ni Louis XVIII, ni Charles X, ni le duc et la duchesse d'Angoulême n'avaient mis les pieds en Vendée depuis la Restauration. C'était maladroit envers la région qui s'était soulevée pour soutenir le roi pendant la période révolutionnaire et en avait payé le prix fort. Ce voyage a été préparé par le baron de Charette. Il commence par un périple en Bretagne, à Vannes, à Sainte-Anne-d'Auray, Lorient, Rennes, puis un retour à Nantes où la duchesse va, le 1er juillet, endosser sa tenue d'amazone pour faire la conquête du bocage vendéen. Son voyage se transforme en randonnée triomphale. Les drapeaux blancs s'inclinent devant elle, les vétérans des guerres de Vendée aussi. À la fin de ce périple, elle aura cette phrase prophétique : « Mes amis, si de nouveaux orages venaient encore troubler l'avenir de notre belle patrie, c'est au milieu de vous que je voudrais reconquérir le trône de mon fils ! »

Les orages ne vont pas tarder. Les quatre désastreuses ordonnances de Charles X contre la liberté de la presse paraissent dans *Le Moniteur* le 26 juillet 1830. La famille royale est à Saint-Cloud. Charles X ne manifeste aucune inquiétude. Le 27, Paris commence à s'agiter. C'est le début des Trois Glorieuses. Le 28, des barricades s'élèvent dans tout Paris, le tocsin sonne en fin d'après-midi, accompagné par le bourdon de Notre-Dame. En les entendant, Talleyrand, occupé à écrire ses *Mémoires* dans son hôtel de la rue Saint-Florentin, regarde sa montre et dit à son secrétaire : « Dans moins de cinq minutes, la branche aînée des Bourbons aura cessé de régner. »

Il faudra un peu plus de cinq minutes... Dans la nuit du 30 au 31, après la prise des Tuileries, Charles X donne l'ordre de quitter Saint-Cloud pour Rambouillet, en passant par Versailles. Caroline est furieuse. Elle est sûre que si elle était allée à Paris, pour présenter son fils au peuple, les choses auraient tourné autrement. Mais c'est trop tard. Charles X est décidé à abdiquer. La « caravane royale » mettra treize jours à gagner Cherbourg d'où elle s'embarquera pour l'Angleterre, l'Écosse et l'exil. De toute façon, la duchesse ne supporte plus sa belle-famille, ses lâchetés, son absence de décision. Elle quitte l'Écosse pour l'Italie d'où elle va travailler à son grand projet : soulever la Vendée en faveur de son fils et contre Louis-Philippe, devenu roi des Français. D'Italie, elle s'embarque pour la France en avril 1832. À Marseille, contrairement à ce qu'on lui avait dit, il n'y a personne pour soulever la Provence, et elle doit gagner la Vendée en se cachant. Elle s'entête alors que tous ses soutiens lui disent que la Vendée n'est pas prête à se soulever. La Vendée de 1832 n'est pas celle de Cadoudal et des chouans, ni celle de 1793. Trois échauffourées, quelques morts, un château brûlé : cette fausse guerre de Vendée est finie avant d'avoir commencé. Caroline, déguisée en paysan vendéen, surnommée « Petit Pierre », s'est bravement comportée, mais elle comprend qu'elle a perdu. La duchesse romantique s'enfuit du bocage pour se réfugier à Nantes, dans une maison sûre, en compagnie d'une fidèle, Mlle de Kersabiec. À l'entrée de Nantes, elle échappe au contrôle strict de la police de Louis-Philippe. Elle est très recherchée. Elle passe cinq mois, de juin à novembre 1832, dans sa cachette, jouant les héroïnes de Walter Scott, se prenant pour la « Marie Stuart de la Vendée », et ne cesse d'envoyer des courriers rédigés à l'encre sympathique à toute l'Europe. On lui conseille de s'enfuir, elle refuse. Et comme dans un roman d'aventures, elle est trahie par un certain Deutz, présenté comme un « Juif de Coblence », intermédiaire en tout genre. Après avoir gagné la confiance de la duchesse, il la trahit et la vend à Thiers, chef du gouvernement de Louis-Philippe, pour 500 000 francs qui lui seront remis en billets. La maison dans laquelle se trouve la duchesse recèle une cachette, derrière une cheminée, dans les combles de la maison. Cette cachette avait déjà servi pendant les guerres de Vendée. Les gendarmes fouillent la demeure sans rien trouver. Il fait froid. Ils décident d'allumer un feu dans la cheminée. À l'intérieur, se blottissent Caroline, Mlle de Kersabiec, Mesnard et Achille Dubourg, un jeune avocat nantais rallié à la duchesse. La fumée les étouffe. Ils sont obligés d'actionner le ressort pour ouvrir la trappe. Ils émergent tous les quatre barbouillés de suie ! Caroline est arrêtée. Son épopée vendéenne est terminée.

De Nantes, la duchesse, sous bonne garde, prend un bateau pour la forteresse de Blaye où elle va être incarcérée. L'avocat Dubourg, qui avait été arrêté, a réussi, lui, à s'échapper, mais sans doute a-t-on facilité sa fuite...

Une question se pose alors à Louis-Philippe : que faire de l'indomptable duchesse de Berry ? Un procès ? Non, cela en ferait une martyre. Thiers déclare : « Il n'y a pas de jugement pour les princes. » S'il n'y a pas de procès, pourquoi ne pas la libérer et l'expulser ? Louis-Philippe va trouver un moyen bien plus politique pour la compromettre. En effet, Caroline, qui a un incontestable sens des coups de théâtre, est de nouveau enceinte ! La duchesse de Berry aurait fauté dans le bocage vendéen ! Quel roman ! Et quelle arme pour la détruire ! C'est le général Bugeaud qui est chargé de la surveiller. Il prend sa mission très au sérieux. Caroline déclare alors qu'elle s'est mariée secrètement et que des motifs graves l'empêchent de révéler le nom de son mari. L'annonce de la grossesse de la duchesse est inacceptable pour les légitimistes. Ils sont incrédules. Mais quand la nouvelle est confirmée, ils sont consternés ! Elle accouchera, comme d'habitude, de nuit, le 10 mai 1833, avec une rapidité stupéfiante. C'est une petite fille, Anna. Sur la déclaration de naissance, Caroline révèle enfin le nom de son nouveau mari : le comte Hector Lucchesi-Palli, gentilhomme de la chambre du roi des Deux-Siciles, domicilié à Palerme. Cette révélation stupéfie tout le monde ! Mais c'était la seule solution dont disposait

Caroline pour s'extraire de cette incroyable situation. Le samedi 10 juin, presque un mois après son accouchement, Caroline peut embarquer avec son bébé pour Palerme. Elle est accompagnée de Mesnard et de la princesse de Bauffremont qui fait office de dame d'honneur. Enfin, elle atteint Palerme le 5 juillet. Elle y retrouve (ou plutôt elle y découvre) son beau mari, de huit ans son cadet. Il est brun, élégant et distingué. Tout se passe le mieux du monde dans cette farce : peu importe si l'acte de mariage était antidaté. Marie-Caroline a bien un mari et un père pour sa fille...

Inutile de dire que Charles X, exilé, et le duc et la duchesse d'Angoulême suffoquent d'indignation. Ils ont quitté l'Écosse et sont les « hôtes » de l'empereur d'Autriche, au château de Prague. Bien sûr, les deux enfants de Caroline et du duc de Berry sont avec eux. Ils ont décidé qu'il valait mieux qu'ils ne revoient pas leur mère. Voici un nouveau combat pour Caroline : récupérer ses enfants. Elle va solliciter Chateaubriand, spécialiste des causes perdues, pour plaider la sienne à sa place auprès de son beau-père et de sa belle-sœur. Chateaubriand, résigné mais gentilhomme, se jette, comme il l'écrit, « sur la route de Prague dans la vieille calèche de Talleyrand ». Il raconte : « La montée au château des rois de Bohême me serre le cœur. Dieu sait si je pourrai plaider la cause de Mme la duchesse de Berry auprès de Charles X ! Et cependant, elle a eu raison de faire appel à moi. La nature même de la faute qui lui a fait tout perdre ne m'éloigne pas. Jouer un trône, la gloire, l'avenir, une destinée pour une aventure n'est pas chose vulgaire. Le peuple, d'accord avec le Christ sorti de ses rangs, a un sentiment juste de l'humanité. Il excuse et pardonne. Il comprend qu'une veuve ait pu aimer sans cesser d'être une mère héroïque. »

Malheureusement, Chateaubriand avait raison de s'inquiéter. Le vieux roi est intraitable. Mme Lucchesi-Palli doit vivre avec son mari et ne peut, en aucun cas, s'occuper des enfants qu'elle a eus du duc de Berry. Elle n'est plus tutrice ni régente. Le duc de Bordeaux et sa sœur seront confiés à la duchesse d'Angoulême, fille de Louis XVI. Marie-Caroline est effondrée. Elle pourra revoir ses enfants, mais brièvement et en présence de tiers. Ils pourront s'écrire. Caroline redoute que l'éducation donnée au duc de Bordeaux n'en fasse un être aussi borné qu'eux et aux vues aussi étroites que celles de Charles X. Elle n'a pas tort, c'est en effet ce qui se produira.

Désormais, Caroline choisit d'être l'heureuse comtesse Lucchesi-Palli plutôt que l'infortunée mère de l'hypothétique Henri V. Elle aime son époux, qu'elle surnomme « pacha ». Ils auront quatre enfants, outre la petite Anna qui n'est évidemment pas de lui, trois filles et un garçon qui les combleront de bonheur et leur donneront vingt-huit petits-enfants ! Elle partagera sa vie entre une maison achetée en 1836 à 50 kilomètres de Graz, dans le sud de l'Autriche, le domaine de Brunnsee, et le palais Vendramin, à Venise, acquis par le couple en 1844 – elle y fera de grands travaux et enrichira ses collections. Le couple sera aussi heureux à Venise qu'à Brunnsee. La duchesse devenue comtesse est à Venise lorsqu'en 1848 Louis-Philippe est à son tour chassé du pouvoir. La fuite du roi bourgeois Louis-Philippe l'enchante. Une revanche ! 1864 est une triste année pour Caroline. Le 1er février, elle perd sa fille Louise. Deux mois plus tard, c'est son cher mari qui est emporté par la grippe. Étranglée par des problèmes d'argent, dont elle est largement responsable mais dont elle n'a que faire, elle s'éteint le 16 avril 1870. Cela lui évitera d'être le témoin, en 1875, de l'absurde refus de la couronne de France par son fils devenu le comte de Chambord, parce qu'il restait fidèle au drapeau blanc d'Henri IV et ne voulait pas du drapeau tricolore. Il avait été porteur d'un mouvement monarchiste et populaire en 1871, avec des idées sociales nouvelles. Mais avec un caractère assombri par l'éducation confinée qu'il avait reçue et l'absence de successeur direct, l'héritier légitimiste n'était plus en phase avec son époque. Sa mère, en revanche, s'était bien moquée de la sienne... et avec quel panache !

7
Maximilien et Charlotte du Mexique : l'union des faux-semblants

A priori, leur histoire pourrait être celle de deux ambitions frustrées qui trouvent enfin leur Graal avec le trône du Mexique, un Graal qui ne sera qu'une illusion. Pis, un désastre ! Mais en fait, leur histoire est beaucoup plus compliquée.

Maximilien de Habsbourg est né le 6 juillet 1832. Il est le deuxième fils de l'archiduchesse Sophie, fille du roi Maximilien de Bavière, et de l'archiduc François-Charles, frère cadet de l'empereur Ferdinand Ier et aussi de l'impératrice Marie-Louise, seconde et dernière épouse de Napoléon. Justement, une rumeur existe au sujet de sa naissance. On racontait qu'à Schönbrunn l'archiduchesse Sophie, déjà mère de François-Joseph, avait un faible pour le fils de Napoléon et de sa belle-sœur Marie-Louise. On les voyait souvent se promener ensemble, faire du cheval dans la forêt viennoise. Or, le duc de Reichstadt meurt peu de jours après la naissance de Maximilien, le deuxième fils de Sophie. Celle-ci en est tellement bouleversée et désespérée qu'elle tombe dans un état de grande prostration. Il faut dire que son époux, François-Charles, ne brille ni par son intelligence ni par son charme. Se passa-t-il quelque chose entre Sophie et l'Aiglon ? C'est leur secret. En tout cas, Maximilien est officiellement le fils de François-Charles.

Très vite, Maximilien devient le favori de sa mère. François-Joseph en a sans doute souffert et cela peut expliquer l'animosité réciproque entre les deux frères, François-Joseph ayant de toute façon autorité sur son cadet. Maximilien est beau, charmant. Quand il apparaît dans les revues et parades militaires, il est toujours très applaudi. Il a seize ans lorsque son frère devient empereur d'Autriche dans des conditions un peu chaotiques, en 1848, loin de Vienne qui est alors en révolution. La famille souveraine a dû quitter sa capitale. L'empereur Ferdinand est contraint d'abdiquer. Son frère, François-Charles, est considéré comme inapte à l'exercice du pouvoir. L'archiduchesse Sophie est à la manœuvre – au congrès de Vienne, Talleyrand disait qu'elle était « le seul homme de la famille » ! – et François-Joseph est intronisé empereur d'Autriche, loin de Vienne, à Olmütz… Il a dix-huit ans. Plus tard, il dira : « On m'a volé ma jeunesse. »

Maximilien se trouve face au problème de tous les cadets des familles régnantes : trouver sa place et exister à côté d'un frère tout-puissant. Il commence par tomber amoureux de la fille de l'ambassadeur du duché de Wurtemberg à Vienne, Paula von Linden. Évidemment, l'archiduchesse Sophie la juge indigne de son fils. Pour qu'il l'oublie, son frère l'envoie à Trieste afin qu'il s'y mette au service de la marine autrichienne. Il va visiter l'Orient à bord de la corvette *Vulcain*. En 1850, il est nommé lieutenant de vaisseau. Il semble bien parti pour commander, plus tard, la flotte autrichienne. À son retour à Vienne, il manifeste toujours sa passion pour Paula. Alors, on l'expédie à nouveau dans un voyage à bord de la frégate *Novara*. À Lisbonne, il tombe amoureux de la princesse Maria Amelia de Bragance, la fille de dom Pedro, empereur du Brésil. Cette fois, la fiancée potentielle convient à tout le monde. L'impératrice douairière du Brésil donne son accord. Quant à François-Joseph et Sophie, ils approuvent ces fiançailles. Hélas, Maria Amelia est tuberculeuse. On l'envoie passer l'hiver à Madère où elle s'éteint le 14 février 1853. Maximilien est désespéré. Il n'a plus de fiancée mais il poursuit sa carrière militaire. En septembre 1854, il est nommé commandant en chef de la flotte et promu contre-amiral. À Trieste, il prend le commandement de la flotte de guerre autrichienne composée de cinq frégates, six corvettes et deux cuirassés. La marine militaire de l'Empire n'est pas très impressionnante. Maximilien a pour mission de la développer.

À l'automne 1855, il embarque à Trieste sur un bâtiment de guerre, mais le terrible vent, glacial, qui descend des Alpes, la bora, se transforme en tempête. Maximilien ne peut regagner Trieste. Il doit trouver d'urgence un abri, ce sera la petite anse de Grignano, protégée du large par une pointe rocheuse. Il n'y a là qu'une toute petite maison de pêcheur. Il y passe la nuit. Au matin, il découvre l'admirable paysage qui embrasse tout le golfe de Trieste. Il se dit que c'est là qu'il construira sa résidence, voire un château. En tant qu'amiral de la flotte, il doit être en poste à Trieste. Très appliqué dans ses hautes fonctions maritimes, Maximilien se rend à Pula, en Istrie, et trace lui-même les plans des constructions qui vont transformer cette rade exceptionnelle en grand port militaire de l'Autriche sur l'Adriatique. François-Joseph décide alors de confier à son frère un rôle d'ambassadeur impérial itinérant, afin de visiter toutes les cours européennes. Il parcourt la botte italienne avant de visiter l'Espagne. À Grenade, il se recueille devant les tombeaux d'Isabelle la Catholique et de Ferdinand d'Aragon. Aux environs de Madrid, il visite le sévère Escorial, palais, monastère et tombeau royal voulu par Philippe II. En mai 1856, Maximilien passe aussi par la France où le congrès de Paris a mis fin à la guerre de Crimée. Un traité a été signé le 30 mars. L'archiduc est reçu aux Tuileries et à Saint-Cloud par Napoléon III et Eugénie. Il se dit choqué par le tutoiement de l'empereur et de l'impératrice ! D'ailleurs, il trouve ce Second Empire assez bourgeois. Évidemment, l'ambiance est assez loin de celle de la Hofburg. Décidément de mauvaise humeur, il est déçu par Versailles auquel il préfère Schönbrunn... Serait-il un peu chauvin ? Après Paris, le voici à Bruxelles. Il y est attendu mais arrive très en avance, surprenant la famille royale belge en train de prendre le thé sur les pelouses du château de Laeken. Léopold Ier, premier roi des Belges, est avec ses deux fils, le duc de Brabant et le comte de Flandre, ainsi que sa fille Charlotte. Si Maximilien est là, ce n'est pas parce qu'il cherche une épouse. Il veut seulement saluer le souverain belge avant de regagner l'Autriche. Charlotte a néanmoins semblé très impressionnée par l'archiduc.

Charlotte est une jolie princesse brune de seize ans. Elle est la seule fille du roi et de sa seconde épouse, Louise d'Orléans, la fille aînée du roi des Français, Louis-Philippe. Elle est née le 7 juin 1840 au palais de Laeken. C'est le quatrième enfant du couple royal qui s'était marié en 1832 au château de Compiègne. Louise a déjà donné trois fils au roi Léopold : l'aîné, prénommé aussi Louis-Philippe, mort l'année de sa naissance, puis Léopold, duc de Brabant, futur Léopold II, et Philippe, comte de Flandre. Le roi avait été déçu par la naissance de Charlotte car il espérait un autre fils. En revanche, la reine est enchantée par sa petite fille, aussi brune qu'elle-même est blonde, ravissante, pleine de charme et de vivacité. Petit à petit, son père s'attache, lui aussi, à sa fille. Malheureusement, comme c'était hélas fréquent à l'époque, la reine Louise est tuberculeuse. D'un tempérament fragile, fatiguée par quatre maternités, elle supporte mal les nombreuses infidélités de son mari. Lorsque Charlotte a quatre ans, Léopold entame une liaison beaucoup plus sérieuse avec une jeune fille de dix-huit ans. Il en a cinquante-quatre. En 1849, elle lui donne un fils...

La révolution de 1848, qui a chassé les Orléans de France, bouleverse la petite Charlotte. Elle aimait tellement les vacances au château de Neuilly avec tous ses cousins Orléans, une atmosphère si joyeuse qui contrastait avec la vie sévère et ordonnée du château de Laeken. Son grand-père, l'ex-roi des Français Louis-Philippe, meurt en août 1850, au château de Claremont, dans son exil anglais. Charlotte pleure un peu son grand-père mais le pire est à venir. Deux mois après son père, la reine Louise s'éteint à

Ostende, le 11 octobre 1850. Pour Charlotte, qui a dix ans, la disparition de sa mère est le drame de sa vie. Le roi, agenouillé au pied du lit de son épouse qui vient de s'éteindre, dit : « C'est une sainte qui nous quitte. » Charlotte tombe dans les bras de son père et lui dit à mi-voix : « Maman douce est partie. Je ne pourrai plus jamais rire. »

Ce malheur va modifier son caractère et son comportement. Cette enfant si gaie, si joyeuse, qui aimait tant sa mère, va devenir triste, austère, renfermée sur elle-même. On verra plus tard qu'elle a une tendance à la neurasthénie. Elle se domine et le fera toute sa vie. Elle ne veut rien révéler de ses chagrins profonds, elle continuera à le faire. Elle se réfugie dans l'étude, travaillant assidûment avec ses précepteurs, plongée dans la lecture, sa distraction favorite. Quand sa grand-mère Marie-Amélie lui demandait ce qui lui ferait plaisir pour ses étrennes, elle choisissait des livres d'histoire, des ouvrages sérieux. C'était tout de même très étonnant pour une petite fille...

Charlotte continuera de rendre visite à sa grand-mère à Claremont et restera toujours très proche des Orléans, notamment ses oncles Nemours et Joinville. Après ces deuils, un rayon de soleil éclaire la famille : le frère aîné de Charlotte, Léopold, épouse, le 22 août 1853, Marie-Henriette d'Autriche. Curieux mariage en vérité que la princesse de Metternich décrit comme l'« union d'une religieuse et d'un palefrenier, étant entendu que le duc de Brabant est la religieuse » ! Il faut dire que Marie-Henriette, fille de l'archiduc Joseph, palatin de Hongrie, est une cavalière émérite. Toute sa jeunesse, elle a galopé à travers la puszta. Elle n'est pas très féminine, son mari est neurasthénique. Le couple n'est donc pas très assorti. Peu importe pour Charlotte, elle s'entend bien avec Marie-Henriette et l'arrivée d'une belle-sœur est bienvenue dans cette cour très masculine.

Dès 1856, le roi Léopold songe à marier sa fille. Il demande conseil à sa belle-mère, la reine Marie-Amélie. Elle lui suggère deux partis, le roi Pierre V de Portugal et l'archiduc Maximilien d'Autriche. Or, juste après ces sages conseils, Maximilien se rend à Laeken et fait la connaissance de Charlotte. Il n'a pas échappé à Léopold que sa fille a été sensible au charme du visiteur. Il décide donc que Charlotte devra faire son choix. Il y a deux prétendants possibles. Elle hésite un peu, tout en penchant beaucoup pour l'« archiduc Max ». Avec lui, elle sera archiduchesse d'Autriche mais n'aura aucune chance de devenir impératrice. Avec Pedro, elle sera tout de suite reine du Portugal. C'est son seul avantage, car elle le trouve « trop puéril ». Finalement, il semble qu'elle éprouve un peu plus de sentiments pour Max que pour Pedro. Léopold Ier prend l'affaire en main et demande à l'un de ses neveux, officier dans l'armée autrichienne, de tester Maximilien. Celui-ci est favorable à la proposition belge, mais sans enthousiasme. Il a une étrange façon de concevoir le mariage car il dira de Charlotte : « Elle est petite, je suis grand, ce qui doit être. Elle est brune, je suis blond, c'est bien aussi. Elle est très intelligente, ce qui est un peu ennuyeux, mais sans doute en viendrai-je à bout... » Et c'est ainsi que Charlotte est officiellement fiancée à Maximilien fin décembre 1856. Les festivités des fiançailles sont marquées par un dîner officiel au palais royal puis une soirée d'opéra. Le 1er janvier, un grand bal de cour est donné en l'honneur des fiancés. Charlotte est radieuse, Max un peu moins. Georges de Saxe, lui-même amoureux de Charlotte, a fait part au roi Léopold de ses réticences à propos de cette union, trouvant Max extrêmement calculateur. N'épouserait-il pas Charlotte pour sa dot, qui est considérable ? Lui a peu de revenus mais – on s'en doute – des « espérances » futures. Il a surtout des goûts de luxe : il est en train de faire construire le splendide palais de Miramare, dans la baie de Trieste. Il est certain que Max a négocié la dot de Charlotte et a réussi à la faire augmenter considérablement. C'est une première ombre sur ce mariage en apparence parfait : la fille unique du roi des Belges, bien dotée, épouse le frère cadet de l'empereur d'Autriche. Ce dernier s'est enfin décidé à promouvoir son frère en lui confiant une importante mission : il est sur le point d'être nommé gouverneur général de Lombardie-Vénétie.

Cette perspective enchante Charlotte. Elle rêve d'Italie, apprend l'italien et étudie très sérieusement l'histoire de ces régions où elle va vivre. Le gouvernement général de la Lombardie-Vénétie ne sera pas une sinécure pour Maximilien. Les Lombards et les Milanais se révoltent de plus en plus souvent contre l'occupation autrichienne, ils la supportent de moins en moins. François-Joseph et Sissi, lors de leur voyage à Venise et à Milan, ont pu y mesurer leur impopularité.

Le 4 avril 1857, Maximilien de Habsbourg fait son entrée dans ses nouvelles fonctions à Venise. L'accueil est glacial. Le 19 avril, l'entrée à Milan se déroule un peu mieux. Max y fait un discours encourageant : il assure qu'il « faut savoir deviner les désirs des peuples et leur en offrir l'accomplissement avant qu'ils ne les aient exprimés ». Ce qui n'engage à rien ! Plus audacieux, il déclare ensuite : « À la tête du royaume lombardo-vénitien, je me souviens du sang italien qui coule dans mes veines et je veux prendre en main les intérêts d'un peuple que mon célèbre arrière-grand-père, Léopold II, duc de Toscane, aimait tant. » C'est habile. Même Cavour, visionnaire Premier ministre du roi Victor-Emmanuel II de Piémont-Sardaigne, s'en inquiète, disant, ce qui est souvent oublié : « L'archiduc Maximilien est le seul adversaire que je redoute ; il est le seul qui puisse faire avorter l'Unité italienne. »

Sans doute satisfait de cette première prise de contact, Maximilien se rend à Bruxelles le 25 juillet 1857. Deux jours plus tard, il épouse Charlotte. La cérémonie se déroule dans le salon bleu du palais royal. Charlotte est rayonnante, parée d'une robe de satin blanc broché d'argent. Un superbe voile de dentelle de Bruxelles couvre ses cheveux, retenus par un diadème de diamants et de fleurs d'oranger. Max est, bien sûr, en grand uniforme de commandant en chef de la marine impériale. Les seuls Habsbourg présents sont l'archiduc Charles-Louis et son épouse, oncle et tante du marié. Service minimum ! En revanche, un fort contingent d'Orléans et de Saxe-Cobourg-Gotha s'est déplacé. La parentèle de Charlotte se réjouit de ce mariage prestigieux. Après la célébration, un déjeuner est servi et un dîner de gala clôt les festivités. On ne devrait rien savoir de ce qui se passe ensuite, mais le journal intime de Léopold, le frère de Charlotte, nous éclaire un peu. Voici ce qu'il écrit :

« Grand-maman [la reine Marie-Amélie] avait dit un mot à Charlotte des devoirs du mariage et de l'opération naturelle de cet acte. Il paraît qu'elle n'en a pas été effrayée. Le soir, Max a tenté l'opération. Ils ont couché ensemble. Charlotte, aux dires de son mari, a été très raisonnable. Tout a bien marché. Ma sœur était seulement très surprise et répétait sans cesse : "Comme cela m'étonne. Comme je suis étonnée." Inutile de dire qu'ils ont passé une très mauvaise nuit et sont fort échauffés[1]. »

La description de cette nuit de noces est assez accablante ! Ont-ils éprouvé les mêmes difficultés que Louis XVI et Marie-Antoinette, l'un comme l'autre semblant dépourvu de toute expérience dans ce domaine ? Dans ce cas, il n'y eut pas de Joseph II, le frère de Marie-Antoinette, pour leur expliquer ce qu'ils avaient à faire... Trois jours plus tard, le 30 juillet 1857, le jeune couple quitte Bruxelles pour Vienne. Charlotte a commencé la journée en priant sur la tombe de sa mère dans la crypte de l'église de Laeken. Elle fait ses adieux à toute sa famille, en larmes. Les mariés partent en train spécial pour Bonn, puis s'embarquent à bord d'un vapeur sur le Rhin, jusqu'à Mayence. Puis ils reprennent un train pour Nuremberg, avant d'embarquer à Ratisbonne sur un bateau qui descendra le Danube jusqu'à Vienne. L'archiduchesse Sophie vient à leur rencontre à Linz. À Vienne, ils sont accueillis très aimablement par le

1 Cité par Dominique Paoli dans son excellent livre *L'Impératrice Charlotte, le soleil noir de la mélancolie*, Paris, Perrin, 2008.

couple impérial, François-Joseph et Sissi. Après une nuit à Schönbrunn, les jeunes mariés prennent un train pour Trieste. Ils y passent une semaine, dans la villa Lazarovich, résidence officielle de l'archiduc à Trieste. Mais Maximilien emmène évidemment son épouse visiter le chantier de Miramare. Après une semaine, ils gagnent Venise par la mer et Charlotte en fait l'admirable découverte à partir de la lagune. Ils sont logés au palais royal[2], construit par Napoléon à l'extrémité de la place Saint-Marc. Depuis cette époque « française », François-Joseph et Sissi ont fait réaménager les appartements du premier étage où Maximilien et Charlotte vont séjourner. Pendant quinze jours, Charlotte visite Venise, ses palais, ses églises, ses musées, Saint-Marc et ses mosaïques byzantines. Elle est, bien sûr, éblouie.

Mais bientôt il leur faut se rendre à Milan. Le 6 septembre, à quatre heures de l'après-midi, Maximilien et Charlotte font leur entrée solennelle dans la capitale de la Lombardie. Il est en grand uniforme et Charlotte dans une robe de soie cerise, garnie de dentelle blanche. Sur ses cheveux, son diadème est piqué de roses. Un programme classique : défilé, musique militaire – on joue *La Brabançonne* en l'honneur de Charlotte. Puis ils sont présentés à la noblesse, aux magistrats, aux principaux hauts fonctionnaires. L'ambiance est chaleureuse. Charlotte réussit un exploit : elle prononce son premier discours en italien, ce qui est très apprécié.

Après cette entrée officielle, le couple s'installe à Monza, dans la Villa Reale, un magnifique palais

2 Aujourd'hui, le musée Correr.

construit par l'impératrice Marie-Thérèse en 1770, au milieu d'un parc de 700 hectares. Maximilien et Charlotte y séjournent tout l'automne. La vie y est très mondaine, avec des dîners de trente couverts en musique, tous les soirs, d'incessantes visites des deux familles : l'archiduchesse Sophie, le roi Léopold Ier, les Joinville, les Montpensier. Le dernier hôte est le comte de Flandre, Philippe, frère de Charlotte. Le couple l'emmène passer quinze jours à Venise en octobre. Curieuse lune de miel... En effet, Charlotte voit très peu son mari, il est tout le temps avec son escadre et, surtout, chaque nuit, il retourne dormir à bord de son navire alors que le commandement maritime n'est plus de sa compétence, laissant Charlotte avec son frère au palais. N'est-ce pas étrange qu'un jeune marié n'ait aucune envie de passer ses nuits avec son épouse ? Il préfère sans doute la compagnie de ses officiers à celle de Charlotte... Au début de l'année 1858, Charlotte est assez abattue. Elle prétend souffrir d'une fièvre gastrique. En fait, c'est sans doute une forme de dépression. Comme on s'en doute, elle n'est toujours pas enceinte. On s'interroge. À sa grand-mère Marie-Amélie, elle écrit : « Jusqu'ici, il n'y a rien de nouveau. Ce sera comme le Bon Dieu voudra. » On a l'impression que Maximilien fuit Charlotte. Fin avril, ils partent pour Vienne. Un long séjour est prévu, familial bien sûr, pas une escapade à deux. En effet, à peine arrivé à Vienne, Maximilien repart pour l'Italie où il va passer quinze jours seul, laissant Charlotte ! C'est d'autant plus pénible pour elle que lors de son retour en Italie, la situation politique s'aggrave. Après les attentats de Giovanni Pianori (1855) et Felice Orsini (1858) contre

Napoléon III, en mars de cette année l'agitation est de plus en plus perceptible en Lombardie-Vénétie. Les Vénitiens sifflent l'hymne autrichien au théâtre de la Fenice. François-Joseph conseille à son frère la plus grande fermeté. Il faut renforcer la police des deux provinces car il y a aussi des troubles à Parme et à Milan. L'empereur suggère qu'un organisme central réunisse les polices des deux régions. Ce n'est pas l'avis de Maximilien. Il juge qu'on n'obtiendra rien par la répression. Il abandonne donc une fois de plus Charlotte pour aller plaider sa cause auprès de François-Joseph. Bien entendu, l'empereur ne cède pas et Maximilien regagne Milan très déprimé. À Venise, Charlotte est insultée et son mari envisage de l'envoyer à Miramare ou à Bruxelles pour la protéger. La situation se tend. Maximilien demande à son frère le commandement des troupes, exigeant que le gouverneur de Lombardie-Vénétie ait aussi l'autorité militaire. François-Joseph humilie alors son frère en lui répliquant que soit il s'agit de troubles locaux, et alors le commandement de la garnison concernée est suffisant pour agir, soit c'est le début d'un vaste conflit exigeant des opérations militaires. Alors, « en cas de véritable guerre, la voiture de poste ne sera utilisée que pour t'amener au commandement de ma flotte ». En clair, François-Joseph juge son frère incapable de diriger une opération militaire terrestre d'envergure.

À l'été 1858, Cavour obtient une entrevue secrète à Plombières avec Napoléon III. L'empereur des Français soutiendra militairement les troupes du roi de Piémont-Sardaigne pour chasser les Autrichiens de Lombardie et de Vénétie, en échange de Nice et de la Savoie. Ce n'est pas encore la guerre. Maximilien est toujours gouverneur. Il pense pouvoir s'accorder quelques vacances. Il s'est acheté un superbe yacht, le *Fantaisie*, ancré à Trieste. Il va faire une croisière avec Charlotte en mer Adriatique. Miramare étant inachevé, ils y passent quelques jours, mais dans le Castelletto, une maison plus modeste dans le parc de Miramare, avant de repartir pour une nouvelle croisière en octobre jusqu'à Corfou et Palerme. Charlotte, qui n'est toujours pas enceinte, apprécie ces voyages. Au moins, elle est avec son mari...

C'est au printemps 1859 que la situation se détériore définitivement. Le 21 avril, François-Joseph sait que la guerre est inévitable. Il écrit à son frère pour le remercier d'avoir bien accompli son devoir dans les provinces lombardo-vénitiennes, mais la situation est si tendue que l'autorité civile et militaire doit être tenue d'une seule main. C'est le comte Gyulai qui va cumuler ces fonctions. Maximilien n'est plus gouverneur de Lombardie-Vénétie. Le surlendemain, François-Joseph adresse un ultimatum à Victor-Emmanuel II. C'est le début de la guerre. Max quitte Milan pour Venise.

Il va reprendre son commandement de vice-amiral de l'escadre. Charlotte pense que son mari risque sa vie. Elle n'a pas tort : les forces navales françaises sont en Adriatique et l'archiduc est bloqué avec sa flotte à Venise. À Solferino, à Magenta, l'Autriche est battue. L'entrevue de François-Joseph et Napoléon III à Villafranca consacre la défaite autrichienne. La Lombardie, ainsi que Modène et la Toscane, sont perdues pour les Habsbourg. Il leur reste encore la Vénétie. Max et Charlotte se retrouvent seuls, face à eux-mêmes. L'archiduc n'a plus de fonctions importantes, leur royaume se limite à Miramare. C'est bien étroit pour ces deux ambitieux, dépités et accablés...

Pour s'occuper, pendant que le décor intérieur de Miramare est en cours de finition, Max décide qu'ils vont faire un grand voyage transatlantique jusqu'au Brésil. Avant de partir, ils font aménager le jardin de Miramare et aussi la petite île de Lacroma, au large de Raguse[3]. Ils y font restaurer une ancienne abbaye dans le style néogothique pour en faire leur résidence d'été. C'est une île méditerranéenne, couverte d'oliviers, de citronniers, de pins parasols. Il y a un petit bassin intérieur appelé le « voile de Charlotte ». Là aussi, Max a aménagé le jardin. Ils rapporteront du Brésil des plantes exotiques qui s'adapteront certainement au doux climat de l'Adriatique. Mais le yacht *Fantaisie* n'est pas de taille à affronter l'Atlantique. Ils doivent voyager à bord du vapeur *Elisabeth*. Ils passent le détroit de Gibraltar et mettent le cap sur Madère. Charlotte laissera un récit détaillé de ce voyage. Lorsqu'ils arrivent à Madère, après une traversée agitée, Charlotte est séduite par les villas échelonnées sur la montagne, le climat doux, la végétation exceptionnelle, la canne à sucre, les fruits, les fleurs. Max est un peu mélancolique car il songe à Maria Amelia et visite la maison où elle est décédée.

Ils s'installent dans la villa Bianchi, qui appartient au consul d'Autriche à Madère. Ils y passent une dizaine de jours puis décident de reprendre leur voyage vers le Brésil. Ils affrontent une terrible tempête au

3 Aujourd'hui Lokrum, en face de Dubrovnik, en Croatie.

large des Canaries. Ils sont contraints de revenir à Madère où ils arrivent le 19 décembre. Et là, Max dépose Charlotte et repart aussitôt avec ses compagnons de voyage vers le Brésil... La jeune femme va passer trois mois seule à Madère, pratiquement sans nouvelles de son mari. C'est une situation insensée ! Pourtant, Charlotte refuse l'échec de son mariage, refuse d'admettre que son mari est plus heureux sans elle qu'avec elle. Elle fait bonne figure, ne tarit pas d'éloges sur son délicieux séjour lorsqu'elle écrit à sa famille. Elle ne trouve pas du tout étrange ni inquiétant que Max soit au Brésil sans elle. En tout et pour tout, elle recevra... deux lettres ! La première, du 1er janvier 1860, qui exprime des regrets qu'elle ne soit pas avec lui ! La seconde arrivera après son retour mais elle ne contient que des remarques sur les dangers de la vie au Brésil et précise qu'il a très bien fait de ne pas l'emmener ! Néanmoins, Max finit par rentrer début mars. Le 9 mars 1860, ils repartent, ensemble cette fois, vers Miramare ; ils font escale à Lacroma, désormais tout à fait habitable, et quelques jours plus tard Max repart seul pour Miramare. Il ne cesse de fuir. Charlotte ne reviendra à Trieste que le 25 avril. Son frère Léopold lui rend alors visite. Il la trouve changée. Il est interloqué par l'épisode bizarre de Madère mais Charlotte ne veut pas en parler, murée dans un silence total sur sa vie conjugale. Léopold est inquiet. Charlotte est languissante, comme cela lui arrivait parfois à Bruxelles. En fait, c'est plus grave : elle est en pleine dépression. On le serait à moins ! Elle ne retrouve une certaine joie de vivre qu'en septembre 1860, lorsque le couple peut enfin s'installer à Miramare. Hélas, là aussi la situation est bizarre...

Il faut dire que le château de Miramare, vaisseau de pierre blanche crénelée, arrimé sur son promontoire, ne manque ni d'allure ni de charme, même si l'intérieur n'est pas d'une folle gaieté. Lorsque Maximilien et Charlotte emménagent, le hall d'entrée et le grand escalier ainsi que le rez-de-chaussée sont terminés, mais les ouvriers travaillent encore à la décoration des salles d'apparat au premier étage. Les chambres du couple se trouvent au rez-de-chaussée. Celle de Maximilien est l'exacte copie de sa cabine qu'il aimait tant sur la frégate *Novara*. Rêve-t-il encore de voyages ? On ne sait. De la « cabine », on accède au bureau, dit « salle Novara », qui est encore semblable à celui du bateau. Décidément, Max ne rêve que de s'évader... La chambre de Charlotte dispose de deux grands lits en acajou qui font penser à la chambre commune de François-Joseph et Sissi à Schönbrunn. La seule différence est que Charlotte occupera seule cette chambre, son mari préférant sa « cabine ». Le décor intérieur est somptueux mais chargé. Salle à manger, bibliothèque et salons d'apparat encore inachevés ne sont qu'une débauche de mobilier italien et hollandais, de porcelaines chinoises, de sculptures, de tableaux... Plutôt désœuvrés, Charlotte et Maximilien recevront beaucoup dans ce château au bord de l'Adriatique, un site exceptionnel. L'archiduchesse Sophie y viendra souvent. Sissi s'y arrête le 18 mai 1861, à son retour de Madère. Un tableau immortalise la scène : Charlotte, en rose, accueille l'impératrice, en noir. François-Joseph et Maximilien sont encore dans la chaloupe. Ce séjour n'améliorera pas les rapports des deux belles-sœurs. Le gros chien de Sissi ne fait qu'une bouchée du bichon de Charlotte, au grand désespoir de sa propriétaire. Le seul commentaire de Sissi sera : « Je n'aime pas les petits chiens... » Le sien non plus !

Elle reviendra à Miramare peu de temps après, sur le chemin de Corfou. Cet état de villégiature permanente commence à peser sur ce couple qui n'en est pas vraiment un. C'est dans ce climat que le rêve d'un Empire mexicain va leur être proposé.

En effet, le Mexique, indépendant depuis 1821, a d'abord eu un empereur mexicain pendant deux ans. Lui a succédé le général Santa Anna qui, à cause d'une guerre contre les États-Unis, va faire perdre au Mexique le Texas, la Californie et le Nouveau-Mexique en 1848. C'est alors que le libéral Juárez prend le pouvoir en 1855 et commence une lutte contre l'Église dont les biens sont confisqués. Juárez, qui a triomphé des conservateurs, décide de ne plus reconnaître les dettes extérieures du Mexique. La France, l'Angleterre et l'Espagne entament alors une action commune en 1861, pour défendre leurs créances. Les gouvernements de Londres et de Madrid acceptent les offres de Juárez et retirent leurs troupes. Napoléon III ne retire pas les siennes. Fortement poussé par l'impératrice Eugénie, qui a mis son mari en contact avec des négociateurs mexicains, et par Morny, intéressé personnellement par le remboursement des dettes mexicaines, l'empereur envisage de créer au Mexique un empire catholique capable de contrebalancer les États-Unis. La période est favorable car ceux-ci sont en pleine guerre de Sécession. Napoléon III pense alors proposer la Couronne à l'archiduc Maximilien. Pour la politique étrangère française, ce serait un double bénéfice : d'une part, cela aiderait à un rapprochement avec l'empereur François-Joseph, encore meurtri par la perte de la Lombardie. D'autre part, cela pourrait permettre de négocier plus favorablement l'intégration de la Vénétie au futur royaume d'Italie, le rêve de Napoléon III et Victor-Emmanuel II.

En octobre 1861, le ministre des Affaires étrangères d'Autriche, le comte Rechberg, directement mandaté par François-Joseph, vient à Miramare expliquer à Maximilien la proposition de Napoléon III. L'archiduc semble intéressé mais réserve encore sa réponse. Il voudrait être sûr que le peuple mexicain soit d'abord consulté et il n'a pas tort… Charlotte est beaucoup plus enthousiaste ! Elle commence à rêver au Mexique, au bénéfice qu'ils en tireraient, dans leur vie à deux si étrange, s'ils arrivaient à rétablir l'ordre et la paix dans ce pays.

La décision définitive va prendre du temps car au Mexique la situation n'est pas aussi simple que prévu ; le peuple, dans l'ensemble, préfère plutôt le républicain Benito Juárez. Le corps expéditionnaire français, commandé par le général Forey, est d'abord repoussé devant Puebla le 5 mai 1862. Une nouvelle tentative n'a lieu qu'au printemps 1863 et c'est grâce au sacrifice de la Légion étrangère, à Camerone, le 30 avril 1863, que Puebla est prise le 17 mai. La main articulée de l'héroïque capitaine Danjou deviendra une relique. Les Français entrent dans Mexico le 7 juin. Le mois suivant, une junte conservatrice, dirigée par deux généraux et l'archevêque de Mexico, tente l'établissement d'un Empire mexicain ; ils offrent la Couronne à Maximilien. À la suite de cette proposition, une délégation mexicaine, conduite par José María Gutiérrez Estrada, est reçue à Miramare le 3 octobre 1863, mais elle est déçue par la réponse de Maximilien : l'archiduc, méfiant, continue à exiger une consultation populaire préalable. Charlotte est beaucoup plus attirée par cette Couronne que son mari. Elle est nettement moins rationnelle que son époux, voyant surtout dans l'aventure mexicaine une possibilité d'enfin réunir leurs existences autour d'un but exaltant. Seul le Mexique peut les sauver en donnant un sens à leurs vies. Les Mexicains vont donc organiser une prétendue « consultation nationale ». On fait plaisir au prince, on lui montre une masse d'adhésions à la monarchie, avec des chiffres impressionnants... certifiés authentiques ! Il semblerait que tout le Mexique attende Maximilien avec ferveur.

Les réactions en Europe sont partagées. La Grande-Bretagne n'y est pas favorable. La reine Victoria, comme son Premier ministre Palmerston, craint que tout cela ne se termine en catastrophe pour Maximilien et Charlotte. Léopold Ier, père de Charlotte, y est plutôt favorable. Quant à la grand-mère de Charlotte, la reine Marie-Amélie, elle est terrorisée par ce choix insensé. Sa petite-fille lui répond par une phrase étonnante et révélatrice : « Max doit se donner de l'occupation. »

Finalement, début janvier 1864, Maximilien semble avoir pris sa décision : il va accepter le trône, tout neuf, du Mexique. Le couple, après être passé par Bruxelles, arrive à Paris le 5 mars.

Durant une semaine, ils vont être fêtés, de l'Opéra à la Comédie-Française. Une journée de chasse à Versailles, trois grandes soirées aux Tuileries. Un pâtissier va même composer une immense pièce montée représentant les armes du Mexique, qu'il aura la malencontreuse idée de baptiser « bombe mexicaine » !

Napoléon III et Maximilien s'accordent sur un traité portant sur l'engagement des troupes françaises au Mexique, qui ne seront retirées que progressivement. Quant à la note à payer, elle est énorme : chaque soldat français sur place coûtera à Maximilien 1 000 francs par an. Il faudra donc que, dès son arrivée sur le trône, il émette un emprunt de plus de 200 millions de francs. Une folie de plus... Max promet que le traité sera définitivement signé à Miramare le 10 avril pour qu'il puisse porter le nom de sa demeure devenue, enfin, une résidence « impériale ». Après Paris, Max et Charlotte continuent leur tournée d'adieux à Londres. Victoria et Palmerston n'ont pas changé d'avis. Quant à la reine Marie-Amélie, sitôt sa petite-fille partie, elle prédit : « Ils seront assassinés... »

Après Londres, Vienne, le 19 mars. Ils sont reçus d'abord avec tous les honneurs dus à leur rang. Mais François-Joseph demande à son frère de signer un pacte de famille par lequel il promet de renoncer à tout jamais – pour lui et pour ses éventuels héritiers – à tous ses droits de succession en Autriche, y compris le droit d'héritage. Révulsé, Max refuse de signer ce pacte ! Sophie soutient évidemment son fils cadet ! Les deux frères s'affrontent dans une scène épouvantable, en présence de leurs épouses.

Finalement, le 9 avril 1864, François-Joseph arrive à Miramare, accompagné de ses deux autres frères, Charles-Louis et Louis-Victor, et du comte Rechberg. L'empereur et Max s'enferment dans la bibliothèque. Leur discussion dure plusieurs heures. Finalement, Max signe le pacte. À treize heures, François-Joseph repart pour Vienne avec sa suite. Sur le quai, après avoir salué militairement son frère, il revient sur ses pas et lui ouvre ses bras en disant seulement : « Max... » Les deux frères s'étreignent. C'est leur dernière rencontre. Si Max est dévasté d'avoir dû renoncer à tout ce qui avait été sa vie jusque-là, Charlotte rayonne. Peu lui importe cet horrible pacte. Désormais, elle est impératrice...

Et c'est le lendemain que Max, en grand uniforme, accepte devant la délégation mexicaine la couronne de cet empire surprenant. Il prête serment sur la Bible, comme Charlotte. Le drapeau mexicain est hissé sur le toit de Miramare. Vingt et un coups de canon sont tirés depuis la frégate *Novara*. Un bâtiment français, la *Thémis*, tire aussi le canon, ainsi que la citadelle de Trieste.

Après le *Te Deum*, le nouvel empereur va signer la convention de Miramare, ce traité qui lie le Mexique à la France. Un grand dîner est prévu dans le salon des Mouettes, au premier étage. Max, complètement désemparé, s'est réfugié dans ses appartements. Son médecin le trouve si accablé qu'il lui suggère de se reposer et de passer la nuit dans la petite maison au fond du jardin. Charlotte, devenue l'impératrice Carlotta, préside seule le dîner avec une spectaculaire assurance. Elle est lumineuse et triomphante. L'absence de son mari, dans un moment aussi solennel, ne semble pas la troubler. Quelle inconscience !

Le 14 avril 1864, à quatorze heures, le couple embarque à bord de sa chère *Novara*. Un autre grand tableau, du même peintre qui avait immortalisé l'arrivée de Sissi et de François-Joseph à Miramare, fixe la scène : Max et Charlotte sont déjà à bord de la chaloupe. Ces deux tableaux sont toujours exposés au château de Miramare. Au moment de monter à bord, Charlotte murmure : « Regardez mon pauvre Max... Comme il est triste... »

Elle, au contraire, enivrée de bonheur, ne cherche même pas à savoir pourquoi son époux est si triste. Le sait-elle ? Doute-t-il à cet instant ? Regrette-t-il sa décision ? Ce n'est pas impossible, mais les dés sont jetés. Depuis la proposition du trône, trois ans se sont écoulés. Trois ans plus tard, il n'en restera rien...

La première étape est Civitavecchia. À Rome, le couple impérial est reçu par le pape Pie IX qui lui donne, évidemment, sa bénédiction. À Gibraltar, Victoria a demandé que les honneurs militaires soient rendus au passage de la *Novara*. Puis c'est une dernière escale à Madère, qui ne peut que leur rappeler quelques souvenirs contrastés, avant la grande traversée jusqu'à Veracruz.

À bord, les occupations du couple impérial sont déroutantes. Au lieu de réfléchir à ce qui les attend et de se préparer à régner, voire à gouverner, Max s'obstine à rédiger le protocole et l'étiquette de sa cour, calqués sur ceux de la Hofburg ! Quel exotisme !

Quant à Charlotte, elle organise sa propre maison et sa cour. Une rivalité futile entre les époux. Ces activités, presque infantiles, font mal augurer de la suite ! Tout n'est qu'apparences et faux-semblants ! Et, sans doute, désirs de revanche...

Le 28 mai, ils débarquent à Veracruz. C'est le général Almonte, grand maréchal de la Cour, qui les accueille. Le débarquement se fait le lendemain. Du bateau descend un lourd carrosse doré, mais la foule n'est pas présente. Ce n'est pas de l'indifférence ; une grave épidémie de fièvre jaune sévit alors. Il fait une chaleur humide, les maisons sont sales et délabrées. Bref, ce n'est guère exaltant. La suite du voyage jusqu'à Mexico se fait partiellement en train, puis dans de vieilles diligences républicaines tirées par des mulets. La progression est très lente... La caravane arrive enfin à Puebla où la nature est nettement plus riante. Un arrêt rituel est fait à Notre-Dame de Guadalupe, le plus important pèlerinage mexicain. Enfin, le 12 juin, miracle : c'est l'entrée triomphale à Mexico, à 2 240 mètres d'altitude... Un choc !

Le palais royal de Mexico a mille cent fenêtres, mais c'est surtout une caserne vétuste. C'est incommode, mal meublé. Ce sera seulement un lieu de réception car, dès le 12 juin, l'empereur et l'impératrice vont s'installer au château de Chapultepec, élevé sur un rocher dominant la plaine, au sud-ouest de Mexico. Le panorama est considéré comme l'un des plus beaux du monde. Pour Maximilien, c'est le Schönbrunn de Mexico ! Le seul élément de comparaison est d'avoir été construit lui aussi au XVIIIe siècle, sur l'emplacement du palais d'été des anciens Aztèques ; il domine une véritable forêt de conifères et de cyprès ; les jardins sont des tapis de fleurs colorées.

La situation militaire est à ce moment-là plutôt calme. Dès le mois d'août 1864, Maximilien va de nouveau quitter son épouse pour découvrir son pays. Charlotte a une cour de dames mexicaines qui n'ont aucune idée du protocole. Elles pratiquent plus facilement l'embrassade que la révérence ! Si le voyage en province de Max est un succès, l'empereur y a contracté une dysenterie épuisante.

Il en souffrira régulièrement jusqu'à sa mort. Comme son mari est malade, Carlotta préside le Conseil des ministres, donne des audiences publiques tous les dimanches. Bref, elle règne et gouverne à sa place. Le pouvoir, enfin ! Elle se sent investie de sa mission. Max guérit et reprend ses tournées. Fidèle à sa politique, il tend la main aux libéraux et dédaigne les conservateurs. Politiquement, ce n'est pas habile. Le comte de Diesbach, qui fait partie de cette étrange cour, écrit, le 27 octobre 1864 : « Le pauvre empereur, qui passait pour si intelligent, ne fait que des sottises ; il est détesté de plus en plus par tous les partis, même des Français. L'impératrice seule a de la tête et porte la culotte. Elle trouve l'opposition partout, même chez son mari. Elle se plaint amèrement d'avoir été trompée par l'empereur des Français. On lui a dit que Maximilien était demandé par tout le Mexique ; elle voit tout le contraire. On leur a dit que la guerre était finie ; elle voit et se plaint d'être la cause de tant d'effusions de sang, car jamais on ne s'est battu plus qu'aujourd'hui. Ils ont été obligés de remettre la direction des affaires au maréchal Bazaine. C'est le commencement de la fin. Pauvres gens ! Ils étaient si heureux à Miramare[4]. » Le comte de Diesbach a raison sur deux points : le Mexique n'a pas réclamé Maximilien et la guerre civile entre les partisans de Juárez et le pouvoir conservateur en place n'a jamais cessé. En revanche, l'impératrice n'a aucune intention de repartir et le couple n'a jamais été très heureux à Miramare...

Il y a une autre vérité dans l'analyse de ce témoin : Bazaine est le véritable maître de la situation. L'été 1865 va être difficile pour le maréchal, car après quelques victoires, les revers se succèdent. Il y a une explication à cela : la guerre de Sécession a pris fin et les États-Unis n'acceptent pas la présence européenne au Mexique. Ils vont appliquer la doctrine Monroe pour y mettre fin. La situation est très complexe. Bazaine concentre ses forces au nord du Mexique pour parer à toute éventualité, la guérilla de Juárez s'amplifie au centre, soutenue et probablement financée par les États-Unis. Bazaine avertit Napoléon III de cette situation intenable. L'empereur songe à retirer les troupes françaises.

Malgré la situation dégradée, Charlotte effectue en novembre 1865, sur le conseil de son mari, un voyage à la découverte du Yucatán, la péninsule des Mayas. Une fois de plus, Maximilien se débarrasse de Charlotte. Il a pour cela une bonne raison : depuis quelque temps, il a une jeune maîtresse mexicaine, prénommée Concepción. L'empereur n'est pas particulièrement porté sur les femmes, mais le climat et

4 André Castelot, *Maximilien et Charlotte, la tragédie de l'ambition*, Paris, Perrin, 1977.

l'ambiance aidant, il se laisse aller... Le voyage, surréaliste, de Charlotte au Yucatán est important, non pour les extases archéologiques de l'impératrice, mais parce que c'est à cette occasion qu'elle présente les premiers symptômes d'un dérangement mental. Elle se sent mal, refuse la nourriture locale qui lui semble empoisonnée. Tout cela est assez mystérieux. A-t-elle subi une tentative d'empoisonnement ? C'est possible, les Mexicains cultivant des champignons hallucinogènes et sachant très bien les utiliser. En définitive, elle revient très fatiguée et déprimée de ce périple. Avant le départ de Charlotte, le couple impérial avait découvert une nouvelle résidence de rêve à 80 kilomètres au sud-ouest de Mexico, Cuernavaca. On pourrait dire que si Chapultepec a été leur Versailles, Cuernavaca fut leur Trianon. Ils en font leur résidence d'été. C'est une maison construite au XVIIIe siècle, entourée de merveilleux jardins, avec un lac propice aux promenades en barque. C'est à Cuernavaca que Charlotte retrouve Maximilien et qu'elle apprend, le 10 décembre, la mort de son père, ce qui n'améliore pas son état déjà dépressif. C'est encore là que Maximilien apprend que sa maîtresse mexicaine est enceinte. Pour abriter ses amours clandestines, il fait construire une petite maison à Cuernavaca, El Olvido, « L'Oubli ». On ne sait s'il est comblé par la nouvelle de cette grossesse, mais en revanche il est atterré par la lettre qu'il reçoit de Napoléon III en février 1866, datée du 15 janvier. Comme l'empereur du Mexique n'a pas envoyé les sommes convenues pour l'entretien des troupes françaises, Napoléon III va les rappeler par étapes. On peut dire que la survie de l'Empire mexicain ne tient plus qu'à un fil.

L'attitude du couple impérial est étrange. Il n'y a pas de scènes entre eux, chacun semble vivre sa vie de son côté, Maximilien avec sa maîtresse qui lui donnera un fils au mois d'août suivant, et Charlotte qui, lorsqu'elle n'est pas dans une phase dépressive, joue à merveille son rôle d'impératrice et se plaît beaucoup en la compagnie des officiers français, belges et mexicains présents à la Cour. A-t-elle eu une aventure avec le colonel van der Smissen ? Certains auteurs prétendent qu'il serait le père d'un enfant dont Charlotte aurait accouché à l'automne suivant, à Miramare. D'autres vont plus loin en affirmant qu'il s'agit du futur Maxime Weygand. Mais elle a aussi flirté avec l'aide de camp de son mari, le colonel Feliciano Rodríguez. Tout cela n'est que supputations... ou secrets d'État. Mais il est certain que Charlotte ne détestait pas la compagnie masculine alors que son mari se détachait d'elle.

En juin 1866, la situation devient intenable. C'est le moment où, pour la première fois, Maximilien, avec lucidité, envisage d'abdiquer. Il est à court d'argent et ne peut faire face à ses engagements financiers à l'égard de Napoléon III. Ce dernier va retirer ses troupes, déjà en difficulté, mais Charlotte ne peut accepter une telle humiliation. Elle a en tête les abdications forcées de Charles X et de Louis-Philippe, son grand-père, qui ont ruiné leurs vies dans les deux cas. Elle ne voit qu'une solution et estime être la seule à pouvoir la tenter : elle va gagner l'Europe et plaider la cause de son mari auprès de Napoléon III. Il est clair qu'à ce moment précis la force et la détermination de Charlotte dominent un Maximilien désemparé. Le 9 juillet 1866, l'impératrice quitte

Chapultepec. Max accompagne son épouse jusqu'au village d'Ayutla. Leurs adieux sont déchirants. Ils sont en larmes. Le soir même, Maximilien, épuisé et fiévreux, tombe de son cheval et doit être porté jusqu'à sa voiture. L'empereur est malade et à bout. Charlotte embarque à Veracruz le 13 juillet. Elle ne montera à bord de *L'Impératrice Eugénie* que lorsque le pavillon français aura été remplacé par le pavillon mexicain. Elle débarque à Saint-Nazaire le 8 août.

Elle n'a aucun accueil officiel à Saint-Nazaire et pas davantage à Paris, où elle s'installe au Grand Hôtel. Elle en est profondément ulcérée. Napoléon III n'est pas très heureux de son arrivée car il sait d'avance ce qu'elle va lui demander et il sait aussi qu'il ne pourra le lui accorder. Cette situation est très désagréable. Il envoie Eugénie auprès de Charlotte pour amortir sa déception, mais il n'échappera pas à la visite de l'impératrice du Mexique, le 11 août, à Saint-Cloud. L'entrevue est houleuse. Napoléon III est fatigué et Charlotte déchaînée ! Après avoir plaidé sa cause avec fougue et déchargé tout son ressentiment à l'encontre de son hôte, elle commence à manifester quelques troubles du comportement : elle est persuadée que l'orangeade qu'Eugénie lui a fait servir est empoisonnée !

Charlotte est trop humiliée pour aller à Bruxelles ou à Vienne. Son médecin lui conseille d'aller se reposer à Miramare. Lorsqu'elle y arrive, elle est très émue et presque heureuse de retrouver ce lieu familier. Mais très vite elle reçoit des nouvelles alarmantes du Mexique. Les troupes de Juárez progressent. Elles ont pris Tampico et se rapprochent de Veracruz. Charlotte décide alors d'aller voir le pape pour lui demander d'accorder un concordat au Mexique, ce qu'il avait jusque-là refusé, et surtout d'agir auprès de Napoléon III. Elle arrive à Rome le 25 septembre. Pie IX lui accorde une audience deux jours plus tard. L'audience, qui dure pourtant une heure, n'aboutit à rien. Le lendemain, Pie IX, selon le protocole envers une souveraine régnante, lui rend sa visite, sans davantage de résultat pour Charlotte. Le 29, elle est très agitée, est persuadée qu'on veut l'empoisonner, ne mange que des oranges et ne boit rien. Le 30 à l'aube, de plus en plus excitée, elle se fait reconduire au Vatican. Au pape, obligé de la recevoir malgré cette heure matinale, elle tient un discours totalement paranoïaque : elle est entourée d'espions et on veut l'empoisonner ! Elle soupçonne le chocolat qu'on lui sert d'être toxique. Elle passe la journée et la nuit suivante au Vatican car elle refuse de regagner son hôtel. Persuadée qu'elle va mourir, elle écrit une lettre d'adieu à Maximilien. Son attitude tourne au délire. Le 8 septembre, son plus jeune frère, Philippe, comte de Flandre, la rejoint à Rome. Il est effondré par l'état et le comportement de sa sœur. Il parvient à la persuader de prendre le train pour aller à Miramare. Un médecin, le docteur Gilek, et un aliéniste venu de Vienne, le docteur Riedel, l'accompagnent puis l'enferment dans Miramare d'où elle veut s'échapper. Le 11 septembre, ils la transfèrent de force dans le Castelletto, la petite maison au fond du jardin appelée aussi Gartenhaus, plus facile à surveiller que le château. Charlotte est considérée comme folle. Son calvaire commence.

Le psychiatre autrichien qui la soigne pense qu'elle est maniaco-dépressive, obsédée par l'idée de n'avoir pu donner d'héritier à Maximilien et que c'est une des causes de son déséquilibre. Dans une lettre à son frère Léopold II, le comte de Flandre le dit : « Je crois, moi, que l'impuissance notamment connue de son mari y est pour beaucoup. Si elle avait eu des enfants, son imagination se serait occupée à d'autres choses que de politique et le sang eût pris une autre direction. On dit que Max ne l'a jamais touchée. Combien ce mariage a été peu réussi et que d'ennuis et de chagrins on a eus et on aura[5] ! »

Pendant plusieurs mois, Charlotte a peur de tout, ne veut recevoir aucun membre de sa belle-famille. À partir du début 1867, elle est un peu plus calme. Elle tient une correspondance avec certains membres de sa famille que l'on pourrait qualifier de presque normale. Pendant ce temps, l'empereur du Mexique a été informé de l'état de son épouse. À l'évidence, cela n'arrange pas le sien. Il demande simplement qu'en aucun cas son épouse ne soit transférée à Vienne. À partir de février 1867, Bazaine et les troupes françaises commencent à se retirer. Maximilien et quelque 9 000 hommes, plus ou moins bien entraînés, se fixent à Querétaro, au nord-ouest de Mexico. Les partisans de Juárez assiègent la ville. L'empereur capitule le 14 mai 1867. Juárez organise son procès dans le théâtre de Querétaro. Condamné à mort, malade, épuisé mais extrêmement digne, il sera fusillé le 19 juin 1867. La nouvelle atteint Paris où l'Exposition universelle attire des foules du monde entier. Le couple impérial français est

5 Cité par Dominique Paoli, *L'Impératrice Charlotte, le soleil noir de la mélancolie*, *op. cit.*

atterré et peut-être pas très fier du rôle qu'il a joué dans cette tragédie. La reine Victoria écrit dans son journal : « Pauvre chère Charlotte, privée de raison et son mari tué ! Quelle fin dramatique pour leur malheureuse entreprise... »

Dès lors, la famille royale belge va tout mettre en œuvre pour rapatrier Charlotte à Bruxelles. La reine des Belges, Marie-Henriette, se rend à Vienne. François-Joseph est d'accord avec elle pour que la pauvre Charlotte soit conduite en Belgique, accompagnée d'un aliéniste belge, le docteur Bulkens. Le 30 juillet 1867, la reine Marie-Henriette arrive à Miramare pour chercher sa belle-sœur. Non sans mal, elle réussit à l'arracher au Castelletto. Elles regagneront Bruxelles en train. On va installer Charlotte au château de Tervueren, au cœur d'une magnifique forêt. De son côté, le roi Léopold II s'affaire à recouvrer les biens, notamment la dot de sa sœur, auprès des Habsbourg. Les négociations sont longues et laborieuses. Le 27 novembre, c'est chose faite : il récupère l'argent, mais Miramare et Lacroma restent aux Habsbourg, bien que beaucoup d'argent de Charlotte ait été investi dans ces deux résidences. Les membres de la famille impériale, notamment l'archiduc Rodolphe, y séjourneront souvent. Quant à Charlotte, son retour en Belgique n'a pas amélioré sa santé mentale. Elle ne la retrouvera jamais. Le château de Tervueren, où elle réside, sera ravagé par un incendie en 1879. Elle finira sa triste existence le 19 janvier 1927, âgée de quatre-vingt-six ans.

Triste vie en effet : son mariage, son empire, tout pour elle n'avait été qu'amères désillusions.

8

Le duc et la duchesse d'Alençon : le protecteur d'une épouse fragile

Sans une tragédie qui a bouleversé la France et l'Europe, se souviendrait-on encore aujourd'hui du duc et de la duchesse d'Alençon ? En effet, la duchesse d'Alençon meurt brûlée vive dans l'incendie du Bazar de la Charité, à Paris, le 4 mai 1897. Prénommée Sophie-Charlotte, elle est née duchesse en Bavière. C'est une Wittelsbach et surtout elle est la sœur de l'impératrice Élisabeth d'Autriche, la célèbre Sissi, épouse de François-Joseph, et la sœur de Marie, la dernière reine de Naples. Le duc d'Alençon, lui, est l'un des nombreux petits-fils du roi Louis-Philippe. Il est le fils du duc de Nemours, deuxième fils du souverain, marié à une Saxe-Cobourg-Gotha. Une grande partie des monarchies européennes, encore régnantes ou détrônées, sont frappées directement par ce deuil collectif du 4 mai 1897. Le couple Alençon, venu s'installer à Paris après un long exil, menait une vie discrète mais digne de son rang. Leur histoire n'avait pourtant pas toujours été simple et ils avaient, l'un et l'autre, affronté quelques orages.

Sophie naît en février 1847 à Munich. Elle est l'avant-dernier enfant et la dernière fille de Maximilien, duc en Bavière, chef de la branche cadette des Wittelsbach, et sa mère, Ludovica, est une fille du premier souverain de Bavière, Maximilien Ier. Ludovica est fille de roi et ses cinq sœurs aînées ont fait des mariages très brillants : Charlotte a épousé Guillaume Ier de Wurtemberg, Élisabeth Frédéric-Guillaume IV de Prusse, Amélie Jean Ier, roi de Saxe, Sophie François-Charles d'Autriche – ce sont les parents de François-Joseph – et la dernière, Marie, un autre Saxe.

Ludovica va faire un mariage beaucoup moins prestigieux. Devant toutes les têtes couronnées ou susceptibles de l'être qu'ont épousées ses sœurs, Max en Bavière fait piètre figure. Chef d'une branche cadette sans aucune chance de régner, Max a un caractère et un style de vie très éloignés de la cour de Munich. C'est un intellectuel et un poète qui adore voyager. Il s'est fait construire un très beau palais à Munich dans lequel il a aménagé un cirque car il est très amateur de haute école et de cavalerie. Il a aussi acheté, au bord du lac de Starnberg, un charmant château, nommé Possenhofen, qui lui permet de donner à ses enfants, à la belle saison, une vie libre et campagnarde. On fait des randonnées dans les Alpes bavaroises car on aime la nature, les chevaux, les chiens. On chasse et on est très proches des paysans bavarois.

Ennemi du protocole, Max va transmettre ce trait de caractère à certains de ses enfants, particulièrement à Sissi. En revanche, son épouse Ludovica, qui aurait préféré épouser Miguel de Bragance, roi du Portugal, a dû se satisfaire de cet époux original et fantasque, qui ne va pas tarder à la tromper. La naissance de leurs très nombreux enfants se charge d'occuper Ludovica à plein temps. Lorsque Sophie-Charlotte vient au monde, elle a déjà de nombreux frères et sœurs. Dans l'ordre : Louis, l'héritier, qui a seize ans ; Hélène, treize ans ; Élisabeth (Sissi), dix ans ; Charles-Théodore, huit ans ; Marie, six ans ; et Mathilde, trois ans. Deux ans plus tard, naît le dernier enfant du couple, Maximilien.

L'année qui suit sa naissance, 1848, est celle de tous les bouleversements en Europe. Même à Munich, des émeutes ont éclaté. Le roi Louis Ier de Bavière, qui ne savait rien refuser à sa maîtresse, la prétendue danseuse espagnole Lola Montez, va payer le prix fort pour sa passion. Il est contraint d'abdiquer en faveur de son fils Maximilien II. Sophie-Charlotte a un an. Le fils aîné de Maximilien, Louis, a trois ans. Personne ne peut deviner qu'il jouera un rôle dans la vie de Sophie-Charlotte. Les événements de 1848 obligent le roi des Français, Louis-Philippe, à abandonner son trône et à partir en exil. Son petit-fils, Ferdinand, duc d'Alençon, n'a que quatre ans. Lui aussi va subir les rigueurs de l'exil avec son père, le duc de Nemours ; lui aussi va jouer un rôle dans le destin de Sophie-Charlotte. Pour l'instant, la toute petite princesse bavaroise est très loin de tous ces bouleversements. Elle est élevée dans un cadre familial chaleureux et joyeux, la petite dernière étant, bien sûr, la chouchoute de ses frères et sœurs. Comme eux, elle vivra les hivers dans le beau palais de Munich et, surtout, les merveilleux étés lumineux à Possenhofen. Comme ses frères et sœurs, elle adore son père, qui n'est pas toujours là et voyage beaucoup. Mais quand il est là, il les entraîne dans son univers sans aucune contrainte au milieu de ses chevaux de cirque, des randonnées en montagne. Et quelle joie quand il revient de voyage ! Non content de rapporter des cadeaux fabuleux à tout le monde, il les enchante de ses récits. Les enfants vont pouvoir rêver des pyramides d'Égypte, des souks de Constantinople, des trésors de Jérusalem. Sophie-Charlotte bénéficie, comme les autres, de la présence permanente, chaleureuse et attentive de leur mère, toujours là. Elle s'occupe de leur éducation sans être trop pesante, mais surtout elle les aime. Elle rêve pour chacun d'eux de grands mariages que, naturellement, ils méritent, et pour lesquels elle œuvrera. Pour ses enfants, elle a de l'ambition. Elle espère pour eux une vie plus brillante que la sienne.

En 1852, Sophie-Charlotte n'a que cinq ans. Réalise-t-elle que toute cette agitation à Possenhofen autour de sa sœur aînée Hélène, qui va partir avec maman pour Bad Ischl, en Autriche, a pour but ses fiançailles avec le jeune empereur François-Joseph ? Sophie-Charlotte reste en Bavière avec son père, ses sœurs Marie et Mathilde ; elle pensait que Sissi ferait de même. Mais comme elle est un peu mélancolique cet été-là – à cause d'un vague chagrin d'amour –, au dernier moment elle va partir aussi. Patatras ! Elle apprend, par papa, qu'à Bad Ischl rien ne s'est passé comme prévu. François-Joseph s'est fiancé avec Sissi, dont il est tombé éperdument amoureux, et Hélène en est très malheureuse ! Une surprise totale ! Mais rien n'est grave : toute la famille est en joie. Sophie-Charlotte est témoin de la fébrilité de sa mère pour préparer la trop jeune Sissi à devenir une impératrice parfaite. Des cours accélérés de hongrois, des leçons d'histoire autrichienne, de maintien, surtout un magnifique trousseau en préparation, et puis les visites de l'empereur François-Joseph à la famille dans les mois qui précèdent le mariage. Il y a aussi les somptueux bijoux que reçoit Sissi de l'archiduchesse Sophie et de son fiancé : de quoi faire rêver une petite fille de six ans ! Et puis, cette fois-ci, ce ne sera pas comme à Bad Ischl : Sophie-Charlotte accompagnera la famille dans le fabuleux voyage qu'elle va faire de Munich à Vienne. Oui, Sophie-Charlotte, elle aussi, sera de ce voyage féerique ! Le bateau sur le Danube, l'extraordinaire soirée lors de la fête à Linz où l'empereur est venu rejoindre sa fiancée avant de repartir pour Vienne. Enfin, la dernière partie du voyage sur le vapeur *François-Joseph* décoré de montagnes de roses, le seul bateau autorisé à naviguer ces jours-là sur le Danube, avec une foule immense sur les rives pour fêter sa sœur Sissi. Inoubliable conte de fées ! Certes, Sissi est un peu tendue, mais quel voyage ! Sophie-Charlotte ne l'oubliera jamais, pas plus que la splendeur du mariage de sa sœur dans l'église des Augustins, à Vienne.

Sissi est la première mariée de la tribu. Louis a déjà quitté la maison pour poursuivre ses études. En 1854, un nouveau précepteur va prendre en main l'éducation des petits princes, le baron Carl von Wulffen. C'est un excellent professeur que les enfants vont adorer. Il n'assure pas que l'enseignement traditionnel, il leur apprend aussi la discipline, la rigueur dans la mesure du possible, car à Possenhofen les tentations extérieures sont trop fortes ! Plus tard, en 1877, Sophie-Charlotte racontera ses années bénies : « Nous étions huit enfants à la maison. Chacun de nous avait son arbre de Noël, dont il ne se séparait pas avant que toutes les aiguilles fussent tombées. C'était la fête des fêtes, pour les grands et les petits. »

En 1858, Hélène, dépitée de ne pas avoir séduit François-Joseph, trouve enfin l'amour. Elle épouse Maximilien de Tour et Taxis. Puis viendra le mariage de Marie qui, comme on le dira, « intéresse l'héritier du royaume des Deux-Siciles ». Sissi se renseigne : le candidat n'est pas, physiquement, très avantageux ! Malgré cela, il sera accepté comme gendre... Marie épouse ce prince par procuration, à Munich, le 8 janvier 1859. Puis, elle se rend à Vienne car Sissi va l'accompagner jusqu'à Trieste pour remettre sa sœur au ministre plénipotentiaire napolitain, lors du passage rituel de frontière de la fiancée, traditionnel dans les mariages royaux. Marie s'embarque à Trieste et débarque le 2 février à Bari, car elle est devenue duchesse de Calabre. Le vrai mariage, religieux, sera célébré en août 1859. Quant à l'aîné de la famille, Louis, qui a aussi accompagné Marie jusqu'à Trieste, il est dans une position inconfortable vis-à-vis de la tribu. Il veut pouvoir épouser la femme qu'il aime, une comédienne, Henriette Mendel. Pour elle, il va renoncer à ses droits d'héritier. L'union, assez mal vue, a lieu cette même année 1859. La tribu se disperse donc de plus en plus car sous l'influence de sa sœur Marie, Mathilde accepte, elle, d'épouser le comte Trani, demi-frère de François II des Deux-Siciles, époux de Marie. Ils se marieront en 1861. François II est devenu souverain des Deux-Siciles, mais les troupes de Garibaldi obligent le couple royal à fuir Naples. Il se réfugie à Gaète où la reine Marie va s'illustrer comme une ardente combattante, défendant le trône de son mari. Pourtant, Garibaldi va gagner. Le couple doit s'installer à Rome où aura lieu le mariage de Mathilde avec le comte Trani.

Les deux couples, celui de Marie et celui de Mathilde, vivent au palais Farnèse qui appartient aux Bourbon-Sicile. Il y a pire résidence !

À l'été 1862, Sophie-Charlotte voit arriver à Possenhofen trois de ses sœurs : Sissi, Marie et Mathilde. Rien d'étonnant à cela, tout le monde passe par ce château familial l'été pour retrouver la famille et les souvenirs d'enfance. Pourtant, à ce moment-là, les trois sœurs semblent tourmentées. Sophie-Charlotte en a-t-elle connu la raison ? Nous n'en savons rien. En fait, si l'ex-reine de Naples paraît si troublée et mal à l'aise, c'est qu'elle est enceinte... mais pas de son mari ! En vérité, son mariage est un désastre. François II et elle ne s'entendent pas. Alors, à Rome, elle s'est consolée avec un officier de la garde pontificale, et c'est de lui qu'elle attend un enfant. On va envoyer Marie dissimuler sa grossesse dans un couvent des Ursulines, à Augsbourg. Elle y accouchera d'une petite fille, qui sera, heureusement, prise en charge par son père. Il est évident que cette situation a perturbé la famille, sa mère en particulier, et Sophie-Charlotte est loin d'être sotte. A-t-elle réalisé, à ce moment-là, que le mariage n'était pas obligatoirement la clé du bonheur ? Sans être aussi belle que Sissi – Sophie-Charlotte a un visage plus allongé que l'impératrice –, sans avoir ni sa grâce ni son allure, elle est néanmoins très jolie, fine et sensible. Elle est bonne musicienne, joue du piano et prend des leçons avec un professeur de chant. Elle va avoir seize ans, l'âge de se marier pour une princesse. Elle a été demandée en mariage par Philippe de Wurtemberg et aussi par Louis Ier du Portugal, mais rien n'a abouti. En avril 1866, Sissi, soucieuse de Sophie-Charlotte, écrit à sa mère : « Si seulement elle trouvait un mari qu'elle aime et qui la rende heureuse, mais qui ? » Or son cousin, le roi Louis II de Bavière, est encore sous le choc d'avoir dû faire expulser de Munich Richard Wagner, sous la pression de son gouvernement. Le musicien compte beaucoup dans la vie du roi, car depuis son enfance il est transporté par sa musique et ses opéras. Il lui avait largement ouvert sa bourse pour qu'il soit heureux à Munich et puisse y travailler sans se soucier des huissiers et des jaloux. Mais Wagner a abusé de sa générosité. Pis encore : sa maîtresse, Cosima von Bülow, est l'épouse de son chef d'orchestre et a poussé le compositeur à ce comportement jugé ingrat et scandaleux. Louis II a agi en roi mais il en est très malheureux. Sophie-Charlotte et Louis II se connaissent depuis l'enfance. Il a vingt et un ans et on ne lui connaît pas de liaison féminine. En dehors de sa mère, il n'y a aucune femme dans son entourage. Un jour, au palais de la Residenz, à Munich, Sophie se met au piano et joue une mélodie de Wagner avec un certain talent. Louis II est immédiatement séduit. Quelle heureuse surprise ! Cette jeune cousine apprécie autant Wagner que lui et le voilà sous le charme.

Sophie-Charlotte a aussi l'avantage d'être la sœur de Sissi, à laquelle Louis II voue une admiration sans bornes et qu'il est déséspéré de ne plus voir assez souvent à cause de ses engagements d'impératrice d'Autriche. Pour compenser ce manque affectif, ces deux cousins qui se ressemblent s'écrivent beaucoup. Comme ils sont deux grands romantiques, ils déposent leurs lettres dans un petit pavillon de l'île des Roses, sur le lac de Starnberg. C'est leur secret. Pour Louis II, Sophie-Charlotte devient une sorte de « double » de Sissi qui, de plus, serait une wagnérienne accomplie. Le roi a alors cette réflexion : « À supposer que je puisse m'entendre avec une femme, je ne saurais mieux faire que de choisir une sœur de l'admirable impératrice. » Ils se voient beaucoup. Ludovica, la mère de Sophie-Charlotte, s'en inquiète ; cette fixation bizarre du roi n'est pas saine... Il n'y a aucune demande en mariage, seulement des suppositions ou des apparences. Le 10 janvier 1867, Louis II écrit une longue lettre de rupture à Sophie-Charlotte alors qu'il n'y a rien entre eux – pas même un baiser –, sinon la passion wagnérienne ! Lorsque Sophie-Charlotte a tenté d'embrasser son cousin, il en a été horrifié ! On conçoit que Sophie-Charlotte soit interloquée. Est-il amoureux ? A-t-il peur ? De qui ? De quoi ? Le 22 janvier, un grand bal est donné à la Residenz et le roi ne danse qu'avec Sophie-Charlotte. À quoi est dû cet étonnant revirement ? Le roi vient d'apprendre que deux de ses proches, son aide de camp, le prince Paul de Tour et Taxis, et son grand écuyer, le comte Holnstein, vont se marier. Louis II va donc en faire autant. Le lendemain, à six heures du matin, il fait irruption dans la chambre de sa mère, la reine Marie, pour lui annoncer qu'il va épouser Sophie-Charlotte. Puis, Louis II se précipite chez le duc Max, le père de Sophie-Charlotte. En ce petit matin d'hiver, la maison dort encore ! Le roi insiste pour demander au duc Max la main de sa fille. On réveille Sophie-Charlotte pour recueillir son assentiment. Bouleversée, en larmes, elle accepte. Le soir même, les fiancés font leur première apparition officielle à l'Opéra de Munich. L'annonce des fiançailles est bien accueillie en Bavière. Désormais, pour Louis II, Sophie-Charlotte est malheureusement devenue « Elsa », une héroïne de Wagner ! Lui-même signe ses lettres : « Votre fidèle Heinrich, qui vous aime. » Le roi imagine son mariage comme un opéra. Une union seulement scénique et lyrique, sans pulsion physique ! La transposition wagnérienne de leur idylle est très inquiétante. Mais qu'importe, Sophie-Charlotte se dit heureuse... Le roi se lance alors avec frénésie dans les préparatifs du mariage. Il fait aménager un appartement somptueux pour Sophie-Charlotte à la Residenz et construire un carrosse magnifique, hors de prix (1 million de guldens). Il le fait circuler dans Munich pour les répétitions de la cérémonie. Le passage fréquent de ce carrosse vide prouve que Louis II met en scène ses noces, comme un spectacle. Il choisit la couronne que portera Sophie-Charlotte, la fera transformer car elle est trop grande et trop lourde. La monnaie du royaume frappe une médaille réunissant les deux profils avec les mentions latines *« Ludovic Rex »* et *« Sophia Carlotta uxor »*. Habilement, la future reine de Bavière prépare un petit complot en mars 1867 : elle fait revenir secrètement Wagner à Munich pour lui être présentée sans cérémonie officielle, car le compositeur est toujours interdit de séjour à Munich par le gouvernement. L'entrevue se passera donc clandestinement chez

Louis, le frère de Sophie-Charlotte, et son épouse Henriette. Le 15 mars, à dix heures trente, Sophie-Charlotte et Richard Wagner se rencontrent. Le musicien est enthousiasmé par Sophie-Charlotte et il écrit au roi : « Si je n'ai vécu jusqu'à présent que pour vous, je vivrai désormais aussi pour elle, qui ne vit que pour vous. » Le roi est enchanté que Wagner apprécie sa fiancée, mais il est tellement occupé par la mise en scène de son mariage qu'il n'a pas le temps de voir sa fiancée !

Deux événements vont aggraver l'impression d'étrangeté de ces fiançailles.

Le 14 mai 1867, le roi, qui réside dans son château de Berg, au bord du lac de Starnberg et face à Possenhofen, décide de se promener à cheval. Son écuyer étant malade, il est remplacé par un beau jeune homme blond et athlétique. Celui-ci se nomme Richard Hornig. En le voyant, Louis II est tellement bouleversé qu'il ne va pas à Possenhofen. Richard Hornig devient l'écuyer du roi et, à la fin du mois, il l'accompagne dans un voyage en Thuringe. Sophie-Charlotte voit de moins en moins son fiancé, mais elle aussi, de son côté, a eu un coup de cœur. Dans l'atelier du célèbre photographe munichois chargé des photos officielles de ses fiançailles, elle a rencontré le fils du photographe. Il se nomme Edgar Hanfstaengl. Il semble que les deux jeunes gens aient eu un coup de foudre réciproque. Ils se retrouvent souvent. La propriété des Hanfstaengl est proche de Possenhofen. Il faut, bien sûr, la complicité de la dame d'honneur de Sophie-Charlotte. Mais apparemment, cela ne pose aucun problème insurmontable. Une correspondance très énamourée témoigne du coup de cœur de Sophie-Charlotte cet été-là. Bien des années plus tard, elle prouvera encore que lorsqu'elle a un coup de cœur, rien ne l'arrête...

Cet été, elle revoit quand même son étrange fiancé. Le roi la retrouve pour accueillir, le 18 août, en gare de Munich, l'empereur Napoléon III et l'impératrice Eugénie, en route pour Gastein. Peu après, Louis II, après avoir retrouvé Sissi à Bad Ischl, ne cesse de voyager : au mois de juillet, il a déjà fait un long séjour à Paris avec son écuyer Richard Hornig. Il a visité Versailles et Pierrefonds et en a subi de tels chocs qu'il ne tardera pas à se lancer, lui aussi, dans la construction de grands châteaux.

Les parents de Sophie-Charlotte commencent à s'inquiéter. Le mariage, qui devait, initialement, être célébré le 25 août, pour l'anniversaire du roi, a été repoussé en novembre. Il est à nouveau repoussé au mois de décembre. Max et Ludovica, exaspérés, exigent que le mariage ait lieu au plus tard fin novembre. Pour le roi, c'est un ultimatum ! Il le prend très mal. Le 7 octobre, il écrit à Sophie-Charlotte une lettre de rupture, en précisant que s'il rompt, ce n'est pas parce qu'il ne l'aime pas, c'est parce que ses parents l'ont humilié ! Mais de toute façon, il a bien réfléchi : l'amour qu'il éprouve pour elle est fraternel et « ce n'est pas là la forme indispensable à une union matrimoniale ». En effet ! Il ajoute cette attention, plutôt surprenante : « Si dans un délai d'un an vous n'avez pas trouvé quelqu'un qui puisse faire votre bonheur, et s'il en était de même pour moi, nous pourrions alors nous unir à jamais, si, bien entendu, vous en aviez encore le désir. » C'est pathétique ! Les prétextes invoqués par Louis II sont faux. En réalité, le roi a compris son homosexualité, et sa passion pour Richard Hornig est incompatible avec son mariage avec Sophie-Charlotte. Dans son journal intime, il écrira : « Sophie est écartée. La sombre image s'efface. J'avais besoin de liberté, j'avais soif de liberté, il fallait que je puisse me réveiller de cet horrible cauchemar. » Le cauchemar était, sans doute, un corps féminin... La rupture est désormais officielle. La Bavière est déçue, mais Sophie-Charlotte accueille la nouvelle avec calme. En revanche, à Vienne, Sissi et François-Joseph sont très en colère. L'impératrice, furieuse, écrit à sa mère : « Mon indignation est à son comble comme celle de l'empereur. Il n'est pas d'expression pour qualifier pareille conduite. Je ne comprends même pas que Louis ose encore, après ce qui s'est passé, se faire voir à Munich ! »

Sophie-Charlotte, sans doute vexée et on la comprend, ne sera donc pas reine de Bavière. Peut-être est-elle aussi soulagée d'avoir échappé à un époux aussi compliqué et imprévisible ? Mais il y a encore ce jeune photographe dans sa vie. Elle lui écrit ce qui doit être le fond de sa pensée : « Je voudrais que tout le monde oublie ce que la fiancée d'un roi de Bavière a vécu. » Ce n'est pas Louis II qui n'ose plus se montrer à Munich, c'est elle ! Elle a tort car les Munichois ont de la compassion pour elle. Pour les parents de Sophie-Charlotte, c'est autre chose. Ils se sentent plus outragés et plus humiliés que leur fille ! On envoie Sophie-Charlotte à Dresde, chez sa tante Amélie, reine de Saxe. Ses cousins saxons l'accueillent avec beaucoup de tendresse et de gentillesse.

La cour de Saxe est brillante et cultivée, on aime beaucoup la musique à Dresde et Sophie-Charlotte en est comblée.

Au début de l'année 1868, Louis Ier de Bavière, grand-père de Louis II et frère de Ludovica, meurt à Nice. Les obsèques ont lieu à Munich, dans le froid hiver bavarois, en pleine tempête de neige. Au fur et à mesure que la rupture des fiançailles s'éloigne, Ludovica cherche fébrilement un époux pour sa fille. Après un tel affront, il faut absolument que Sophie-Charlotte soit mariée avant un an. On envisage Charles de Hohenzollern, qui vient d'être nommé prince de Roumanie. Ludovica juge le pays peu rassurant pour sa fille car encore trop dépendant de l'Empire ottoman. Elle écrit à sa sœur, l'archiduchesse Sophie, la mère de François-Joseph : « J'aurais plutôt pensé au jeune Alençon que j'ai vu l'été dernier avec son père. Qu'en penses-tu ? Je n'en ai pas parlé à Max car les Nemours [le père du duc d'Alençon est le duc de Nemours] ne m'ont pas donné la moindre indication à ce sujet. Mais tu comprends que je voudrais savoir Sophie bien et heureusement pourvue. »

En effet, au printemps précédent, le duc de Nemours, deuxième fils du roi Louis-Philippe, veuf depuis 1857 de Victoire de Saxe-Cobourg-Gotha, avait fait un voyage avec deux de ses enfants, Ferdinand, le duc d'Alençon, et Marguerite. Ils étaient allés rendre visite à Vienne à sa sœur Clémentine de Saxe-Cobourg-Gotha. Pour mémoire, elle était un personnage très influent. Cette fille de Louis-Philippe était surnommée par sa famille « Clémentine de Médicis » !

C'était une femme de tête ; elle le prouvera en faisant de son dernier fils, Ferdinand, le premier souverain de Bulgarie.

Puis, avec ses enfants, Nemours s'était rendu à Budapest pour le fastueux couronnement de François-Joseph et Sissi comme roi et reine de Hongrie. Ensuite, ils s'étaient installés début juillet à Munich et c'est là que Ludovica les avait rencontrés. Après un dîner de famille au pavillon d'Amalienburg, dans le parc de Nymphenburg, Ludovica les avait invités à Possenhofen. Ils avaient accepté l'invitation et c'est ainsi que Sophie-Charlotte rencontra pour la première fois le duc d'Alençon.

Ludovica va parler de ce projet de fiançailles à Clémentine de Saxe-Cobourg, entre autres choses experte marieuse... Cela tombe bien, car justement le duc de Nemours, père du duc d'Alençon, voudrait bien marier sa fille Marguerite au frère aîné de Sophie-Charlotte, Charles-Théodore, l'héritier depuis que son frère Louis a renoncé à ses droits pour épouser la comédienne Henriette Mendel. Charles-Théodore est veuf depuis un an. Son épouse, Sophie de Saxe, est morte après avoir mis au monde une petite fille, leur premier enfant. *A priori*, Charles-Théodore n'est pas intéressé. Il pleure sa femme tant aimée et vient de commencer des études de médecine. Il deviendra un ophtalmologue réputé.

La situation est favorable de part et d'autre. Il ne reste plus qu'à faire se rencontrer les deux jeunes gens. Cela se fera à Dresde, chez la reine Marie, tante de Sophie-Charlotte. Mais qui est le duc d'Alençon ? Prénommé Ferdinand, le nouveau fiancé envisagé pour Sophie-Charlotte est né à Neuilly en

1844. Il est le deuxième fils du duc de Nemours et de son épouse Victoire de Saxe-Cobourg-Gotha. Le jeune prince n'a pas profité très longtemps de la vie délicieuse des petits-enfants du roi des Français à Neuilly. Son grand-père, Louis-Philippe, a été chassé du trône en 1848 et toute la famille s'est installée en Angleterre, dans le Surrey, au château de Claremont généreusement mis à sa disposition par la reine Victoria. La vie à Claremont était très simple. Le roi et la reine Marie-Amélie y vivaient avec trois de leurs fils, Nemours, Joinville, Aumale, et leurs familles. Louis-Philippe y était mort en 1850. Le duc d'Aumale avait quitté Claremont pour se fixer à Twickenham en 1852, Joinville fit de même en 1866. Seul le duc de Nemours restait près de sa mère. Il était veuf depuis 1857. Son épouse Victoire était décédée après avoir mis au monde une dernière fille, Blanche. Alençon a donc perdu sa mère alors qu'il avait treize ans. Désespéré, son père ne se remariera pas. C'est désormais la reine Marie-Amélie, leur grand-mère, qui tente de remplacer la disparue auprès des enfants du duc de Nemours. Ferdinand d'Orléans, duc d'Alençon, poursuit ses études à la High School d'Édimbourg. Il entre ensuite au collège d'artillerie de Ségovie, en Espagne, comme son frère aîné, lequel épousera la princesse héritière du Brésil et vivra dans ce pays.

Le duc d'Alençon est promu lieutenant en 1865. En 1866, alors qu'il sert en Espagne, il est envoyé aux Philippines pour combattre une révolte. C'est à Manille qu'il apprendra le décès de sa grand-mère Marie-Amélie. Le gouvernement britannique ayant demandé la restitution du château de Claremont, la reine Victoria met à la disposition du duc de Nemours une résidence nommée Bushy House, à côté de Hampton Court. C'est là, en avril 1867, que Ferdinand d'Alençon retrouve son père et ses deux sœurs, Marguerite, vingt et un ans, que son père espère marier à Charles-Théodore, frère de Sophie-Charlotte, et Blanche, âgée de neuf ans. À l'été suivant, ils ont fait le voyage du couronnement à Budapest et ont été reçus, pour la première fois, à Possenhofen.

C'est donc à Dresde, en juin 1868, chez la reine Marie de Saxe, tante de Sophie-Charlotte, que la rencontre des futurs fiancés est organisée. Ils y passent une semaine, se parlent, se plaisent. Ferdinand demande la main de Sophie-Charlotte : ils sont officiellement fiancés. Sophie-Charlotte est très heureuse. Elle écrit une lettre protocolaire à son futur beau-père, le duc de Nemours. Les noces sont fixées au 14 septembre, à Possenhofen. Une seule inquiétude : la santé du duc de Nemours, qui souffre de ses genoux et peine à se déplacer. Il faudra repousser le mariage de quinze jours en raison de son état. Évidemment, la présence du roi Louis II n'est pas souhaitée ! Le 29 septembre, pour ce mariage assez simple, il y a, naturellement, quelques Wittelsbach : deux sœurs de Sophie-Charlotte viennent, Hélène de Tour et Taxis et la comtesse Trani et son mari. Ni Sissi ni Marie ne sont là. En revanche, il y a une petite délégation Orléans, les plus importants, les cousins germains du marié, le comte de Paris, l'héritier, et son frère, le duc de Chartres. C'est plus une fête de famille qu'un grand mariage princier. Les époux sont beaux et charmants. Sophie-Charlotte rayonne.

Charles-Théodore, frère de la mariée, est là, mais il ne semble absolument pas s'intéresser à Marguerite d'Orléans. Les souhaits du duc de Nemours de l'avoir pour gendre ne seront pas exaucés !

Le jeune couple reste quelques jours à Possenhofen avant de prendre le chemin de l'Angleterre. Avec son mari, son beau-père et ses deux belles-sœurs, Sophie-Charlotte s'installe à Bushy House. C'est une grande et belle maison, entourée d'un parc magnifique. Dès son arrivée, Sophie-Charlotte constate que l'unique maître de maison est son beau-père, le duc de Nemours. Il a tout fait pour que l'appartement des mariés soit accueillant et joliment décoré. Il a tout choisi : tissus, meubles, objets. Sa belle-fille est ravie, reconnaissante qu'il se soit donné tant de mal pour eux. Elle s'entend, finalement, plutôt bien avec lui et le respecte. Sa belle-sœur, Marguerite, est charmante, pas du tout vexée de n'avoir pas séduit Charles-Théodore ! Blanche, la seconde belle-sœur, qui a onze ans, est plus difficile car elle souffre d'un genou et marche difficilement, ce qui affecte son humeur. On se voit beaucoup avec les oncles, les cousins. Il ne faut pas oublier que les Orléans sont alors une famille en exil. Il est normal que dans cette situation difficile – et quelque peu humiliante – ses membres resserrent leurs liens. La reine Victoria les convie à Windsor. Chaque semaine, on se rend à Londres pour faire des courses, aller au théâtre, à l'opéra, et on a même la possibilité d'y passer la nuit : le généreux duc d'Aumale, le plus fortuné des fils de Louis-Philippe, qui a hérité des Condé, met à leur disposition sa résidence londonienne.

Certes, cette vie campagnarde peut sembler monotone, mais elle ne déplaît pas à Sophie-Charlotte. Elle aime la nature, elle a été élevée ainsi ; elle écrit beaucoup mais, surtout, elle est amoureuse de son mari. Très vite, elle est enceinte. Le 9 juillet 1869, elle accouche d'une petite Louise ; ce prénom est un hommage à sa grand-mère, la duchesse Ludovica. Sophie-Charlotte est très fatiguée par cette naissance. Malgré un séjour au bord de la mer, près de Brighton, elle ne se remet pas bien et tousse beaucoup. Son état ne s'améliore pas. Elle doit aller au soleil. Le duc d'Aumale met à sa disposition son palais de Palerme. Le 13 décembre 1869, le couple et l'enfant traversent la Manche, arrivent à Munich le 19. Le médecin de la Cour donne son avis : il faut à la duchesse du repos, du soleil et du lait d'ânesse... Ce séjour permet à Sophie-Charlotte de retrouver sa famille, en particulier ses frères.

Passant par Rome, ils séjournent au palais Farnèse, chez la sœur de Sophie-Charlotte, Marie, qui vient d'accoucher d'une fille. Elle retrouve aussi sa sœur Mathilde, comtesse Trani. Un bonheur pour les trois sœurs. Le duc et la duchesse d'Alençon et leur petite Louise atteignent Palerme en janvier 1870 et s'installent au palais Orléans. Une superbe résidence sicilienne, ocre, au cœur d'un parc de 40 hectares. Le duc d'Aumale a mis à leur disposition un landau à deux chevaux et une cuisinière. Le reste est à leur charge. Le climat sicilien a un effet bienfaisant sur la santé de Sophie-Charlotte. Ils résideront au palais Orléans jusqu'en avril, avant de gagner Rome puis la Bavière au mois de mai. Toute la famille s'est donné rendez-vous aux environs de Possenhofen, à Feldafing.

Les Alençon s'installent dans un petit cottage dominant le lac de Starnberg. Marie et son époux, le roi de Naples, ont une maison à côté. Mathilde et Sissi sont aussi arrivées. Tout ceci se passe au début de la guerre franco-prussienne. Ferdinand est très gêné de se trouver en Bavière, alliée malgré elle de la Prusse et qui se bat contre la France. Ferdinand, Sophie-Charlotte et leur fille partent alors pour Vienne.

François-Joseph et Sissi les y accueillent avec beaucoup de compréhension et de gentillesse. D'abord installé à Schönbrunn, le couple Alençon préfère passer l'hiver à Meran, en Haute-Autriche. Mais le duc de Nemours rappelle son fils auprès de lui en Angleterre. Il va y rester plusieurs mois. Lorsque Ferdinand revient à Meran au printemps 1871, n'ayant pas eu le droit de se battre dans les armées françaises, il trouve sa femme extrêmement tendue, nerveuse, déprimée d'avoir été seule. Le constat de Ferdinand est douloureux : Sophie-Charlotte est trop fragile pour supporter les épreuves. Toute contrariété l'atteint physiquement. Malgré cela, après leurs retrouvailles, Sophie-Charlotte tombe à nouveau enceinte. Elle ne veut en aucun cas retourner en Angleterre ; les Alençon repartent donc pour Vienne et s'y installent. Ils vont passer l'été à Schönbrunn. C'est là qu'ils apprennent que la loi française d'exil frappant les Orléans est abrogée le 17 juin 1871. Elle frappait les deux branches de la maison royale. Les Orléans vont donc pouvoir revenir en France. Ferdinand part aussitôt pour l'Angleterre afin d'envisager l'avenir avec son père et ses oncles. Il laisse Sophie-Charlotte aux bons soins de Sissi qui va l'emmener passer l'été à Bad Ischl. En septembre,

Ferdinand revient et installe sa famille à nouveau à Meran. Mais il va devoir la quitter bientôt car il a demandé sa réintégration dans l'armée française. Le 29 septembre, il est nommé capitaine au 12e régiment d'artillerie basé à Vincennes. Il repart donc aussitôt, mais Sophie-Charlotte est heureuse que la vie de son mari reprenne un sens. Néanmoins, elle accouchera seule, à Meran, le 18 janvier 1872, d'un garçon prénommé Emmanuel. Il sera titré duc de Vendôme. Ferdinand arrive deux jours après la naissance. Il faudra à Sophie-Charlotte quelques mois pour se remettre. Au printemps 1872, elle rejoint son époux à Paris avec ses deux enfants. Ils emménagent au 45, avenue de Marigny, dans une maison louée par Ferdinand. C'est à cette période que le rapprochement a lieu entre la branche aînée des Bourbons, représentée par le comte de Chambord, petit-fils de Charles X, et le duc d'Orléans, chef de la branche cadette et petit-fils de Louis-Philippe. À l'été 1873, malheureusement, le comte de Chambord, sollicité par Mac-Mahon, président monarchiste de la République, ne peut se résoudre à adopter le drapeau tricolore de Louis-Philippe. Il refuse d'abandonner le drapeau blanc qui était celui d'Henri IV. À cause de cette obstination, la restauration monarchique ne se fera pas...

Sophie-Charlotte a bien des points communs avec sa sœur Sissi. Elle ne supporte pas que son beau-père, Nemours, gère son existence, se mêle de sa vie quotidienne et de son entourage. Elle veut être libre de ses mouvements, considère qu'elle n'a pas à être accompagnée par une dame d'honneur chaque fois qu'elle sort. Elle en est très contrariée mais finit par obtenir un chaperon à sa convenance. Mlle de Saint-Aubin, qui avait été choisie par son beau-père, est donc remplacée par la baronne de Fernbach, laquelle était déjà auprès d'elle avant son mariage.

À cette époque, Sophie-Charlotte est en plein désarroi. Elle se réfugie dans la religion. Son mal-être est permanent. C'est, au fond, la première fois qu'elle est vraiment chez elle après avoir beaucoup déménagé. Elle tente de trouver un équilibre entre ses tortures morales, la religion, sa famille et la vie mondaine qu'elle est obligée de mener. Pour Ferdinand, la période n'est pas plus simple. En effet, le républicain Jules Ferry se méfie de la présence d'officiers descendant des familles ayant régné en France. Il décide, par décret, d'exclure de l'armée le duc d'Aumale, général de division en disponibilité, le duc de Chartres, colonel commandant le 10e régiment de chasseurs, et le duc d'Alençon, capitaine du 12e régiment d'artillerie. Ce dernier a pressenti que l'euphorie qui avait suivi leur retour en France ne durerait pas. Quelle sera la prochaine mesure ?

Le mois de juin 1886 est un mois de deuil pour Ferdinand et pour Sophie-Charlotte. Le 8 juin, le comte Trani, époux de Mathilde, se suicide en se tirant une balle dans la tête. Il était séparé de sa femme depuis plusieurs années. À peine est-il enterré qu'on apprend la mort, très mystérieuse, du roi Louis II de Bavière dans le lac de Starnberg, le 13 juin 1886. Un choc immense qui soulève de nombreuses interrogations. Pour couronner ces drames, une nouvelle loi d'exil est votée le 22 juin. Elle ne concerne que les chefs de maison, tant pour les Orléans que pour les Bonaparte. Seul le comte de Paris est concerné, les ducs de Nemours et d'Alençon peuvent rester en France, mais par solidarité, ils décident de quitter eux aussi leur sol natal. Ferdinand repart pour l'Angleterre tandis que Sophie-Charlotte reste en Bavière pour assister aux funérailles de celui qui avait été son éphémère et bizarre fiancé, le roi Louis II.

Le 29 juin, la duchesse d'Alençon est prise d'une violente fièvre. C'est la scarlatine. Ferdinand, rentré d'Angleterre, s'installe avec ses enfants à Possenhofen, chez Ludovica. Sophie-Charlotte est confinée dans sa villa. Sissi est terrorisée à l'idée que sa fille Marie-Valérie ou elle-même soient contaminées. Elle part aussitôt pour Bad Ischl. La maladie est longue. Le duc d'Alençon organise le transfert de son épouse, convalescente, à Bad Reichenhall car le médecin lui a recommandé une cure. Pendant ce temps, le duc accompagnera son fils qui sera pensionnaire en Angleterre. Sophie-Charlotte et sa fille séjournent à Tegernsee, puis, début novembre, les voici à Munich. La famille est donc coupée en deux. Théoriquement, elle devrait se réunir à Nice, au mois de mars 1887.

Mais tout à coup, Sophie-Charlotte cesse d'écrire. Le docteur Glaser, un gynécologue, prévient le duc d'Alençon que la duchesse souffre de troubles gynécologiques aigus et doit garder le lit. Elle ne pourra venir à Nice. La vraie raison est plus simple : Sophie-Charlotte a une liaison avec son médecin... Le secret sera bien gardé, mais pas pour tout le monde. Sissi l'apprendra et écrira un terrible poème, vengeur, à sa sœur. Extrait :

Envers ton bon mari,
Tu as renoncé à la fidélité,
Tu lui as percé le cœur,
Oui, tu as gravement péché.

Sissi est, bien entendu, parfaitement informée, certains membres de la famille aussi, dont son mari François-Joseph et son frère Charles-Théodore, médecin. Très curieusement, l'adultère n'entre pas en ligne de compte. Si Sophie-Charlotte a ce comportement « étrange et anormal », c'est qu'elle est malade et qu'il faut la soigner...

On doit mettre au crédit du duc d'Alençon une patience à l'égard de sa femme et une volonté de sauver leur mariage avec un dévouement sans limites. Sur les conseils de son frère Charles-Théodore, on confie Sophie-Charlotte à un célèbre aliéniste, Richard von Krafft-Ebing, qui possède une clinique sur les hauteurs de Graz, dans le sud de l'Autriche. Ce praticien est habitué à « traiter les femmes adultères ». Ferdinand conduit lui-même son épouse chez cet expert en train spécial. Selon le journal *Morning Post*, Sophie-Charlotte a été « gravement bouleversée par la mort du roi Louis II ». Il est précisé que « son état mental était devenu si alarmant que son frère, Charles-Théodore, lui-même médecin, avait conseillé à la famille de la soumettre à un traitement médical ». Ouf ! Pas de scandale ! Juste un petit dérangement mental. Après tout, l'adultère n'est qu'une sorte de maladie... Comment l'aliéniste de Graz « soigne-t-il » la duchesse d'Alençon ? On ne le sait pas. On peut dire qu'elle est, en somme, internée dans une sorte de clinique de luxe spécialisée. Ce dont on est à peu près sûr, c'est que Sophie-Charlotte a été prise d'une violente passion pour son médecin, lui-même marié et père de famille. Lorsque le duc d'Alençon est venu prendre son épouse en charge, les amants étaient sur le point de s'enfuir en Suisse.

Elle ne sortira de cette clinique de Graz qu'au début de l'hiver 1887. Pour Ferdinand, c'est son univers familial qui s'écroule. Désormais, Sophie-Charlotte sera sa préoccupation permanente. Il guettera chacun de ses mouvements d'humeur, sa fébrilité lorsque le courrier arrive. Il essaie de la rassurer, de la réconforter, mais ne peut s'empêcher en même temps de la surveiller. Se pose aussi la question des enfants. Celui qui en a sans doute le moins souffert est leur fils Emmanuel, âgé de seize ans à l'époque. Pensionnaire, il passera d'un collège anglais à un établissement autrichien. En revanche, celle qui a été en première ligne est certainement Louise, leur fille. Elle était à Munich avec sa mère et a été un témoin direct de ce qui s'est passé. Elle a été traumatisée par la violence de Sophie-Charlotte contre elle à cette période et, comme sa tante Sissi, elle écrira un terrible poème à ce sujet. Son père va l'installer en France, à l'institution du Sacré-Cœur. Sa tante, la reine Marie de Naples, la recevra beaucoup chez elle et tentera de la réconforter.

Quand le duc et la duchesse d'Alençon reprennent leur vie de couple après l'intermède de Graz, ils décident de s'installer à Vienne. Un des problèmes du couple Alençon est certainement leurs changements perpétuels de domiciles, de l'Angleterre à Paris, de Paris à la Bavière, puis à Vienne. Certes, ils ont de la famille partout, mais ces déménagements répétés n'ont sans doute pas aidé à stabiliser le caractère de Sophie-Charlotte.

Les voici à Vienne, pour Noël 1888. Ils sont à la Hofburg avec l'empereur, Sissi, Rodolphe et son épouse Stéphanie. Il y a aussi Marie-Valérie avec son fiancé, l'archiduc François-Salvator. Ce sera la dernière fois qu'ils verront l'archiduc héritier d'Autriche-Hongrie Rodolphe car, un mois plus tard, éclatera la tragédie de Mayerling.

Sophie-Charlotte, au-delà du chagrin, est très perturbée par la mort tragique de son neveu et par le désespoir de sa sœur Sissi. Les Alençon assisteront aux messes funéraires à la Hofburg, puis à l'église des Augustins, avant que la dépouille de Rodolphe ne gagne, accompagnée par son père, la crypte des Capucins.

À l'été suivant, en juillet 1890, le duc et la duchesse emménagent dans un château près d'Innsbruck qu'ils viennent d'acheter, Mentlberg. Enfin une résidence stable et qui leur appartient ! C'est là qu'ils vont fêter les fiançailles de leur fille Louise avec Alphonse de Bavière, un neveu du prince régent qui a succédé au pauvre Louis II. Encore un mariage entre parents... La noce a lieu au printemps suivant, le 15 avril 1891, au château de Nymphenburg. C'est juste après que Sophie-Charlotte va récidiver : elle a une « nouvelle crise ». À Mentlberg, chez elle, la duchesse est fébrile. Ferdinand, qui l'observe, redoute que cette crise ne soit violente. Apparemment, son épouse a choisi de revoir le docteur Glaser. Le duc fait prendre contact avec le médecin amant de Sophie-Charlotte. Le docteur Glaser s'engage à ne plus revoir cette patiente illustre. Le duc a une longue conversation avec Sophie-Charlotte. Elle commence par nier sa liaison, puis l'avoue et promet de ne plus recommencer. Cette fois, la duchesse échappera à la clinique. C'est son époux qui va la soigner, avec douceur et patience. Vivant en permanence dans l'angoisse d'une rechute, il devient le rempart de sa fragile épouse. Il le restera jusqu'au bout...

Le 24 janvier 1892, Ludovica, le pilier de la famille, s'éteint. À Munich, à ses obsèques, il manquera Hélène, morte en 1890, et Sissi, encore trop détruite par la mort de son fils pour accepter de se montrer. Désormais, la vie du duc et de la duchesse d'Alençon sera un peu plus stable. Ils reviennent à Paris où ils passent l'hiver et le printemps ; ils résident avenue de Friedland. L'été et l'automne, ils sont à Mentlberg. Enfin une existence plus équilibrée !

Le 10 février 1896, leur fils Emmanuel épouse la princesse Henriette de Belgique, fille du comte et de la comtesse de Flandre, frère et belle-sœur du roi des Belges Léopold II. Un mariage qui satisfait les deux familles. Le couple Alençon semble avoir retrouvé son équilibre. En avril 1897, l'impératrice et reine d'Autriche-Hongrie, Sissi, vient à Paris rendre visite à sa sœur avenue de Friedland. Elle se dit navrée de n'avoir pu assister au mariage de son neveu Emmanuel – les deux mariages belges des Habsbourg n'avaient pas laissé d'heureux souvenirs, Maximilien et Charlotte, puis Rodolphe et Stéphanie... Cependant, Sissi veut connaître sa nouvelle nièce, Henriette. Pourquoi est-elle venue à Paris ? Une intuition ? On sait qu'elle était un peu médium. Pendant les immenses difficultés du couple Alençon, Sissi avait toujours été présente pour s'occuper de sa sœur, mais elle ne lui avait pas pardonné sa liaison avec le docteur Glaser, écrivant, on l'a vu, des poèmes vengeurs à l'encontre de l'infidèle. Sans doute Sissi voulait-elle se réconcilier avec sa sœur et être en paix avec elle.

De son côté, Sophie-Charlotte a-t-elle eu des pressentiments ? En tout cas, elle vient de rédiger son testament, précisant qu'elle désirait être enterrée dans son habit de religieuse du Tiers-Ordre de la Pénitence et qu'on lui fasse des obsèques simples et sans fleurs. Elle avait aussi demandé qu'on écrive sur son cercueil :

Sophie-Charlotte
Duchesse d'Alençon
Née duchesse en Bavière
Sœur Marie-Madeleine du Tiers-Ordre de la Pénitence.

Si le duc d'Alençon décédait avant elle, elle indiquait : « Je veux être placée tout à côté de mon mari, l'ange gardien de ma vie. » Dans tous les désordres de son existence, Sophie-Charlotte avait toujours pu compter sur Ferdinand. Il avait sans cesse été là et ne lui avait jamais rien reproché. Ces dispositions étant connues, la duchesse d'Alençon était prête pour le dernier acte de sa vie.

Chaque année, elle tient un comptoir au Bazar de la Charité, au profit de l'œuvre du noviciat des Dominicains. Le président du Bazar de la Charité, le baron de Mackau, lui permet d'avoir un comptoir pendant les quatre premiers jours, toujours les plus rentables. Cette année-là, 1897, l'institution a vu plus grand que d'habitude. De la rue La Boétie, on l'a transféré au 15-17 de la rue Jean-Goujon, sur un immense terrain offert gracieusement par M. Heine. On a transporté un décor pittoresque, admiré à la récente exposition du théâtre au palais de l'Industrie. Le décor figurait une vieille rue de l'ancien Paris. Elle était longue de 80 mètres et large de 10. Elle comprenait des reproductions de vieilles maisons avec vingt-deux boutiques à la mode d'autrefois, munies d'enseignes naïves. Le décor était fait de bois blanc, de carton-pâte et de toiles peintes. La duchesse d'Alençon est là le premier jour, le lundi 3 mai. Tout se passe bien. Elle est contente de ses ventes. Le mardi 4 mai, après avoir déjeuné chez elle avec son mari, elle se rend au Bazar. Malgré son deuil – le duc de Nemours, son beau-père, est mort l'année précédente –, la duchesse est très élégante, comme toujours. Sa robe noire est garnie d'applications de satin blanc qui la rendent moins sévère. Sur la tête, elle porte une petite capote de paille noire, garnie de plumes de héron, noires elles aussi. Son comptoir, le n° 4, tout près des deux portes d'entrée, est très bien placé. De nombreux visiteurs s'empressent pour la saluer et faire des emplettes. Son mari vient la rejoindre à quinze heures trente. Le duc d'Alençon va de comptoir en comptoir, achète à sa femme un petit pot à lait puis s'éloigne d'elle. La grande attraction de cette année est le cinématographe, dans une salle improvisée. Brusquement, vers quatre heures cinq de l'après-midi, une langue de feu s'élève derrière les décors, au-dessus du cinématographe. Personne ne comprend ce qui se passe. On l'a su après : en raison du succès des projections, l'employé n'a pas laissé l'appareil refroidir suffisamment entre deux séances.

La pellicule s'est enflammée au contact de la lampe beaucoup trop chaude.

Les flammes ont rapidement atteint le décor, lui-même hautement inflammable. Le duc d'Alençon, qui était à l'intérieur, fera un récit terrifiant de la catastrophe. Il se trouvait alors au centre de la rue, entre l'entrée et le buffet. Il se précipite vers le comptoir de sa femme pour lui porter secours. Il n'a pas le temps de se retourner qu'un torrent humain le bouscule : tout le monde se précipite vers les portes. Les gens sont bloqués contre ces portes car elles ne s'ouvrent pas de l'intérieur. On estime qu'il y a environ six cents personnes à l'intérieur du Bazar.

Le duc est alors persuadé que son épouse, très près de la porte, a réussi à sortir. Il remarque quelques personnes qui vont en sens contraire, vers une petite porte ouverte sur le terrain vague. Il sera l'un des derniers à sortir par cette issue avant que tout ne s'embrase à l'intérieur. Des témoins qui étaient auprès de la duchesse d'Alençon quand l'incendie s'est déclaré disent qu'elle était très calme, qu'elle savait que tout était fini et qu'elle était résignée. Elle aurait dit : « Sortez mesdames, je sortirai la dernière ! »

Ferdinand, qui croyait sa femme hors de danger, commence à douter. Il ne s'aperçoit même pas qu'il est sérieusement brûlé à la tête. On l'assure que son épouse s'est réfugiée chez le duc de Chartres qui habite tout à côté. Mais c'est une fausse nouvelle. Alors, il s'effondre... La période qui suit l'incendie est insoutenable. Les secours doivent d'abord s'occuper des victimes, puis dégager, un par un, les corps carbonisés ou ce qu'il en reste. Beaucoup sont transportés au palais de l'Industrie. Il s'agit maintenant d'identifier les morts et de retrouver celui de la duchesse. C'est le dentiste de Sophie-Charlotte qui va identifier la mâchoire de la duchesse, au milieu d'une centaine de victimes.

Le 5 mai, le corps de Sophie-Charlotte est transporté vers un caveau de Saint-Philippe du Roule, sa paroisse. Puis, comme elle l'avait demandé, son corps est enveloppé par des dominicaines dans la robe de leur ordre, avant d'être placé dans un cercueil de chêne. Ses obsèques ont lieu le 14 mai, le temps pour le duc d'Alençon de se remettre de ses blessures. Les funérailles sont célébrées à Saint-Philippe du Roule. Tous les Orléans sont là, quelques têtes couronnées, des ambassadeurs, un Tout-Paris traumatisé.

Cette horrible fin va élever Sophie-Charlotte au rang de mythe. Aujourd'hui, la duchesse d'Alençon repose à Dreux, dans la nécropole des Orléans. La sculpture de marbre de son catafalque, d'allure très médiévale, la représente sagement allongée, drapée dans un manteau semé de fleurs de lys. Le sculpteur est Charles Walhain. Mais au musée royal de Dreux, on peut voir depuis peu un autre monument prévu pour la duchesse mais qui n'a pas été accepté, jugé sans doute trop violent par la famille. Il est dû à Louis-Ernest Barrias. L'historien de l'art Adrien Goetz estime qu'il s'agit d'un gisant « dramatisé » : « Une jeune femme est allongée. Ses mains s'unissent comme pour une prière, elle a la tête reversée, les pieds en dedans, mais elle est belle, comme un rêve de pierre. Elle repose sur des poutres effondrées.

Dans le marbre, on lit une épitaphe : un fragment d'inscription brisée "charité", l'enseigne du Bazar. »

Comme dans sa vie, Sophie-Charlotte est encore double, sage et apaisée dans la crypte, sublimement belle et torturée dans la sculpture refusée par la famille. Ferdinand a aimé les deux Sophie-Charlotte jusqu'au bout, il les a comprises et aidées. Elle a eu la chance d'avoir un époux admirable. Sophie-Charlotte est décédée à cinquante ans. Le duc d'Alençon ne la rejoindra qu'en 1910, treize ans plus tard.

9
François-Ferdinand et Sophie de Habsbourg : l'amour assassiné

Le 28 juin 1914, après deux jours de manœuvres militaires en Bosnie-Herzégovine, l'archiduc héritier d'Autriche-Hongrie, François-Ferdinand, et son épouse Sophie, duchesse de Hohenberg, doivent être reçus avec les honneurs dus à leur rang à l'hôtel de ville de Sarajevo par le maire et les autorités locales. Descendu de son train spécial, le couple prend place dans une voiture découverte. Le cortège impérial est composé de sept véhicules. Deux voitures précèdent celle du couple. Dans la première se trouvent le commandant de la place de Sarajevo et ses adjoints. Dans la deuxième, le maire bosniaque de la ville et le commissaire du gouvernement autrichien. À cette époque où l'automobile est encore rare, ces véhicules appartiennent au « corps impérial et royal volontaire des véhicules automobiles ». Ces voitures sont, en réalité, la propriété de particuliers qui les mettent gracieusement à la disposition de la Cour ou de l'armée. C'est la raison pour laquelle dans la troisième voiture, si à l'avant le chauffeur est avec un cocher de la Cour, à l'arrière, outre Sophie et François-Ferdinand, ont pris place le propriétaire de la voiture, le comte Harrach, en uniforme d'officier de réserve, et le gouverneur de Bosnie-Herzégovine, le général Potiorek.

Le convoi démarre à dix heures dix. Entre chaque voiture, il y a environ 30 mètres. Soudain, une bombe est lancée. Le terroriste ne savait pas dans quelle voiture se trouvait l'archiduc, il s'est renseigné juste avant de la lancer. La bombe ricoche sur la capote du véhicule. François-Ferdinand a le réflexe de la rejeter d'un revers de main. Quelques secondes plus tard, la bombe explose sous la quatrième voiture. Si l'attentat contre François-Ferdinand est manqué, il y a des blessés. Évidemment, la voiture de l'archiduc ne s'attarde pas. Elle fonce vers l'hôtel de ville. François-Ferdinand, d'un caractère plutôt éruptif, est fou de rage ! Il constate qu'aucune mesure de sécurité n'avait été prise le long du trajet. Le maire, qui le précède dans la deuxième voiture, ne s'est rendu compte de rien. Il a pensé que le bruit de l'explosion était une... salve d'honneur ! Pas de chance : à peine le maire a-t-il commencé son discours à l'hôtel de ville que François-Ferdinand lui fait part de sa stupéfaction et de son mécontentement. Puis il le prie de continuer son allocution. Dans sa réponse, l'archiduc s'exprime de la façon la plus aimable. Maintenant, il s'agit d'organiser le trajet du retour vers la gare.

Le commandant de la place de Sarajevo suggère de faire évacuer les rues par la troupe. Les soldats, qui ont participé aux manœuvres, ne sont pas loin, mais leur mise en place risque de prendre au moins une demi-journée et l'archiduc est pressé. Impossible, donc, on ne change rien...

François-Ferdinand et Sophie sortent à douze heures quarante-cinq de l'hôtel de ville. Il existe des photos de cet instant. Comme toutes les festivités organisées ont été annulées en raison de l'attentat, on modifie simplement le trajet. Des ordres sont donnés pour le nouvel itinéraire mais, apparemment, on oublie de prévenir le chauffeur de la voiture de tête ! Dans la voiture du prince héritier, le comte Harrach, malgré les protestations de François-Ferdinand, reste sur le marchepied pour faire rempart de son corps. Il se tient du côté gauche, celui où avait été lancée la bombe. Potiorek est avec eux, comme à l'aller.

La voiture de tête tourne à droite, sans tenir compte du nouvel itinéraire ! Elle est suivie par la deuxième. Le gouverneur de Bosnie, Potiorek, se rend compte de l'erreur du chauffeur et ordonne de faire machine arrière. Le véhicule sera donc immobilisé quelques secondes, le temps de la manœuvre. C'est l'instant où un autre terroriste tire à bout portant sur les occupants de la voiture. Sophie est touchée la première. La seconde balle atteint François-Ferdinand. La duchesse de Hohenberg meurt pratiquement sur le coup. Son mari succombe pendant son transfert à l'hôpital. Ce sont les deux premières victimes de la guerre de 1914-1918, la « Grande Guerre » aux 10 millions de morts. Le couple tellement uni que formaient François-Ferdinand et Sophie allait fêter, trois jours plus tard, son quatorzième anniversaire de mariage.

François-Ferdinand n'était pas destiné à être le prince héritier de l'empire d'Autriche-Hongrie. Lorsqu'il naît le 18 décembre 1863, à Graz, dans le sud de l'Autriche, il n'est que le premier fils de l'archiduc Charles-Louis, deuxième frère de l'empereur François-Joseph après Maximilien. L'avenir de l'Empire est assuré : François-Joseph a un fils, l'archiduc Rodolphe, né en 1858. Il a sept ans de plus que François-Ferdinand. Sa mère, l'archiduchesse Maria Annunziata, est la deuxième épouse de Charles-Louis, la première, Marguerite de Saxe, était morte de phtisie avant d'avoir eu le temps de lui donner un héritier. Maria Annunziata est une Bourbon-Sicile, fille de Ferdinand II. Ils ont été détrônés lors de l'unification italienne. Aigrie, elle ne s'en est pas remise. Pour couronner le tout, elle est tuberculeuse. C'est la raison pour laquelle l'archiduchesse Sophie, sa belle-mère, leur a conseillé de s'installer à Graz, pensant que la vie viennoise était trop agitée et trépidante pour sa fragile belle-fille. On pense qu'elle ne se remettra pas de ses couches. Pourtant, elle réussira à donner encore trois enfants à son époux : Otto en 1865, Ferdinand-Charles en 1868 et la dernière, Marguerite, en 1870. Mais cette fois, Maria Annunziata n'y résiste pas : elle meurt l'année suivante.

Entre-temps, la famille sera revenue à Vienne, avant de s'installer au château d'Artstetten, face à la magnifique abbaye de Melk, sur l'autre rive du Danube. C'est là que décède Maria Annunziata. Charles-Louis est veuf avec quatre enfants mais ne va pas tarder à se remarier. En 1873, il épouse Marie-Thérèse de Bragance, fille du roi Miguel de

Portugal exilé en Bavière. Elle a dix-huit ans, elle est jolie, intelligente, a l'habitude des enfants étant la troisième d'une fratrie de sept enfants. Épouser un homme déjà père de quatre enfants ne lui fait pas peur, même si elle a vingt ans de moins que lui !

Le petit Otto, déjà rebelle à toute forme d'autorité, facétieux et imprévisible, va tout de suite adorer sa nouvelle belle-mère. François-Ferdinand, de nature introvertie et timide, va être le plus long à apprivoiser, mais elle y parviendra. Elle sera l'un des piliers de la vie de François-Ferdinand, sa confidente ; il l'appellera Mama. Grâce à Marie-Thérèse, Artstetten devient une maison chaleureuse. Certes, les enfants ont des précepteurs et un programme de travail assez soutenu, mais c'est une éducation normale dans les maisons souveraines.

Un événement étonnant survient dans la vie de François-Ferdinand : le 20 novembre 1875, il a douze ans. La famille apprend alors que le très riche François V d'Este, dernier duc régnant de Modène, vient de mourir à Vienne. N'ayant pas d'enfants, il a fait de François-Ferdinand son héritier unique, à trois conditions : que l'héritier accorde l'usufruit de 1 million de guldens à sa veuve, qu'il ajoute le nom et les armes d'Este à son propre nom, et qu'il consacre une partie de cette fortune à la reconquête de Modène. Les deux premières conditions sont faciles à remplir. François-Joseph accorde à son neveu le droit de s'appeler François-Ferdinand d'Autriche-Este. Il est le seul de la famille à porter ce titre. Quant à la troisième condition, l'Unité italienne l'a rendue caduque !

Ce petit archiduc de douze ans devient d'un seul coup le plus riche des Habsbourg. Il a des palais à Vienne, à Munich et à Venise, la villa d'Este, des banques en Bohême, une compagnie de navigation sur le Danube et une inestimable collection d'œuvres d'art. Pourquoi lui ? C'est l'impératrice Zita, beaucoup plus tard, qui donnera la clé : François d'Este en avait assez d'être sollicité sans arrêt par des candidats à sa succession et avait décidé de laisser sa fortune à l'un des enfants de Charles-Louis. Il avait d'abord choisi Otto, qui l'amusait beaucoup, et lui avait demandé, avant toute chose, d'apprendre l'italien. Otto était paresseux et avait refusé ! François-Ferdinand, lui, n'avait mis qu'un an à parler parfaitement l'italien. Il avait donc été choisi.

Sa belle-mère Marie-Thérèse se charge de l'éducation des enfants et remplace leurs précepteurs, qui étaient des militaires, peu attrayants, par un historien et un prêtre qui seront de remarquables pédagogues. Si Otto se montre toujours aussi rétif, François-Ferdinand reçoit une excellente formation. Il devient un fin connaisseur de l'histoire de la maison d'Autriche et de sa « mission civilisatrice ». Mais François-Ferdinand a aussi des loisirs, un surtout, la chasse. Dans les forêts d'Artstetten, il a tout appris grâce au garde-chasse de son père. Il a tiré son premier cerf à neuf ans. Pour lui, la chasse sera plus qu'une passion, presque une drogue : où qu'il aille, dans quelque coin du monde qu'il se trouve, il voudra d'abord chasser ! Il tient une comptabilité précise de tous ses trophées. Même François-Joseph, lui aussi grand chasseur, est dépassé par ce neveu.

Fin 1883, ses études achevées, il passe son examen final avec succès et commence sa carrière militaire. Au printemps 1884, il rejoint sa garnison à Enns, sur le Danube. Il est lieutenant au 4e régiment de dragons. Il se fait accorder énormément de permissions. On l'invite dans les châteaux environnants où, bien entendu, il chasse. Il revient souvent à Vienne pour de joyeuses soirées en compagnie de son cousin Rodolphe et de charmantes personnes peu farouches. Il s'est installé une garçonnière au palais Modena. Il a une maîtresse officielle, Mila Kugler, mais d'autres jeunes femmes peuvent aussi bénéficier de sa générosité. Il n'est pas le seul à avoir une vie agitée. Son frère Otto est bien pire ! On le rencontre totalement ivre et complètement nu dans les couloirs de l'hôtel Sacher, il y fait des paris idiots et de mauvais goût avec ses amis, par exemple faire du saut d'obstacle par-dessus le cercueil d'un convoi funéraire ! Pour tenter de le calmer, on le marie à Marie-Josèphe de Saxe, qui n'est pas une beauté. Un soir, il rentre avec quelques compagnons dans la chambre de sa femme, la tire de son lit et la déshabille devant eux pour leur montrer à quoi il est condamné !

François-Ferdinand, s'il est un bon vivant, ne se laisse jamais aller aux excès monstrueux de son frère. D'ailleurs, il va bientôt quitter Vienne. Le 25 octobre 1888, François-Joseph le nomme commandant du 102e régiment d'infanterie, à Prague. Les débuts sont difficiles. Son appartement du Hradschin (Hradčany en tchèque), le château qui domine Prague, est glacial et pas très gai. Il maîtrise mal le tchèque et c'est à Prague qu'il apprend, le 30 janvier 1889, la mort de son cousin Rodolphe à Mayerling.

Pour François-Ferdinand, c'est un séisme. Rodolphe n'était pas seulement son cousin, c'était son ami. Ils avaient toujours entretenu des rapports chaleureux, malgré les sept ans qui les séparaient. Les conditions de la mort de Rodolphe, incertaines, ont un effet épouvantable ; la monarchie austro-hongroise est frappée au cœur, mais surtout François-Ferdinand voit son statut changer. Il est l'héritier potentiel de l'Empire. Maximilien est mort à Querétaro, au Mexique, en 1867. Le successeur est donc le père de l'archiduc François-Ferdinand, l'archiduc Charles-Louis, mais personne ne pense sérieusement qu'il puisse monter sur le trône. François-Ferdinand devient donc l'archiduc héritier naturel, mais pas officiel. Le parcours qu'il va suivre sera désormais celui du successeur potentiel de François-Joseph. Il lui manque encore l'expérience hongroise. Pour y remédier, l'empereur le nomme, le 26 avril 1890, colonel commandant le 9e régiment de hussards à Ödenburg[1], une petite garnison. Son séjour va mal se passer. Il n'aime pas les Hongrois, les Hongrois ne l'aimeront pas.

Le bilinguisme de l'armée lui est insupportable. Il interdit donc l'usage du hongrois à tout son régiment. Ce n'est pas le meilleur moyen de se faire accepter ! Pendant cette période hongroise, il a quelques compensations. Ainsi, François-Joseph lui demande, en mai 1889, de l'accompagner à Stuttgart pour les vingt-cinq ans de règne de Charles Ier de Wurtemberg. Trois mois plus tard, en août, il accompagne encore l'empereur à Berlin pour y rencontrer

1 Aujourd'hui Sopron, en Hongrie, à 60 kilomètres de Vienne.

Guillaume II. En 1891, il est reçu, seul cette fois, par le tsar Alexandre III à Saint-Pétersbourg. Soirées de gala, chasse à l'ours, mais le rapprochement avec l'Autriche est difficile puisque au même moment Alexandre III négocie une alliance avec la France.

En 1892, François-Ferdinand tousse beaucoup. Il a de la fièvre. On lui recommande de quitter la Hongrie pour l'air plus sain des Alpes. En fait, il ressent les premiers symptômes de la tuberculose, mais il n'en tient pas compte, trop content de s'éloigner de la Hongrie. Il veut voyager. Il sait que le meilleur bateau de la marine autrichienne, le vapeur *Impératrice Élisabeth*, va entreprendre un tour du monde. L'archiduc veut absolument être à son bord. François-Joseph refuse. François-Ferdinand fera alors appel à sa belle-mère, Marie-Thérèse, afin qu'elle plaide sa cause auprès de Sissi. Cela va marcher ! L'empereur cède et François-Ferdinand part le 15 septembre 1892. Cette croisière dure dix mois. Elle le conduit en Égypte, à Ceylan, aux Indes, à Djakarta, en Australie, à Bornéo, à Singapour puis au Japon. Là, il quitte le navire pour un paquebot canadien, *L'Impératrice de Chine*, qui le conduira au Canada et aux États-Unis, qu'il traverse en partie en train. Il termine par New York où il s'embarque pour Le Havre, puis il passe par Paris avant de regagner Vienne, le 12 octobre 1893.

Inutile de dire qu'il a chassé partout et rapporté une montagne de trophées. Mais surtout, il a découvert le vaste monde et développé une certaine anglophobie alimentée par une grande jalousie à l'égard de la suprématie britannique sur toutes les mers du globe.

En août 1895, sa santé se détériore gravement. Il est très malade, frappé par la tuberculose. Il doit obligatoirement se reposer et changer son style de vie, ne plus voyager sans arrêt. Au Tyrol, il fait une cure dans un hôtel, puis il se repose sur une île de l'Adriatique, Lussin, dans une maison appartenant à son père. Sa santé s'améliore. Il décide alors de partir pour l'Égypte. Il s'embarque sur le Nil, y passe deux mois, entre Louxor et Assouan, ce qui lui fera le plus grand bien. Au printemps 1896, il va mieux. Son père, sa belle-mère et leurs deux filles, ses demi-sœurs, viennent le rejoindre avant de se rendre en Terre sainte. Ensuite, par petites étapes, François-Ferdinand reprend la direction de Vienne. Il est en Suisse lorsqu'il apprend la mort de son père, le 8 juillet 1896. Il est présent à ses funérailles. Désormais, François-Ferdinand est l'héritier du trône de la double monarchie, l'Autriche-Hongrie.

Il va mieux et décide de restaurer enfin un château qu'il avait acquis dans la forêt de Bohême en 1887, Konopiště. Un bâtiment gigantesque. Il dresse des plans d'embellissement, redessine le parc. Mais surtout, il y installe ses innombrables trophées de chasse. Les murs en sont couverts, mais pas seulement : il y en a même au plafond ! L'hiver suivant, ses médecins lui conseillent de se ménager et de séjourner sur les bords de la Méditerranée. Il ne peut pas rester en place ! On le verra à Ajaccio, à Alger, à Monte-Carlo…

Pendant ce temps, Vienne murmure. On assure que l'archiduc François-Ferdinand est malade et que, sans doute, il ne vivra pas longtemps. De toute façon, on ne l'aime pas car il a un caractère épouvantable.

En revanche, on a oublié toutes les frasques d'Otto et on trouve qu'il ferait un héritier bien plus agréable, plus aimable et surtout plus malléable.

François-Ferdinand n'ignore rien de ces rumeurs. Il doit faire un retour spectaculaire, c'est urgent ! Même François-Joseph se montre aimable à l'égard d'Otto et lui donne le palais Augarten, à deux pas de Schönbrunn, normalement réservé au prince héritier. François-Ferdinand est amer, déprimé, tout semble se lier contre lui. Mais avec sa phénoménale volonté, il va remonter la pente.

En mars 1897, il rejoint François-Joseph à Cannes pour préparer le voyage de l'empereur en Russie. Le 2 avril, à l'époux de la mythique Sissi, l'archiduc demande à être davantage associé aux affaires de l'État. L'empereur lui répond positivement : « Aussitôt que tu seras totalement rétabli, tu recevras, naturellement, tous les droits mais aussi les devoirs de ta position. »

En effet, en mai 1897, il est promu général de division. En juin, en qualité de prince héritier, il est présent à Londres, au jubilé de diamant de la reine Victoria. L'année suivante, le 29 mars 1898, un décret impérial le met à la disposition du commandant en chef comme inspecteur des forces armées de terre et de mer. Le même jour, l'empereur lui attribue le superbe palais du Belvédère comme résidence viennoise. Par la force de sa volonté, François-Ferdinand est enfin reconnu comme l'héritier du trône.

Un autre combat l'attend maintenant : imposer à tous la femme de sa vie, qu'il a rencontrée il y a déjà plusieurs années. Et la partie sera difficile.

C'est en 1894, alors qu'il commandait la 38e brigade d'infanterie à Budweis, à 140 kilomètres de Prague, que François-Ferdinand a fait la connaissance de la comtesse Sophie Chotek. Pour les uns, c'est lors d'un bal à la chancellerie de Bohême, où les valses se seraient succédé entre l'héritier du trône et la belle Tchèque. Pour d'autres, c'est au cours de chasses et de dîners avec les amis chasseurs de l'archiduc, notamment Iaroslav Thun dont l'un des fils a épousé Marie Chotek, la sœur aînée de Sophie. Ils ont eu de multiples occasions de se croiser. Sophie Chotek appartient à la vieille aristocratie de Bohême. Son père a été ambassadeur à Stuttgart, à Dresde, à Berlin, à Londres, mais c'est Bruxelles qui fut le moment fort de sa carrière puisque c'est lui qui avait été chargé de préparer diplomatiquement le mariage de la princesse Stéphanie de Belgique avec l'archiduc Rodolphe. Malheureusement, le comte Chotek, malgré une brillante carrière, est extrêmement désargenté. Il a eu sept enfants. Quatre sont tirés d'affaire, mais il a encore trois filles à charge et très peu de moyens. Sophie doit donc travailler. En 1888, âgée de vingt ans, elle est placée par son père comme dame d'honneur de l'épouse de l'archiduc Friedrich, l'archiduchesse Isabelle.

Celle-ci n'est pas peu fière d'avoir épousé l'un des plus beaux partis de l'Empire, le très fortuné héritier de l'archiduc Albert. L'archiduchesse a aussi un grave problème : elle a six filles à marier ! L'arrivée de François-Ferdinand à Budweis, près de leur résidence, est une aubaine. Sa fille aînée a dix-sept ans, elle se prénomme Marie-Christine et le but de son intrigante mère est de la marier à l'héritier du trône. Elle multiplie les invitations à François-Ferdinand.

Il aime le tennis ? On fait construire un court dans le parc de leur château. On organise des chasses. François-Ferdinand, un peu réticent au début, accepte maintenant toutes les invitations. Bien sûr, il n'est jamais question de la jeune Marie-Christine, mais elle est toujours là et l'archiduchesse Isabelle pense que c'est pour elle que l'héritier vient. Elle est loin de se douter que si François-Ferdinand vient si souvent chez elle, c'est pour les beaux yeux de sa dame d'honneur, la comtesse Chotek. C'est alors que la maladie de François-Ferdinand, en 1895, va mettre un terme momentané à ses visites. En réalité, il est déjà très attaché à Sophie. Et pendant ses errances, ils ne cessent de s'écrire. Parfois deux fois par jour ! Aussi bien à Bosen que dans l'île de Lussin ou en Égypte. Dans ses moments de désespoir, et il y en a eu beaucoup dans cette période, Sophie lui témoigne son affection. Sans être une beauté étourdissante, elle est jolie, douce, intelligente, cultivée, avec de superbes grands yeux noirs. Elle ne manque pas d'allure. Cette longue séparation et la correspondance avec François-Ferdinand prouvent, incontestablement, qu'il aime Sophie, mais que rien ne peut se passer tant qu'il est malade. En 1896, elle a déjà vingt-huit ans. On peut imaginer les tourments de Sophie qui voit le temps passer sans que rien ne se décide. Ils sont désormais amants, leurs rencontres sont clandestines, ce qui met du piment dans leur liaison. Il l'emmène en croisière sur l'Adriatique. En 1898, François-Ferdinand est guéri, conforté dans sa position d'héritier du trône, mais il ne se décide toujours pas à l'épouser. Il sait en effet que pour épouser Sophie – il le souhaite –, il va se heurter à l'empereur. Sa seule alliée potentielle est Sissi, avec sa liberté d'esprit et son mépris des conventions. Hélas, la si généreuse et fine impératrice est assassinée le 10 septembre 1898, à Genève. François-Joseph est dévasté. François-Ferdinand aussi, il a perdu une précieuse alliée potentielle. Heureusement, Cupidon ou le hasard va provoquer un redoutable incident qui fera basculer le destin de Sophie…

En 1899, François-Ferdinand continue de fréquenter la maison de l'archiduchesse Isabelle et son tennis. Un après-midi de mars 1899, après avoir disputé une partie avec l'archiduchesse Marie-Christine, il oublie au vestiaire de reprendre sa montre qu'il avait enlevée pour jouer plus confortablement. Un serviteur retrouve la montre et la remet à l'archiduchesse. À la chaîne de la montre est accroché un petit médaillon fermé. Indiscrète, l'archiduchesse suppose qu'il s'agit du portrait d'une de ses filles. Elle brûle de savoir laquelle ! Indélicatement, elle ouvre le médaillon et découvre avec horreur le portrait… de Sophie, sa dame d'honneur ! Un vrai coup de théâtre !

La colère de l'archiduchesse est à la mesure de sa déception. Que François-Ferdinand ait eu un petit faible pour Sophie Chotek, elle s'en était aperçue. Une faiblesse passagère avec quelqu'un d'insignifiant était sans dommage. Mais la présence de cette photo prouve que c'est bien plus grave qu'un rebondissement d'opérette ! Comment sa propre dame d'honneur, cette petite comtesse sans fortune, a-t-elle osé se laisser séduire par l'héritier du trône ? Et sous son propre toit ! François-Ferdinand ne manque pas de culot : il s'est moqué d'elle !

Elle commence par congédier sa dame d'honneur. On ignore comment les choses se sont passées mais cela n'a pas dû être agréable ! Sophie sait qu'un scandale va éclater. Elle se cache, trouvant refuge chez une de ses sœurs, dame d'honneur de l'archiduchesse Stéphanie, la veuve de Rodolphe. Quant à François-Ferdinand, le coupable, l'archiduchesse va se venger de lui : elle demande d'urgence une audience à l'empereur pour lui exposer la situation. François-Joseph prend l'incident avec calme : son neveu a une liaison avec une dame d'honneur, on en a vu d'autres chez les Habsbourg ! Néanmoins, il convoque le « coupable » le 15 mars 1899. L'empereur est effondré d'apprendre que son neveu et héritier veut épouser la comtesse Chotek. François-Joseph lui précise aussi qu'il pense que c'est presque impossible. François-Ferdinand ne retient de cette entrevue que le mot « presque ». C'est l'empereur qui va décider, car aucun membre de la dynastie ne peut se marier sans son accord. Il s'agit, manifestement, d'un mariage inégal. Or, il concerne l'héritier du trône. Le compromis austro-hongrois de 1867, qui a fait naître la double monarchie, donne un semblant d'ouverture : si la loi autrichienne interdit le mariage morganatique, la loi hongroise l'autorise, ce qui ne résout pas vraiment le problème ! Certes, il y a déjà eu des mariages morganatiques chez les Habsbourg, mais le cas ne s'était jamais présenté pour un futur souverain...

La nouvelle de la liaison de l'archiduc et de son désir d'épouser la comtesse Chotek se répand dans Vienne. Tous ceux qui le détestent et s'étaient réjouis de sa tuberculose, en espérant qu'elle soit mortelle, reviennent à la charge. François-Ferdinand ne peut même pas compter sur son frère Otto. Comme on l'a obligé à épouser la très laide princesse de Saxe, il ne peut supporter que son frère fasse un mariage d'amour ! À Vienne, on ne parle plus que de cette liaison. Pendant ce temps, rien n'avance du côté de la Hofburg.

En avril 1900, c'est-à-dire plus d'un an après la première audience à ce sujet avec François-Joseph, François-Ferdinand lui écrit une lettre essentielle :

> *Mon souhait d'épouser la comtesse n'est pas le fruit d'un caprice, mais est dicté par le plus profond des attachements, par des épreuves et des souffrances endurées pendant plusieurs années... Le mariage avec la comtesse est le moyen de faire de moi, pour tout le temps de la vie, ce que je peux et dois être : un homme fidèle à son devoir et heureux. Je ne peux consentir à un autre mariage et ne le ferai pas, car j'y répugne. Mon cœur appartient à la comtesse et lui appartiendra éternellement... Que Votre Majesté daigne m'autoriser à lui dire, une dernière fois, qu'Elle ne croie pas que mon mariage nuira à la monarchie.*

Le clergé, en la personne de l'aumônier de la jeunesse de François-Ferdinand, devenu évêque auxiliaire de Vienne, tente, sans succès, de convaincre François-Ferdinand de renoncer à ce mariage. Dépité, l'ecclésiastique tente de faire plier Sophie. La très catholique comtesse Chotek devrait renoncer à l'archiduc et entrer dans les ordres ! Sophie semble perturbée mais elle ne cédera pas. Le seul soutien que reçoivent les deux amoureux vient de l'aristocratie tchèque. Elle fait remarquer que Sophie appartient à la plus ancienne noblesse ; par ailleurs, le fait que l'archiduc héritier épouse une Tchèque permettrait à la Bohême d'être valorisée et encore plus attachée à l'Empire. Finalement, devant tant d'obstination de la part de son neveu, François-Joseph le convoque le 25 juin 1900 pour lui dire qu'il accepte ce mariage morganatique. Les conditions sont sévères : sa femme et ses enfants n'auront droit à aucun titre attaché à la maison d'Autriche. Ils devront renoncer à toute prétention sur les revenus du fonds familial des Habsbourg. À la fin de l'audience, François-Joseph dit à son héritier cette formule terrible : « Puissiez-vous n'avoir jamais à le regretter, monsieur mon neveu... »

François-Ferdinand est fou de joie ! Enfin, il va pouvoir faire de Sophie son épouse. François-Joseph lui a donné l'autorisation de se marier le 1er juillet, au château de Reichstadt. Mais auparavant, une cérémonie extrêmement pénible est imposée à François-Ferdinand. Le 28 juin 1900, à midi précis, à la Hofburg, en présence de toute la famille impériale, des chefs des gouvernements autrichien et hongrois, de leurs ministres des Affaires étrangères respectifs, du cardinal-archevêque de Vienne et du primat de Hongrie, l'archiduc écoute la lecture complète de l'acte de renonciation, par le ministre des Affaires étrangères autrichien.

L'archiduc s'avance alors vers une petite table à droite du trône sur laquelle est posé un crucifix d'argent, destiné à recevoir les serments des Habsbourg depuis des siècles. François-Ferdinand jure en posant sa main droite sur le crucifix de ne rien tenter pour révoquer la déclaration de ce jour. François-Ferdinand subit publiquement la pire humiliation de son existence

On comprend qu'après cette épreuve François-Ferdinand quitte Vienne au plus vite. Il rejoint le château de Reichstadt, dans le nord de la Bohême. Il appartenait à son père et sa belle-mère, l'archiduchesse Marie-Thérèse, y séjourne l'été. Elle a toujours soutenu son beau-fils dans sa détermination. Puisque François-Ferdinand n'a pas le droit de célébrer ses noces dans l'église des Augustins, à Vienne, la paroisse de la Cour où tous les mariages impériaux se déroulent traditionnellement, elle lui offre une cérémonie simple et familiale, dans une atmosphère chaleureuse.

Le 30 juin, l'archiduc, en grand uniforme de général de cavalerie, et Sophie, dans une simple robe de satin blanc et un léger voile de tulle, subissent une vexation supplémentaire. En dehors de la maîtresse de maison et de ses filles, aucun membre de la famille impériale n'est présent. C'est un ordre du terrible chambellan de la Cour. Le prétexte en est, après avoir beaucoup cherché, qu'en raison de la disparition d'une princesse Hohenzollern, un deuil de douze jours serait observé, empêchant tout membre de la famille impériale d'être présent à ce mariage. Ce chambellan n'est autre que le prince de Montenuovo, l'implacable maître de l'étiquette impériale. Bientôt, il va humilier Sophie avec une rare perversion pour bien mettre en évidence, à chacune de ses apparitions, qu'elle n'est pas un membre de la famille impériale. Seule concession faite par l'empereur lui-même : Sophie est désormais titrée princesse de Hohenberg, titre que porteront aussi leurs enfants à venir.

Après la messe, la seule référence à la maison de Habsbourg est qu'un orchestre joue l'hymne impérial. Puis, les jeunes mariés partent pour le château préféré de François-Ferdinand, l'étonnant Konopiště niché sur une colline dominant la forêt de Bohême.

Pour le marié, il était essentiel que le voyage de noces commence en Bohême, puisqu'il a épousé une Tchèque. L'heure est à l'amour triomphant, à l'intimité et à la paix, tout ce que le couple croyait impossible. Dans une lettre à sa belle-mère l'archiduchesse Marie-Thérèse, qui l'a toujours soutenu, il écrit : « Je suis en bonne santé et moins nerveux. Nous sommes tous les deux indiciblement heureux et ce bonheur, c'est à toi que nous le devons en tout premier lieu. Où serions-nous aujourd'hui si tu n'avais pas pris notre cause de manière si noble, si émouvante ?... Sophie est un trésor. J'ai inscrit au fond de moi-même cette certitude que tous deux nous serons indiciblement heureux jusqu'à la fin de nos jours. »

Ils ont mis plus de six ans à imposer leur mariage. Sophie a trente-deux ans, François-Ferdinand trente-sept. Il est temps pour eux de faire des enfants. Le ciel va les combler, trois enfants vont naître : Sophie en juin 1901, Maximilien en septembre 1902 et Ernst en mai 1904. En novembre 1908, la princesse accouchera d'une enfant mort-née. Toute nouvelle grossesse pourrait lui être fatale et ils en sont tous deux désespérés.

À Vienne, ils sont installés au palais du Belvédère, édifié par le prince Eugène avec un magnifique jardin. La vie de famille est essentielle pour le couple et très différente de celle des autres archiducs. François-Ferdinand adore ses enfants et passe le maximum de temps avec eux. Les repas familiaux sont la plupart du temps pris avec eux, mais c'est surtout quand ils se rendent à Konopiště que l'on peut, d'une façon tangible, constater la réelle proximité du couple avec sa progéniture. Dans ce château de Bohême, le rez-de-chaussée est consacré aux salles de réception. Une enfilade de grands salons, une immense salle à manger qui permet au prince héritier de recevoir des souverains et d'autres personnages importants. Le premier étage est consacré aux incroyables collections du duc d'Este, totalement éclectiques : beaucoup d'armures et d'exceptionnelles armes. Le deuxième étage est réservé à l'intimité familiale. On y accède par un ascenseur capitonné car à Konopiště les étages sont hauts. L'aménagement est simple et confortable, les chambres disposent de salles de bains. La chambre conjugale communique avec la salle de jeux des enfants, suivie par leurs propres chambres. Cette enfilade est très révélatrice de l'intimité qui règne entre parents et enfants. Pas de couloirs interminables et inquiétants, pas d'interdiction de déranger les parents. Il s'agit d'une famille fusionnelle, comme il en existait peu à l'époque, sauf, peut-être, chez le tsar Nicolas II, son épouse Alexandra et leurs cinq enfants, eux aussi attachés à la vie de famille avant tout. Cette rare intimité, François-Ferdinand et Sophie en ont bien besoin car lors des réceptions officielles on inflige au couple un traitement particulièrement humiliant.

Ainsi, lorsqu'ils se rendent à une manifestation officielle, quelle qu'elle soit, seul l'archiduc a droit au carrosse aux armes des Habsbourg. Sophie suit dans un carrosse ordinaire. Au théâtre comme à l'Opéra, elle n'a pas droit à la loge impériale. Son mari ne voulant pas sortir sans elle, ils feront de moins en moins d'apparitions dans des théâtres de la Cour. Lors des cérémonies officielles, Sophie est reléguée au dernier rang de la Cour. La princesse de Hohenberg passe après toutes les archiduchesses, même les petites-filles, derrière la grand-maîtresse de la Cour et toutes les princesses de l'Empire. Tous les ans, au bal de la Cour, François-Ferdinand a seul droit au grand escalier. Il entre dans la salle de bal, juste derrière l'empereur, suivi par le cortège des archiducs et des archiduchesses et passe devant les deux mille invités. Sophie accède à la salle par un autre escalier et traverse seule la salle, sous les regards apitoyés ou réjouis des invités. Elle n'a pas non plus droit à la table impériale et est reléguée à une table de moindre importance, présidée par une fille de l'archiduchesse Isabelle. On peut imaginer l'ambiance !

Même lorsqu'ils reçoivent au Belvédère, chez eux, le protocole s'acharne encore contre Sophie. En 1901, François-Ferdinand offre un grand dîner en l'honneur du Kronprinz d'Allemagne, le fils de Guillaume II. Étant chez lui, François-Ferdinand pense que son épouse peut présider le dîner avec lui, mais elle n'est pas jugée digne de s'asseoir à la table du prince héritier de l'Empire allemand. Plutôt que de jouer les utilités en bout de table, Sophie choisira de rester dans sa chambre.

On s'en doute, toutes ces mauvaises manières infligées à sa femme rendent François-Ferdinand irascible et de fort méchante humeur. Mais, peu à peu, un certain nombre de personnes réalisent combien

Sophie est importante pour l'héritier du trône et que chaque mot aimable, chaque attitude déférente ou chaque gentillesse à l'égard de son épouse comble son mari de bonheur et le rend tout à fait courtois. Un exemple : en 1903, Guillaume II vient à une chasse en Hongrie, chez l'archiduc Friedrich et l'archiduchesse Isabelle. Naturellement, pendant tout le séjour, celle-ci se répand en calomnies contre Sophie. Au retour de Hongrie, Guillaume II passe par Vienne. Dans le train, juste avant d'y arriver, il dit à son chancelier von Bülow : « Naturellement, je ne tiens aucun compte de la femme de François-Ferdinand. » Bülow l'exhorte à ne pas se comporter de cette façon. Guillaume II s'entête. Bülow, sachant que François-Ferdinand les attend sur le quai de la gare, lance : « Vous avez maintenant le choix de vous faire du futur empereur d'Autriche un ami pour toujours ou un ennemi acharné. »

En descendant du train, Guillaume II demande à François-Ferdinand : « Quand aurai-je le plaisir de faire la révérence à ton épouse ? » François-Ferdinand est aux anges...

Le 21 juillet 1905, François-Joseph améliore légèrement le statut de Sophie en lui accordant le titre d'Altesse Illustrissime. Désormais, elle passera directement après les archiduchesses ; mais il faudra attendre le 4 octobre 1909 pour que l'empereur s'adoucisse et fasse de Sophie la duchesse de Hohenberg. C'est une spectaculaire remontée dans la hiérarchie figée de la Cour. François-Joseph y ajoute quelques douceurs : la désormais duchesse peut participer aux cérémonies militaires, devenir marraine de régiment. Maintenant, la garde du Belvédère présentera les armes à son passage. Pourquoi un tel revirement après tant d'années ? Peut-être parce que la discrétion, le charme et la gentillesse de Sophie l'ont rendue populaire dans le cœur des Viennois. Le directeur musical des bals de la Cour lui a dédié une valse, puis quelques polkas et galops. Peut-être François-Joseph lui-même est-il conscient que Sophie est une parfaite épouse pour François-Ferdinand, une mère accomplie. Il pense aussi que lorsque l'héritier du trône le représente à l'étranger, ce qui est de plus en plus fréquent, il a besoin que son épouse soit à son côté.

Donc, à dater de 1909, Sophie va accompagner son époux dans ses voyages à l'étranger. Le premier les conduit en Roumanie, chez le roi Carol Ier et son épouse Élisabeth, de son nom de plume Carmen Sylva. Un traité secret existe depuis 1883, liant l'Autriche et la Roumanie. Carol fait partie de ces cadets de famille dont on a fait des monarques des anciens territoires de l'Empire ottoman. Carol Ier est un Hohenzollern-Sigmaringen, cousin de Guillaume II, et sa femme est une princesse allemande. François-Ferdinand et Sophie sont accueillis par le couple héritier de Roumanie, Ferdinand, neveu du souverain, et son épouse Marie, une petite-fille de la reine Victoria et du tsar Alexandre II. Puis, ils gagnent le château de Peleş, que le roi a construit au cœur des Carpates. Au dîner de gala, Sophie est placée à la droite du roi.

Tout se passe de façon chaleureuse et décontractée. Un vrai succès pour Sophie ! Nouvelle expérience à Berlin le 10 novembre 1909 : au dîner de gala à Potsdam, Sophie est placée à la droite de

Guillaume II. Un parcours sans faute pour elle : Sophie fait la conquête de tout le monde.

Il ne manque plus à François-Ferdinand que d'être reçu à Londres avec son épouse, une sorte de Graal plus difficile à obtenir !

En mai 1912, le couple se rend à Londres pour assister à une grande exposition de fleurs et de rosiers. L'archiduc est un grand amateur de jardins et il est particulièrement fier de sa roseraie à Konopiště. Il va donc sûrement en profiter pour faire quelques emplettes. Le couple loge au Ritz sous le nom de comte et comtesse d'Artstetten. Il s'agit d'un voyage privé, ils sont par conséquent invités à un déjeuner privé à Buckingham Palace par le roi George V et la reine Mary. Il leur faudra attendre 1913 pour atteindre ce fameux Graal : une visite officielle pour une chasse à Windsor ! Cela tombe bien pour François-Ferdinand, mais, hélas, son tableau de chasse ne sera pas à la hauteur de ses espérances ! Ni de sa réputation ! Tout se déroule bien. La reine Mary en témoigne : « L'archiduc est extrêmement aimable, il se réjouit de tout et est très sensible aux beautés du lieu... La duchesse est très agréable. Il est très facile de converser avec elle. Elle est pleine de tact, ce qui allège la situation. L'archiduc était à l'origine très antianglais, mais maintenant, c'est tout à fait différent, et c'est l'œuvre de Sophie. »

En septembre 1913, il est décidé que de grandes manœuvres auront lieu en Bosnie-Herzégovine au mois de juin 1914. Le gouverneur de Bosnie, le général Potiorek, se rend à Vienne pour préparer l'événement avec l'état-major. En tant qu'inspecteur général de l'armée, il est normal que

François-Ferdinand soit présent. Mais Potiorek est inquiet. François-Ferdinand n'est pas très aimé, notamment des Serbes orthodoxes de Bosnie. Il craint des manifestations hostiles. François-Ferdinand est courageux, cela ne lui fait pas peur. Mais plus le temps passe, plus il s'interroge sur la nécessité de sa présence. Comme Sophie doit l'accompagner, il est heureux d'être auprès d'elle et qu'elle soit enfin autorisée à recevoir les honneurs de l'armée. En même temps, il ne voudrait pas l'exposer à une atmosphère désagréable, voire hostile. L'archiduc est pessimiste. Comme le racontera plus tard l'impératrice Zita, en mai 1914, lors d'un dîner au Belvédère à quatre rassemblant François-Ferdinand, Sophie, Charles et Zita, François-Ferdinand avait pris à part son neveu Charles[2]. Il lui avait d'abord déclaré : « J'ai quelque chose à te dire. Je sais que je serai bientôt assassiné. » Puis, selon l'impératrice Zita, sous prétexte de lui présenter sa cave à cigares, François-Ferdinand l'avait entraîné dans son bureau, avait ouvert un secrétaire et lui avait confié : « Il y a là-dedans des papiers qui te concernent. Si cela arrive, ils seront à toi[3]. »

Les 12 et 13 juin, François-Ferdinand et Sophie reçoivent Guillaume II et son épouse Augusta à Konopiště. La roseraie explose de fleurs. Guillaume II est accompagné de l'amiral Tirpitz, ministre de la Marine, que François-Ferdinand souhaitait rencontrer.

2 L'archiduc Charles est le fils aîné d'Otto, décédé en 1906. Charles, neveu de François-Ferdinand, est donc son successeur potentiel.

3 Zita révélera que ces documents n'ont jamais été retrouvés. On peut penser qu'ils concernaient une éventuelle transformation de la double monarchie.

Entre le Kaiser et François-Ferdinand il est aussi question de la Triplice, alliance entre l'Allemagne, l'Autriche et l'Italie. Guillaume II souhaiterait la réactiver. François-Ferdinand n'est pas de cet avis. Il se méfie de Victor-Emmanuel III et de son expansionnisme colonial. Une fois Guillaume II parti, François-Ferdinand et Sophie envisagent leurs vacances d'été après les manœuvres en Bosnie-Herzégovine. Ils pourront alors, enfin, se consacrer à leurs enfants. Le 20 juin, la famille part pour Chlumetz, dans le sud de la Bohême, afin d'y préparer les coupes d'automne dans la forêt et les chasses. L'archiduc écrit à son cousin Louis-Salvator : « Je vais avec Sophie pour quelque temps en Bosnie. Après, mon fils Max a ses examens au lycée de Schotten. Ensuite, nous passerons le mois de juillet ici, et puis nous ferons un petit voyage à travers le Tyrol. »

Le 23 juin, François-Ferdinand et Sophie quittent leurs enfants qui restent à Chlumetz. Pour se rendre en Bosnie, François-Ferdinand et Sophie ne voyagent pas ensemble. Elle prendra un train qui, *via* Budapest, la conduira à Ilidža, au sud-ouest de Sarajevo, où ils se retrouveront avant les manœuvres. Quant à son mari, il quitte Vienne le 23 juin au soir, dans un train qui le dépose à Trieste. Après avoir passé la nuit à Miramare, l'archiduc embarque sur le *Viribus Unitis*, joyau de la marine autrichienne. Il descend le long de l'Adriatique jusqu'à la vallée de la Narenta. De là, François-Ferdinand monte à bord d'un petit yacht qui le conduit au terminus des lignes des chemins de fer bosniaques. Il prend alors un convoi jusqu'à Mostar, capitale de l'Herzégovine.

Tout se passe bien : il y est acclamé. Le lendemain, il monte dans un autre train pour Ilidža, où il retrouve Sophie, à l'hôtel Bosnia.

Dans l'après-midi du 25 juin, le couple se promène dans les rues de Sarajevo, à 10 kilomètres de leur hôtel. Le lendemain, les grandes manœuvres commencent. Elles vont durer jusqu'au 27 juin. Au soir du 27 juin, François-Ferdinand et Sophie donnent un grand dîner de gala à l'hôtel Bosnia en l'honneur des autorités locales ; les manœuvres sont terminées. Est-il vraiment nécessaire d'aller à Sarajevo le lendemain ? Pendant ces manœuvres, Sophie a visité toutes les communautés bosniaques, catholiques, orthodoxes et musulmanes – il y a une mosquée François-Joseph –, les écoles des trois confessions, un atelier de tissage de tapis, un orphelinat, bref elle a fait son devoir d'épouse de l'héritier du trône. François-Ferdinand a envie de rentrer au plus vite mais le général Potiorek n'est pas de cet avis. Il assure que les fidèles sujets de l'Empire seraient déçus s'il supprimait sa visite officielle. Le lendemain matin, après le petit déjeuner à l'hôtel Bosnia, le couple prend un train pour Sarajevo...

L'assassin a été arrêté. Il se nomme Princip. Il n'était pas seul. Le complot avait été minutieusement préparé depuis des mois en Serbie puis en Bosnie. Les assassins avaient été aidés par la divulgation, très à l'avance, du programme de la visite officielle et de l'itinéraire précis qui serait suivi.

Immédiatement prévenu, François-Joseph, qui se trouve à Bad Ischl, est accablé : après la mort de son frère Maximilien, de son fils Rodolphe, de son adorée Sissi et maintenant de son héritier, rien ne lui aura été épargné. Il dira simplement : « C'est effroyable... Les pauvres enfants... »

Le 29 juin, vers dix-sept heures, les corps de François-Ferdinand et Sophie sont transférés de Sarajevo à Vienne, d'abord par bateau, puis en train. La question se pose à Vienne : quelle sorte de funérailles doit-on organiser ? Ce ne seront pas de grandes funérailles mais une cérémonie familiale, en présence des ambassadeurs en poste à Vienne. Les cercueils arrivent à Vienne dans la nuit du 2 au 3 juillet, portés par des sous-officiers en grande tenue, éclairés par des torches ; les deux cercueils descendent le grand escalier de la Südbahnhof tendue de noir. Deux corbillards, attelés de six chevaux, attendent puis se dirigent vers la Hofburg. On pensait qu'il n'y aurait personne sur le trajet. C'est tout le contraire. Il y a foule sur le passage des deux corbillards. On place les cercueils dans la chapelle impériale, tendue de noir. Le chef du protocole, Montenuovo, va alors commettre sa dernière bassesse à l'encontre de la duchesse de Hohenberg : le cercueil de Sophie repose sur une estrade 20 centimètres plus basse que celle de son époux ! Devant le cercueil de François-Ferdinand, on a placé toutes ses décorations, à commencer par la Toison d'or. Devant celui de Sophie, un simple coussin avec la croix étoilée. Pas de couronne ducale. Et surtout, on a déposé une paire de gants blancs et un éventail, l'emblème des dames d'honneur... Une ultime mesquinerie au-delà de la mort.

La cérémonie, présidée par François-Joseph, commence à seize heures. Elle dure un quart d'heure. Les honneurs sont rendus. Une messe de requiem est prévue le lendemain. À dix heures du soir, les cercueils partent vers la gare de l'Ouest. Un train spécial les emporte jusqu'à Artstetten. Depuis longtemps, François-Ferdinand avait pris des dispositions pour ses funérailles. Puisque Sophie ne pouvait être inhumée dans la crypte des Capucins à Vienne et qu'il voulait être enterré à ses côtés, il avait fait construire une crypte à Artstetten, dans le sous-sol du château mais d'où on peut voir la forêt. Les travaux venaient d'être achevés, comme si l'héritier avait eu une prémonition. La traversée du Danube est houleuse car un orage s'est levé, le vent est violent, des éclairs déchirent le ciel. Les chevaux, les voitures et les cercueils manquent de basculer dans le fleuve mais arrivent finalement à bon port.

Une messe d'obsèques a lieu le lendemain matin. On a prévu une petite cérémonie intime autour du nouvel héritier, l'archiduc Charles, et son épouse Zita, l'archiduchesse Marie-Thérèse, la belle-mère tant aimée de François-Ferdinand, et bien sûr les enfants. En réalité, des centaines de personnes frustrées par la mesquinerie de la cérémonie à Vienne se sont déplacées par trains, bateaux et voitures pour être présents.

François-Ferdinand et Sophie reposent désormais côte à côte sous des dalles de marbre blanc très simples. La seule épitaphe qu'on puisse lire, formulée en latin, les définit : « Unis par le mariage, un même destin les unit. » Une belle épitaphe résumant la vie de ce couple qui avait tant lutté et surmonté tant d'obstacles pour construire son bonheur.

10
Charles et Zita : les derniers souverains d'un empire fracassé

C'est fini… Le 23 mars 1919, Charles de Habsbourg-Lorraine, qui n'est plus empereur depuis le 11 novembre précédent, et son épouse Zita vivent leur dernière journée en terre autrichienne, au château d'Eckartsau. Elle commence par une messe à dix heures, servie par leur fils aîné Otto, âgé de sept ans. À cinq heures de l'après-midi, les ultimes camions de bagages quittent le château. À dix-huit heures trente, Charles et Zita descendent le grand escalier, disent au revoir à leur personnel puis montent dans leur voiture. Ils ne sont pas seuls. Ils partent, évidemment, avec leurs enfants, la mère de Charles, l'archiduchesse Marie-Josèphe, et leur suite composée de quatre personnes et de neuf serviteurs. Le convoi n'a que 3 kilomètres à parcourir pour gagner la petite gare de Kopfstetten.

La nuit est tombée avec une pluie glacée. Deux mille personnes se sont quand même déplacées pour saluer le couple impérial. Quelques blessés de guerre se tiennent au garde-à-vous. Une fanfare joue en leur honneur, pour la dernière fois, l'hymne impérial.

Charles, Zita et ceux qui les accompagnent montent dans le train spécial qui les attend. Charles baisse la vitre de la voiture-salon, fait un geste d'adieu en disant : « Mes amis, au revoir... après sept cents ans... », tandis que le train démarre.

À l'aube du jour suivant, le 24 mars, le train impérial franchit la frontière suisse. À Buchs, sur le quai de la gare, un détachement militaire présente les armes. Mais sur ce quai de gare se trouve aussi un témoin, l'écrivain et biographe Stefan Zweig. Il raconte ce qu'il a vu et c'est un témoignage aussi exceptionnel que bouleversant :

« Je reconnus, derrière la glace du wagon, la haute stature dressée de l'empereur Charles, le dernier monarque Habsbourg, et son épouse en vêtements noirs, l'impératrice Zita. Je tressaillis : le dernier empereur d'Autriche, l'héritier de la dynastie qui avait gouverné le pays pendant sept cents ans, quittait son empire ! L'empereur ! Ce mot avait réuni toute la puissance, toute la richesse, il avait été le symbole de la pérennité de l'Autriche et, dès l'enfance, on avait appris à prononcer ces syllabes avec vénération. Et maintenant, je voyais son successeur, le dernier empereur d'Autriche, quitter le pays en proscrit. Tous ceux qui nous entouraient sentaient l'Histoire, l'Histoire universelle, dans ce spectacle tragique. »

Qu'était-il donc arrivé ? Il avait fallu une guerre impitoyable et interminable, des millions de morts, pour provoquer ce cataclysme, la chute de l'empire des Habsbourg. Qui aurait pu envisager une chose pareille dans ce bel été 1887, très exactement le 17 août, quand l'archiduchesse Marie-Josèphe, épouse de l'archiduc Otto de Habsbourg, mettait au monde son premier enfant, Charles, au château de Persenbeug qui domine le Danube, près de l'abbaye de Melk, à 80 kilomètres à l'ouest de Vienne ?

Charles est le petit-neveu de l'empereur François-Joseph, le petit-fils de son deuxième frère Charles-Louis, qui s'était marié trois fois. Il n'avait pas de descendant de son premier mariage. Sa deuxième épouse, une Bourbon-Sicile, lui avait donné quatre enfants, François-Ferdinand, l'aîné, en 1863, Otto, le père de Charles, en 1865, un autre fils et une autre fille. Leur mère était morte peu après. La troisième épouse de Charles-Louis, Marie-Thérèse de Bragance, avait élevé les quatre premiers enfants de son mari et lui avait donné deux autres filles. Si Charles naît au cœur de la famille Habsbourg, très proche du souverain, il faut dire tout de suite qu'il n'est pas né chez un couple heureux. Son père, Otto, est tout le contraire de son frère aîné François-Ferdinand. Autant celui-ci est sombre, souvent coléreux, autant Otto est facétieux, séducteur et paresseux. Dans sa jeunesse, bien qu'il soit blond, il est le « mouton noir » des Habsbourg, enchaînant scandale sur scandale. Ainsi, on le retrouve ivre, en tenue d'Adam, dans les couloirs de l'hôtel Sacher ! Il ne respecte rien, allant jusqu'à faire à cheval un saut d'obstacle au-dessus d'un cercueil dans un enterrement ! Une honte ! Pour tenter de le calmer, on le marie à la princesse Marie-Josèphe de Saxe. Malheureusement pour lui, elle est plutôt laide. Il la trompera copieusement mais lui donnera néanmoins deux fils, Charles en 1887, puis Maximilien en 1895.

Heureusement pour Charles, il a eu une mère, certes éprouvée par son mariage malheureux, mais dont son fils parlera toujours comme d'un modèle. En revanche, on ne l'entendra jamais dire un seul mot sur son père... Pendant son enfance, il se déplace beaucoup au gré des garnisons de son père. Tous les archiducs suivent un parcours obligé à travers toutes les composantes de l'Empire, d'abord à Brünn, en Moravie, puis à Prague, et surtout en Hongrie. Marie-Josèphe ne suivait pas toujours son mari dans ses affectations. Dans ces cas-là, elle vivait chez son beau-père et sa belle-mère, la délicieuse archiduchesse Marie-Thérèse, soit dans leur palais à Vienne, soit à Persenbeug, ou encore dans une maison que Charles-Louis avait fait construire à Reichenau, au sud de Vienne, la villa Wartholz. Charles aimera beaucoup cette région sur les contreforts des Alpes. Wartholz sera sa résidence préférée, dont il héritera à la mort de son père Otto.

Cette région est aussi très prisée des monarchies détrônées par les accidents de l'histoire : les Bourbon-Parme à Schwarzau et les Bourbons d'Espagne, héritiers du comte de Chambord, à Frohsdorf. Tout le monde se fréquente lors des vacances familiales.

Charles a pour précepteur un capitaine de cavalerie qui le traite rudement : réveils matinaux, douches froides, longues heures d'études. Malgré cette discipline imposée, il lui sera très attaché. Il a aussi un maître d'équitation. Dès son plus jeune âge, il apprend le français, l'italien, l'allemand, le hongrois, le tchèque et le serbo-croate, les langues de l'Empire.

À treize ans, il est au collège de Schotten, à Vienne, tenu par des Bénédictins. À seize ans, il est nommé sous-lieutenant des uhlans, et deux ans plus tard il commence son service militaire actif. Le 1er octobre 1905, il est incorporé au 7e régiment de dragons, stationné à Bilin, en Bohême. L'année suivante, le 1er novembre 1906, il apprend la mort de son père, Otto, emporté par la syphilis dans les bras de sa maîtresse. Après ses funérailles, Charles gagne Prague car il veut y poursuivre des études universitaires afin de compléter sa formation politique. Il s'installe au Hradschin, le château des rois de Bohême qui domine Prague. Cependant, compte tenu de son nouveau statut depuis le décès de son père – il est officiellement héritier en second après François-Ferdinand –, il n'ira pas à la faculté, c'est la faculté qui viendra à lui. Les professeurs de deux universités lui donneront des cours particuliers de droit, d'histoire, de science politique, d'économie et de finance. Un programme qui est étalé sur deux ans. En 1902, ses études achevées, il reprend sa carrière militaire, toujours en Bohême, toujours au 7e régiment de dragons, mais cette fois à Brandeis. Il a vingt-deux ans, il est blond aux yeux bleus et il mesure un mètre soixante-dix-huit, ce qui est assez grand pour l'époque. Sur son dossier militaire, ses instructeurs notent qu'il a « un caractère déterminé et un tempérament vif ». En réalité, il n'est pas très éloquent. Il est plutôt discret et timide, bienveillant, ce qui l'entraînera parfois à se tromper sur la personnalité des gens qu'il rencontre. Il a aussi du mal à prendre des décisions tranchées, ce qui pourra lui nuire par la suite. Il est aussi profondément catholique, contrairement à son père, mais on peut voir là l'influence de sa mère, qu'il vénère.

Au printemps 1911, il a vingt-quatre ans. François-Joseph le convoque à la Hofburg pour lui signifier qu'il est temps de se marier. Mais, échaudé par le précédent de François-Ferdinand avec Sophie Chotek, le monarque lui signifie qu'il ne peut épouser qu'« une altesse impériale ou royale ». Et il lui donne ce conseil, presque un ordre : « Le plus simple est que tu prennes le Gotha. Vois qui peut convenir... »

Charles n'a pas besoin d'éplucher une liste de candidates éventuelles car il a déjà un prénom en tête. En vacances à la villa Wartholz, il a souvent rencontré la princesse Zita de Bourbon-Parme. Pendant l'été 1909, ils s'étaient rencontrés à Franzensbad, une ville d'eaux de Bohême. Zita y accompagnait une cousine de sa mère. Ils s'étaient revus l'été suivant. Zita ne lui est pas indifférente.

Elle appartient à une famille illustre et doublement immense. D'abord, les Bourbon-Parme, même détrônés, jouissent d'un grand prestige et d'une importante fortune. D'autre part, la famille de Zita est immense au sens propre car elle a... vingt-trois frères et sœurs ! De son premier mariage avec Maria-Pia des Deux-Siciles, son père, Robert, duc de Parme, a eu douze enfants. Sa première épouse est morte après la naissance du douzième, sans doute d'épuisement ! Sa deuxième épouse, Maria-Antonia de Bragance, lui en a donné douze aussi, mais elle devait être plus résistante que la première car, née en 1884, elle n'est morte qu'en 1959 ! Zita est le numéro sept du deuxième mariage et le numéro dix-sept de la grande fratrie ! On peut préciser que malheureusement, dans ces vingt-quatre enfants, six étaient handicapés mentaux, trois filles et trois garçons. Cela renforce d'autant plus la solidarité familiale de cette tribu hors norme.

Le père de Zita, Robert de Bourbon, duc de Parme, est mort en 1907. Il avait été le dernier duc régnant de Parme avant que son duché ne soit absorbé dans le royaume d'Italie, en 1859. Ce prince, orphelin, avait été élevé par son oncle, le comte de Chambord. Après son mariage, il s'était installé à Schwarzau. Il y vivait la moitié de l'année, l'autre moitié dans sa propriété de Pianore, près de Lucques. Comme il n'avait pas d'ambition politique, le royaume d'Italie le laissait circuler librement. Il avait aussi hérité du château de Chambord. Cette famille si nombreuse était donc, par ses diverses ascendances, très cosmopolite, aussi légitime en Italie qu'en Autriche et en France.

Zita est née, par hasard, à Pianore, en Toscane, le 9 mai 1892. Elle était considérée par les Autrichiens comme italienne. Elle l'expliquait : « Si j'étais née à Schwarzau, comme mes frères et sœurs, j'aurais été une Autrichienne de naissance. Car autrichiens, nous l'étions tous en pensée. » Zita était autrichienne et le revendiquait.

Quelques semaines après son entrevue avec François-Joseph, Charles revoit Zita le 16 janvier 1911, au grand bal de la Cour. C'est le plus grand événement aristocratique de l'année à Vienne. Zita et Charles valsent beaucoup ensemble. À la mi-mai, l'archiduchesse Marie-Thérèse, veuve de Charles-Louis, qui avait été la bonne fée de François-Ferdinand et de Sophie, invite à la chasse Charles et Zita, celle-ci étant accompagnée d'une de ses sœurs. C'est à cette chasse que Charles va se déclarer. Zita accepte immédiatement. Puis Charles prévient sa mère, Marie-Josèphe, en cure sur la côte dalmate. Ravie de ce mariage, elle rentre à Vienne aussitôt pour demander à François-Joseph son agrément. Puisque Zita est une princesse de sang royal, il n'y a aucune difficulté pour obtenir l'accord de l'empereur...

Les fiançailles sont célébrées le 16 juin 1911 à Pianore. Le prince charmant dit à sa future épouse : « Maintenant, nous allons nous aider mutuellement à gagner le ciel... »

Un peu perturbée et impressionnée lorsque Charles lui offre sa bague, la fiancée la range distraitement dans sa poche au lieu de la glisser à son doigt. Charles ne reste que quatre jours, car François-Joseph l'a chargé de le représenter à Londres aux cérémonies du couronnement du roi George V, le 22 juin suivant. Pour se rendre à l'abbaye de Westminster, Charles partage un carrosse avec le Kronprinz, le fils de Guillaume II. Au banquet offert ensuite à Buckingham Palace, Charles a l'insigne honneur d'être placé à la droite de la reine Mary.

Le mariage de Charles et de Zita est fixé au 21 octobre suivant. Le fiancé a regagné sa caserne en Bohême. Zita passe l'été à Schwarzau et se rend souvent à Vienne pour visiter une ville que, paradoxalement, elle ne connaissait pas très bien. Comme toute fiancée d'un potentiel futur empereur, elle se doit d'apprendre, par des cours accélérés, le hongrois et le tchèque. Sans doute moins douée que Sissi, elle n'arrivera jamais à maîtriser parfaitement ces langues si difficiles. Charles prend quelques permissions pour lui rendre visite. Grand amateur d'aviation, il aime piloter lui-même et fréquente le petit aérodrome de

Wiener Neustadt. Depuis l'annonce de leurs fiançailles, tout le monde les identifie facilement et un jour qu'il se promène avec Zita sur le terrain d'aviation, ils sont applaudis et ovationnés. Charles est enchanté. Zita le lui reproche vivement. Elle lui explique que sa famille aussi avait été ovationnée avant d'être chassée de ses États. La puissance et la gloire sont fugaces, ses parents le lui ont appris. Cette remarque frappe beaucoup Charles. Comme Zita avait raison…

Le mariage est célébré à Schwarzau, dans la propriété des Bourbon-Parme. Ce 21 octobre 1911 est un jour radieux. À onze heures, François-Joseph, venu dans son train spécial de Vienne, fait son entrée par le grand portail du château qui n'avait pas été ouvert depuis sa précédente visite en 1894, du vivant de Robert de Bourbon. Les trois cents invités l'attendent dans la salle de réception avant de gagner la chapelle. De ce mariage, il nous reste de très belles photos en noir et blanc, et surtout un film tout à fait fascinant : on y voit un François-Joseph heureux au milieu d'un essaim de jolies femmes en robes claires de dentelle, de mousseline, de satin ou d'organza, rehaussées de perles et de diamants. Le jeune couple rayonne de bonheur. Charles est en uniforme des dragons de Lorraine ; il porte sa Toison d'or. Zita, coiffée de sa tiare de diamants, cadeau de l'empereur à sa nouvelle petite-nièce, a les yeux rieurs et un sourire éclatant.

Après la messe, un déjeuner officiel est servi. Trois grandes tables ont été dressées et, pour l'occasion, on a sorti la vaisselle d'or gravée aux armes des ducs de Parme. Un orchestre enchaîne les valses viennoises. François-Joseph se lève pour porter un toast au bonheur des jeunes époux. On ne l'a pas vu si content depuis des années. Personne ne peut quitter une réception avant l'empereur, même les héros de la fête. Charles et Zita attendront le départ du souverain. Ils n'ont pas un très long trajet à faire puisqu'ils vont passer les premières semaines de leur lune de miel à la villa Wartholz, si chère au cœur de Charles, la maison de son enfance construite par son grand-père.

Le 8 novembre, ils partent en voyage de noces en voiture. Charles conduit, c'est un couple moderne. Ils vont vers le Tyrol puis le Trentin avant de gagner la plaine du Pô. Ils font un arrêt pour visiter la nécropole des Bourbons exilés. Ils se recueillent sur la tombe de Charles X et du comte de Chambord à Goritz[1]. Puis ils gagnent Trieste et s'installent dans l'étonnant château de Miramare édifié sur un promontoire d'où on embrasse tout le golfe de Trieste. C'est un lieu magique, peut-être hanté par quelques fantômes, ceux de Maximilien et Charlotte qui l'ont construit, mais également de Sissi et Rodolphe, qui venaient eux aussi souvent dans cette résidence désormais propriété de l'empereur. De là, pour les jeunes mariés, une croisière dans l'Adriatique s'impose. Elle est prévue à bord d'un bâtiment de la marine impériale. Ils découvrent Raguse (en croate : Dubrovnik) puis le magnifique fjord de l'Adriatique, les spectaculaires bouches de Kotor, le joyau du Monténégro. Après un passage par Vienne le 28 novembre, le couple gagne la garnison

1 Goritz, alors en Autriche-Hongrie, est aujourd'hui en Italie (Gorizia), dans la région autonome du Frioul-Vénétie, à la frontière italo-slovène. La partie slovène est Nova Gorica.

de Charles, en Bohême. Le couple réside au château de Brandeis, où François-Ferdinand avait, lui aussi, séjourné. Pendant ce temps, des travaux de rénovation sont effectués sur le délicieux petit château baroque de Hetzendorf, non loin de Schönbrunn, que François-Joseph a généreusement offert aux mariés. L'été 1912 se passe à la villa Wartholz. Le 1er novembre, Charles est muté à Vienne. Zita reste à la villa où elle met au monde son premier enfant, prénommé Otto, le 20 novembre 1912. Son parrain est, bien entendu, l'empereur François-Joseph.

En janvier 1913, Charles et Zita emménagent enfin à Hetzendorf. L'empereur aime beaucoup le couple. Il se rapproche de leur jeunesse prometteuse. À la Cour, le protocole place l'archiduchesse Zita en première position, très loin devant la duchesse de Hohenberg, l'épouse de François-Ferdinand. Incontestablement, Zita est désormais, à vingt et un ans, la première dame de l'Empire. On peut ainsi dire qu'elle succède à Sissi. Quant à Sophie de Hohenberg, elle n'en voudra pas à Zita qui n'est aucunement responsable de ce protocole. François-Ferdinand a vingt-trois ans de plus que Charles, une génération de différence. L'archiduc héritier, premier dans l'ordre successoral, et son épouse Sophie s'entendent très bien avec Charles et Zita. En janvier 1914, Zita met au monde son deuxième enfant, une petite Adélaïde. Le 28 juin, Charles et Zita sont installés avec leurs deux enfants à la villa Wartholz. Le temps est magnifique, le couple déjeune à l'extérieur, sous une véranda, lorsque leur majordome apporte un télégramme. Il vient de Sarajevo. Il est signé de l'officier d'ordonnance de François-Ferdinand :

« Regrette profondément de devoir vous annoncer que l'archiduc François-Ferdinand et son épouse ont été assassinés ici. »

Après une phase de stupéfaction, Charles se précipite sur le téléphone. Il appelle Bad Ischl où François-Joseph passe l'été chaque année afin d'avoir confirmation de cette affreuse nouvelle. Hélas, elle est confirmée. L'empereur va immédiatement prendre son train pour regagner Vienne. Il fait demander à son petit-neveu de venir le chercher à la gare, ce que va faire Charles. L'empereur et son nouveau successeur arrivent à Schönbrunn. François-Joseph lui dit : « Au moins, je peux compter sur toi. »

Pour Charles et Zita, c'est un basculement complet de leur existence. Non seulement ils sont les héritiers directs du souverain, mais celui-ci a quatre-vingt-quatre ans. À cet âge, il peut mourir à tout instant et la lourde charge de l'Empire retomberait alors sur leurs épaules. Mais il y a un autre sujet d'inquiétude : quelles seront les conséquences européennes de l'assassinat de leur oncle François-Ferdinand et de leur tante Sophie ? Ils ont raison d'être inquiets.

Le 1er juillet, Charles consulte les chefs d'état-major et les ministres. Celui de la Guerre se prononce pour une intervention militaire immédiate contre la Serbie. Une seule voix s'élève contre cette intervention : celle du Premier ministre hongrois, Tisza. Une semaine plus tard, un nouveau Conseil des ministres confirme son souhait d'intervention rapide. Tisza maintient son refus. On trouve un compromis. Il n'y aura pas d'intervention militaire immédiate, mais l'envoi d'un ultimatum autrichien au gouvernement serbe. L'intervention de Vienne dépendra de la réponse de Belgrade. Le 23 juillet, le gouvernement serbe a quarante-huit heures pour répondre. Deux jours plus tard, Belgrade accepte huit des requêtes, mais en récuse une seule, celle imposant des policiers autrichiens pour participer à l'enquête.

L'Autriche-Hongrie riposte en déclarant la guerre à la Serbie le 28 juillet, un mois après l'attentat. L'engrenage fatal est en route. Le 30 juillet, la Russie, qui défend toujours les États slaves, commence à mobiliser. Le lendemain, l'Autriche-Hongrie riposte de la même façon. Guillaume II fait de même pour l'Allemagne. Les Alliés (Russie, France et Royaume-Uni) mobilisent eux aussi. Entre le 1er et le 10 août, les blocs sont constitués. D'un côté, les Empires centraux. De l'autre, le Royaume-Uni, la France et la Russie. Ce sera une guerre européenne...

Charles approuve la décision de François-Joseph mais il ne peut s'empêcher de dire à son épouse : « Je me sens officier de corps et d'âme, mais je ne comprends pas comment les gens qui voient partir leurs proches pour la guerre peuvent ainsi s'enthousiasmer. » Charles est un soldat qui n'aime pas la guerre. Zita avait déclaré que toute sa famille était autrichienne en pensée. En pensée peut-être, mais pas en actes. Si l'un des fils du premier mariage du duc de Parme va se battre dans les rangs autrichiens, si deux frères de Zita, du second mariage, Félix et René, vont en faire autant, en revanche deux autres frères, Sixte et Xavier, voulant se battre du côté français mais n'étant pas acceptés, vont s'engager dans un régiment belge.

Le prince héritier et son épouse vont devoir quitter leur château de Hetzendorf pour s'installer, à Schönbrunn, auprès de François-Joseph. La famille fait bloc, ils sont très proches. L'empereur aime beaucoup son arrière-petit-neveu Otto. Zita s'enthousiasme d'une première victoire autrichienne, le 17 août 1914. François-Joseph lui répondra : « Oui, cela commence toujours ainsi. Puis, cela ira de plus en plus mal. Et cette fois, ce sera pire. On dira de moi "Il est vieux, il ne maîtrise pas la situation", alors éclateront des révolutions et ce sera la fin. » Quelle lucidité ! Dieu merci, les révolutions et la fin seront épargnées au vieil empereur.

Charles, lui, est parti en Galicie. Le début de la guerre n'est pas réconfortant pour l'Empire. Trois offensives sont lancées contre la Serbie qui résiste. Du côté de la frontière russe, après quelques succès, les forces austro-hongroises se replient et le combat se fixe dorénavant sur le territoire de la double monarchie. Pendant que Charles est au front, Zita s'active aussi. Elle s'occupe d'œuvres de bienfaisance pour les soldats et leurs familles. Elle visite aussi les hôpitaux de guerre, non seulement à Vienne, mais sur tout le territoire, grâce à un wagon-salon mis à sa disposition par l'empereur. Mais Zita est encore enceinte : le 8 février 1915, elle donne naissance à son troisième enfant, l'archiduc Robert, qui voit le jour à Schönbrunn. Un an plus tard, le 31 mai 1916, ce sera la naissance de l'archiduc Félix, toujours à Schönbrunn. Le couple impérial a désormais quatre enfants. Entre-temps Charles tente de concilier sa présence sur les fronts – il inspecte les troupes – et la poursuite de son initiation aux affaires intérieures et diplomatiques ; la guerre a tout changé. François-Joseph lui demande fréquemment son avis, l'archiduc est maintenant réellement traité par l'empereur comme son successeur. Le 11 novembre 1916, le souverain souffre d'une pneumonie. Son état est si alarmant qu'il demande à Charles de revenir en hâte du quartier général de Transylvanie où il se trouvait en compagnie de Zita. Jusqu'au 20 novembre, malgré ses souffrances, l'empereur continue de travailler à son bureau et à accorder des audiences. Son état s'aggrave considérablement, la fièvre ne descend plus. Le souverain s'affaiblit. Le 21 novembre, il peut encore se lever mais reçoit Charles et Zita assis, tremblant de fièvre. Le soir, il n'a plus la force de s'agenouiller pour sa prière. Charles et Zita l'entourent. À vingt heures trente, son chapelain lui administre l'extrême-onction. Il meurt à vingt et une heures, dans la chambre où il était né. C'est sa plus jeune fille, Marie-Valérie, l'enfant préféré de Sissi, qui lui ferme les yeux. À cet instant, Charles est devenu le nouvel empereur d'Autriche et roi de Hongrie[2].

Le lendemain, Charles et Zita rencontrent, dans l'antichambre du défunt, l'amie de cœur de François-Joseph, la comédienne Katharina Schratt. Le chambellan lui interdit l'entrée de la chambre impériale. Alors, Charles, avec la plus grande élégance, la prend par la main et la conduit jusqu'à la chambre. Elle pourra déposer sur la poitrine de l'empereur les trois roses qu'elle avait apportées.

Les funérailles sont célébrées le 30 novembre dans la cathédrale Saint-Étienne. Charles va bousculer le

2 Jean Sévillia, *Le Dernier Empereur*, Paris, Perrin, 2009.

protocole qui exigeait qu'il marche seul derrière le corbillard, suivi par les archiducs puis par l'impératrice. En fait, derrière l'immense corbillard noir des deuils impériaux, on verra sur le même rang l'empereur Charles, tête nue et en uniforme, l'impératrice Zita, voilée de noir de la tête aux pieds, donnant la main au prince héritier Otto, tout de blanc vêtu, qui avance entre ses deux parents. Après la cérémonie, le cercueil de François-Joseph entrera dans la crypte des Capucins et reposera désormais dans sa tombe de marbre, entre Sissi, son épouse adorée, et leur fils Rodolphe. Sa sépulture est plus élevée que les deux autres.

Avant même les obsèques, dès le 22 novembre, le Premier ministre de Hongrie, le comte Tisza, arrive à Vienne et demande audience au nouveau souverain. Il enjoint à Charles de se faire couronner roi de Hongrie à Budapest le plus vite possible. Il faut que l'empereur s'impose car il redoute les mouvements indépendantistes des Tchèques et des Slovaques soutenus par les Russes. Même des Hongrois pourraient être tentés...

Un couronnement en pleine guerre ? N'est-ce pas insensé ? Déplacé ? Pour le Hongrois Tisza, il n'y a pas à hésiter : guerre ou pas, en Hongrie, d'après la Constitution, le monarque a un délai de six mois pour procéder à cette cérémonie. Et tant que le couronnement n'a pas eu lieu, Charles ne peut signer aucune loi concernant la Hongrie.

La date est fixée au 30 décembre suivant, approuvée aussitôt par le parlement de Budapest. On va reproduire à l'identique le couronnement de François-Joseph et de Sissi en 1867. Le lourd carrosse rococo qui avait servi au mariage de Sissi est, comme en 1867, extrait du manège d'hiver de Schönbrunn, démonté, emballé avant d'être arrimé sur un chaland qui va descendre le Danube jusqu'à Budapest. Là, il sera remonté et tiré par huit chevaux blancs. Charles, Zita et le petit Otto arrivent par train à Budapest le 27 décembre. Le 30 décembre, jour du sacre, il fait froid mais beau. Malgré la guerre, les invités en grande tenue prennent place dans l'église Saint-Mathias. En dehors du roi Ferdinand de Bulgarie, il n'y a pas de souverains étrangers. Sous sa pesante couronne, Zita a certainement pensé à sa grand-tante Sissi qui avait tant fait pour la Hongrie et qui était tant aimée des Hongrois. Après celle qu'on appelait en hongrois – en la vénérant – Erzsébet, pour Zita, la succession est lourde...

Selon la tradition, Charles, à cheval, gravit un monticule, pointe son épée aux quatre points cardinaux en faisant le serment de défendre le royaume d'où que vienne le danger. Otto est très impressionné et Charles avouera à Zita que pendant tout ce rite il n'avait qu'une peur : que la couronne de saint Étienne ne roule à terre ! Puis, comme on est en guerre, le déjeuner qui suivra sera bref et simple. Il n'y aura ni dîner de gala ni bal. Les souverains et leur fils regagnent Vienne le soir même.

1917 est une année charnière dans la guerre. L'abdication du tsar Nicolas II puis, plus tard, la volonté des bolcheviks de signer une paix séparée vont changer la donne. Cela va supprimer un front et redonner espoir aux Empires centraux. Pourtant, dès avril 1917, Charles, lassé de cette guerre qu'il n'a pas déclenchée, envoie un mémorandum à Guillaume II : « Notre force militaire touche à sa fin. » Il décrit l'épuisement des effectifs, le désespoir qui a gagné toutes les couches de la population en raison de la sous-nutrition et qui rend impossible de supporter plus longtemps le poids de la guerre. Guillaume II ignore ce mémorandum. Bien au contraire, il est persuadé de la victoire, et l'Autriche n'a qu'à bien se tenir car en juillet 1917 le Kaiser a déclaré à l'ambassadeur d'Autriche à Berlin qu'il envisageait d'occuper Prague avec son état-major. Il étudierait même un plan d'invasion de l'Autriche-Hongrie. La suite des événements l'en empêchera, mais Guillaume II juge que Charles est le pire des alliés.

Quant à Charles, qui est courageux, il ne rêve que de la paix car il est lucide. Zita, qui a donné naissance à leur cinquième enfant, Charles-Louis, va l'aider. Elle communique avec deux de ses frères, Sixte et Xavier, qui vont tenter une négociation de paix séparée avec la France. Une affaire difficile, longue et qui échouera à cause des révélations publiques faites par Clemenceau, obstiné à abattre les Habsbourg. Cette situation n'améliore pas les rapports difficiles entre Charles et Guillaume II. Zita est atteinte, elle aussi, puisqu'elle a participé à cette tentative désespérée. Cette polémique autour de la paix séparée avait inquiété le sultan de Constantinople, allié des Empires centraux. C'est à Constantinople que Charles et Zita vont faire leur dernier grand voyage officiel d'empereur et d'impératrice pour tenter de rassurer le sultan. Le train impérial arrive en gare de Sirkeci, à Constantinople, le 19 mai 1918. Charles est en uniforme rouge de maréchal hongrois, accompagné du ministre austro-hongrois des Affaires étrangères.

Quand le couple impérial descend sur le quai, des femmes jettent sur lui des pluies de pétales de roses. Le sultan Mehmed V donne le soir même en leur honneur une réception de mille personnes dans son nouveau palais de marbre blanc de Dolmabahçe, le long du Bosphore.

Zita est fascinée et éblouie par la somptuosité de l'accueil qui leur est réservé. Elle visite Topkapi et son célèbre harem pendant que son époux discute avec le sultan. Tous deux tentent de sauver leurs peuples, mais leur combat est perdu. Cette pluie de roses sur le Bosphore aura mis un peu de baume au cœur à l'empereur et à l'impératrice, mais en réalité cela n'aura servi à rien. Mehmed V va mourir six semaines plus tard, sans voir la chute de l'Empire ottoman. Quant à Charles, son ultime tentative de paix et les refus de Clemenceau ont provoqué un séisme. Guillaume II se déclare trahi et, après le Bosphore, Charles devra se rendre à Spa, en Belgique occupée, pour démentir et pour reprendre l'attitude offensive que le Kaiser exige de lui.

Le 13 octobre suivant, Charles fait une dernière tentative pour sauver son trône. Il publie un manifeste visant à transformer la double monarchie en État fédéral. C'est trop tard. L'Empire est déjà disloqué, avec la complicité des Alliés, et remis aux mains des nationalités en ébullition. Le 29 octobre, la Bohême et la Moravie s'unissent en une République tchécoslovaque. Le 1er novembre, les républicains imposent leur choix en Hongrie. Des émeutes éclatent dans presque toutes les villes de l'Empire disloqué, mais surtout à Vienne. La foule brandit des drapeaux rouges et scande des slogans d'inspiration bolchevique. Le

11 novembre 1918, dans un salon décoré d'estampes chinoises sur fond bleu, Charles Ier écrit, avec un simple crayon, sur une feuille de papier. Après avoir hésité, il recopie un texte soumis par son Premier ministre et son ministre de l'Intérieur : Charles de Habsbourg-Lorraine renonce à exercer le pouvoir en qualité d'empereur d'Autriche.

Zita est furieuse ! Elle considère que c'est une injustice totale car son mari n'a pas déclaré cette guerre et c'est lui qu'on rend coupable de la défaite ! Le lendemain, la république est proclamée à Vienne. Et, dit-on, un politicien ose ce mot étonnant : « Maintenant, l'Autriche est une république sans républicains. »

Charles, Zita et leurs enfants doivent quitter Vienne. On les assigne à résidence dans leur château d'Eckartsau, à 30 kilomètres de Vienne. Il y fait froid. Le chauffage est inexistant. Les conditions de vie sont très dures. Et surtout : que va-t-on faire d'eux ?

Au cours de cet hiver glacial 1918-1919, les conditions de vie de la famille sont catastrophiques. Pour comble de malheur, le 15 décembre, Charles est victime de la grippe espagnole. Sa maladie durera neuf semaines. Tous les enfants, à leur tour, sont malades, mais la plus grande inquiétude est pour le dernier-né, Charles-Louis, qui n'a que dix mois. Il manque de mourir.

On célèbre tout de même Noël, mais c'est certainement le plus triste de leurs vies. Le 20 février 1919, heureusement, la mission alliée de Vienne envoie un officier britannique au château pour apporter un soutien moral à la famille et tenter d'améliorer ses conditions de vie. C'est le roi George V qui a pris cette décision. Peut-être a-t-il des remords de n'avoir rien tenté pour sauver ses cousins Romanov, fusillés par les bolcheviks... Désormais, les Britanniques vont assurer la sécurité et le ravitaillement de la famille, toujours assignée à résidence. Ce sont aussi les Britanniques qui vont organiser leur départ le 23 mars en direction de la Suisse. Dans un premier temps, ils sont accueillis par la mère de Zita, la duchesse de Parme, dans son château de Wartegg, au bord du lac de Constance. Mais la maison est surpeuplée et, le 20 mai 1919, Charles et Zita emménagent à Prangins, propriété des Bonaparte, au bord du Léman.

Tout de suite se posent les problèmes d'argent. Contrairement à l'empereur Guillaume II en Allemagne, Charles ne peut réclamer aucun de ses biens à la république d'Autriche : ils sont confisqués depuis le 3 avril. Lors du déménagement, Zita est à nouveau enceinte. C'est à Prangins qu'elle accouche de son sixième enfant, Rodolphe, le 5 septembre 1919. Charles, qui a promis à la Confédération helvétique de n'avoir aucune activité politique sur son territoire, ne rêve en réalité que d'un rétablissement de la monarchie hongroise à laquelle il n'a pas renoncé en abdiquant comme empereur d'Autriche. De nombreux contacts hongrois viennent le voir à Prangins. En novembre 1919, l'amiral Horthy est entré en libérateur dans Budapest, et en janvier 1920, les élections hongroises ont donné la majorité aux conservateurs. En mars, Horthy est élu régent de Hongrie. Il envoie à Charles un émissaire pour l'assurer de sa loyauté. On prépare une première tentative de restauration en Hongrie. Le 1er mars 1921, Zita accouche à nouveau. Cette fois, c'est une petite Charlotte. Zita a une santé de fer ! Trois semaines plus tard, le 24 mars 1921, Charles quitte Prangins, passe clandestinement en France, prend un train à Strasbourg, gagne Vienne. Puis, en compagnie d'un ami hongrois, il passe la frontière. Il rencontre le régent Horthy au palais royal de Budapest le 27 mars. Mais l'ancien aide de camp de François-Joseph est moins empressé que ne l'espérait Charles. Il refuse de lui remettre le pouvoir, prétextant que la Hongrie serait immédiatement envahie par des troupes étrangères, ce qui empêcherait la restauration. C'est une trahison et un échec cuisant pour Charles.

Son retour vers la Suisse est particulièrement difficile. L'ex-souverain atteint Lucerne, par train, le 10 avril. Zita l'attend sur le quai. Cette fois, le canton de Vaud refuse l'asile à Charles car il n'a pas tenu sa promesse. Le cabinet de l'indésirable Charles se démène pour lui trouver une nouvelle résidence. Ce sera Hertenstein, qui surplombe le lac des Quatre-Cantons, non loin de Lucerne. Zita organise le déménagement depuis Prangins mais la Suisse prie Charles de trouver un autre pays d'accueil, changer de canton ne suffira pas... Seul le roi d'Espagne, Alphonse XIII, annonce qu'il est prêt à les recevoir. Mais Charles, entêté, n'a pas renoncé à la Hongrie. Le 20 octobre, il quitte Hertenstein avec Zita, laissant les enfants. Ils gagnent la Hongrie par avion. Cette seconde tentative hongroise est pire que la précédente. Le régent réplique par les armes. Devant cette menace de guerre civile, Charles et Zita se rendent et se retrouvent prisonniers de Horthy. Les Alliés s'inquiètent de cette agitation. Le 7 novembre 1921, Charles et Zita sont remis aux Britanniques. Après avoir descendu le Danube sur un petit bâtiment de la Royal Navy, ils atteignent, par train, la mer Noire. Ils sont alors embarqués à bord du croiseur *HMS Cardiff*, de la Royal Navy. C'est à Gibraltar qu'ils apprennent qu'on les conduit à Madère.

Le propriétaire du plus bel hôtel de l'île, le Reid's, met à la disposition du couple une annexe, la villa Victoria. Faire venir les enfants ne sera pas facile. Zita, qui est à nouveau enceinte, repart pour la Suisse les chercher. Grâce au soutien d'Alphonse XIII, Zita et les enfants pourront s'embarquer le 27 janvier 1922 pour Madère où ils retrouveront Charles, heureux de récupérer enfin ses proches, mais désespéré par le manque d'argent. Ils doivent quitter le Reid's et emménagent dans une propriété sur les hauteurs de Funchal nommée la Quinta do Monte. La maison leur est prêtée par un riche Portugais. La famille manque de tout. La *quinta* étant en altitude, il y fait froid et humide. Charles se déplace à bicyclette, s'épuise, prend froid. Il est aussi usé moralement par les épreuves qu'il a subies. Sa bronchite se transforme en pneumonie. Charles s'éteint le 1er avril 1922, âgé de trente-cinq ans. Zita, impératrice pendant deux ans, veuve à trente ans, mère de sept enfants et enceinte d'un huitième, se trouve dans une situation catastrophique. Certainement désespérée par la mort de son mari qu'elle aimait, mais animée d'une foi intense et d'un sens du devoir sans faille, elle va désormais prendre en charge sa nombreuse famille. Elle organise l'enterrement de son époux le 5 avril. Les autorités ont décrété un deuil sur l'île de Madère, les drapeaux de Funchal sont en berne et les magasins fermés. La cérémonie a lieu dans l'église de Nossa Senhora do Monte. Le corps de l'empereur-roi repose désormais dans une chapelle latérale de cette église, que l'on aperçoit de loin lorsqu'on débarque à Funchal. Brisée mais forte, Zita reçoit les condoléances à la sortie de l'église.

À l'invitation du roi Alphonse XIII, Zita accompagnée de ses sept enfants se rend à Madrid, où elle accouchera de sa dernière fille, Élisabeth, au palais du Pardo. Mais son manque de moyens la pousse à s'installer dans un petit village de Biscaye. Elle y restera jusqu'en 1929. Puis, ce sera la Belgique. En 1938, après l'Anschluss, Zita a peur pour son fils aîné Otto, qu'Hitler veut éliminer. En juillet 1940, passant par l'Espagne et le Portugal, Zita et Otto partent pour les États-Unis. Elle s'installe finalement au Canada avec ses quatre plus jeunes enfants. Otto et Zita plaideront sans relâche auprès des Américains et des Britanniques pour que l'Autriche ne tombe pas dans le giron soviétique en 1945.

Une des grandes joies de la vie de Zita sera le mariage de son fils Otto, le 10 mai 1951, à Nancy, avec Regina de Saxe-Meiningen. Un beau mariage dans la tradition des Habsbourg-Lorraine. Zita va encore beaucoup voyager, surtout aux États-Unis, avant de s'installer au Luxembourg, au château de Berg, avec sa mère. Après le décès de cette dernière, en 1959, Zita vivra tantôt en Belgique, tantôt en Allemagne, avant de se retirer à Zizers, dans un couvent, en Suisse. Elle a soixante-dix ans et se tient dans trois petites pièces. Si personne n'entend plus parler d'elle, si d'autres la croient morte, il lui arrive quand même de voyager. En avril 1970, accompagnée de ses proches, elle retourne à Madère, pour le

50e anniversaire de la mort de l'empereur Charles. Il y aura aussi une obligation douloureuse : on doit ouvrir la sépulture de Charles pour identifier ses restes dans le cadre de la procédure de béatification de l'ancien souverain. Zita a raconté qu'elle se souvenait du bouquet d'œillets rouges qu'elle avait placé dans les mains de son mari quelques minutes avant qu'on ne ferme le cercueil. Les fleurs étaient toujours là, intactes, alors que le corps s'était naturellement putréfié. Zita a pu, une dernière fois, sentir le parfum de ces œillets...

Dix ans plus tard, au début de novembre 1982, la dernière impératrice d'Autriche et reine de Hongrie est enfin autorisée à revenir à Vienne, par décision du chancelier socialiste Bruno Kreisky – dont le grand-père était un fonctionnaire de François-Joseph – et sur intervention du roi d'Espagne, Juan Carlos. Ce fut un événement considérable, rassemblant des foules immenses dans les rues de Vienne. Dans une modeste Volkswagen bleue conduite par sa dernière fille, la princesse Élisabeth, Zita avait refranchi la frontière d'où elle était partie pour l'exil en 1919. À son retour annoncé, les douaniers et gardes-frontières se mirent au garde-à-vous. La cathédrale Saint-Étienne, noire d'une foule émue ou l'on remarquait beaucoup de jeunes, salua ce retour triomphal, celui du plus digne des fantômes de la vieille Europe, celle d'avant les deux guerres mondiales. En dépit de la mort de Leonid Brejnev à la même date, Zita fit la une de tout l'univers médiatique de l'époque.

Sept ans plus tard, le 14 mars 1989, Zita s'éteint dans sa quatre-vingt-dix-septième année. Ses funérailles se déroulent le 1er avril, jour anniversaire du décès de son mari. Elles prennent presque la dimension d'une cérémonie nationale lorsque l'on apprend qu'y assiste Kurt Waldheim, le président (au passé contesté) de la République autrichienne. Les frais de ces obsèques sont réglés par les Habsbourg. Selon l'ancien rituel des Habsbourg, elle rejoint la crypte des Capucins. Elle y repose à côté d'un buste de l'empereur et roi Charles, toujours inhumé à Madère. Pourtant, le cœur de Zita va rejoindre celui de son mari. En effet, le cœur de Charles avait été déposé en 1924 dans la chapelle du monastère de Muri, en Suisse. Celui de Zita est désormais à côté de lui. Ils avaient vécu ensemble la fin de l'empire des Habsbourg. Leur mariage n'avait duré que onze ans. Mais chaque jour de son veuvage, Zita n'avait jamais cessé de penser à Charles. Désormais, leurs deux cœurs sont réunis pour l'éternité.

11
Le roi Zog Ier et la reine Géraldine des Albanais : un feuilleton balkanique

Comme pour tous les pays des Balkans, l'histoire de l'Albanie, le « pays des aigles », est compliquée et originale, dans un relief tourmenté, avec une longue et admirable côte longeant l'Adriatique. Colonisée par les Grecs et les Romains, l'Albanie a été intégrée à l'empire d'Orient sous l'autorité de Byzance. Les Ottomans conquièrent complètement et définitivement l'Albanie en 1480. Or, la spécificité de ce petit territoire, très semblable dans sa géographie à son voisin le Monténégro, est la conversion totale de ses habitants à l'islam. C'est une rareté : dans les Balkans, seule la Bosnie est aussi devenue musulmane. On n'a aucune explication à cet état de fait : conversion forcée ou adhésion volontaire, on ne sait ? Au moment où la plupart des peuples balkaniques veulent s'émanciper au nom de l'orthodoxie, l'Albanie, au XIXe siècle, reste une province ottomane. Elle n'obtiendra son autonomie qu'en 1913, à la suite des guerres balkaniques.

À la conférence de Londres de 1913, les grandes puissances décident que l'Albanie sera un État indépendant et fixent ses frontières. C'est une principauté à la tête de laquelle on place un prince allemand, Guillaume de Wied, comme on l'a déjà fait en Grèce avec un prince bavarois – avant de le remplacer par un Danois –, en Roumanie et en Bulgarie. Guillaume de Wied ne reste pas longtemps. Arrivé en mars 1914, il est chassé en septembre. Un échec rapide et retentissant ! Un général prend alors la tête du pays, soutenu par l'Italie. Il s'impose comme dictateur. Il est assassiné en 1920. Le pays est divisé et sombre dans l'anarchie totale jusqu'au moment où apparaît un autre jeune général ambitieux, Ahmed Zogu. Il appartient à une des plus anciennes familles d'Albanie ; intelligent et cultivé, il a fait ses études à Constantinople, au lycée de Galatasaray. Pendant la Grande Guerre, il s'est battu dans les rangs de l'armée autrichienne. En 1922, à l'âge de vingt-sept ans, grâce au soutien des militaires, il est nommé président du Conseil. Chassé par un coup d'État, il se réfugie en Yougoslavie. Ahmed Zogu fait un retour en force en mai 1924. Belgrade, capitale de la Yougoslavie depuis 1918, le soutient politiquement et financièrement : le 21 janvier 1925, il est élu président de la République albanaise pour sept ans. Bien qu'ayant été aidé par la Yougoslavie, il se rend compte que son maintien au pouvoir ne peut dépendre de cet État mosaïque qui rencontre de grandes difficultés intérieures, mais de l'Italie. Il abandonne donc l'alliance yougoslave pour se tourner vers l'Italie fasciste. Deux traités sont signés en 1926 et 1927 avec ce pays très intéressé par l'Albanie. En effet, la côte orientale italienne est juste en face de la côte albanaise. Cela lui permettrait de contrôler l'Adriatique. Par ces traités, l'Italie de Mussolini apporte son aide technique, diplomatique et financière. On peut dire que l'Albanie apparaît comme une sorte de protectorat italien. Ahmed Zogu devient très populaire. En effet, grâce à la manne italienne, le pays se développe, améliore son niveau de vie. Avec cette politique, Ahmed Zogu sort son pays du Moyen Âge pour le faire entrer, directement, dans le XXe siècle.

Et Ahmed Zogu va pouvoir réaliser son rêve : le 25 août 1928, il fait modifier la Constitution : il instaure une monarchie et prend le titre de Zog Ier, roi des Albanais. Il a trente-trois ans. Il prête serment le 1er septembre 1928, chaleureusement félicité par Mussolini.

Les années passent. En 1937, à quarante-deux ans, Zog est toujours célibataire et n'a pas d'héritier. On lui conseille vivement de se marier. On dit qu'il a eu des projets de mariage avec la fille du roi d'Italie Victor-Emmanuel III, Giovanna, mais il visait sans doute trop haut. Giovanna a finalement épousé le roi Boris III de Bulgarie.

La question est délicate car ce mariage ne doit heurter ni l'Italie ni la Yougoslavie, intéressées l'une comme l'autre par la situation de l'Albanie. Zog a servi dans l'armée autrichienne, il connaît bien Vienne. Une Autrichienne serait une épouse bienvenue... Mais petit à petit, c'est le parti hongrois qui s'impose. Le régent Horthy cherche à restaurer le prestige de la Hongrie, privée d'une grande partie de ses territoires par les traités de paix (Versailles en

1919 et Trianon en 1920). Un mariage royal serait une bonne occasion de redonner au pays un certain éclat et sans doute aussi une influence hongroise en Albanie. D'ailleurs, à la cour de Tirana, la capitale albanaise, le roi Zog a plusieurs conseillers hongrois, dont le général Gyzy. Lui aussi a servi dans l'armée austro-hongroise et il participe activement à la recherche de la fiancée idéale.

À l'automne 1937, la ravissante comtesse Géraldine Apponyi est informée que le conseil de famille des Apponyi veut lui faire part d'une importante proposition. Elle déclare elle-même : « Je résidais chez ma tante Daisy Karolyi lorsqu'une réunion de famille me mit au courant des tentatives de Tirana. Je fus stupéfaite et je refusai immédiatement : je ne cherchais en aucune façon une vie d'aventure, et de plus je ne savais rien de l'Albanie[1]. »

En 1937, Géraldine Apponyi a vingt-deux ans. Elle est la fille du comte Gyula Apponyi et d'une Américaine, Gladys Virginia Steuart, d'origine écossaise. Géraldine est née en 1915 à Budapest. Elle est leur premier enfant. En 1916, elle aura une sœur, Virginia, et en 1923 un frère, prénommé Gyula, comme son père, lequel meurt en 1924. Sa mère connaît bien la France et décide alors de s'installer sur la Côte d'Azur. En 1926, elle se remarie avec un officier français, Gontran Girault. Les deux petites filles, Géraldine et sa sœur Virginia, l'apprennent au moment où elles s'embarquent avec leur mère et leur nouveau beau-père pour des vacances en Hongrie, car la grand-mère des petites-filles, Marguerite Apponyi,

1 Joséphine Dedet, *Géraldine, reine des Albanais*, Paris, Critérion, 1997.

surnommée Mutti, ancienne dame d'honneur de l'impératrice Élisabeth (Sissi), se languit de ses petites-filles. Elle menace même leur mère de lui couper les vivres si elles ne viennent pas la voir.

Ces vacances de rêve se déroulent dans un des superbes châteaux de la famille. À la fin de l'été, Gladys, leur mère, et son nouveau mari regagnent la France et laissent les enfants à la garde de leur famille paternelle. Géraldine et Virginia resteront donc un peu plus longtemps en Hongrie et reviendront pour continuer leurs études dans un couvent, à Monaco.

En 1930, la grand-mère hongroise réclame à nouveau ses deux petites-filles avant de mourir. Les deux sœurs reviennent donc en Hongrie, où elles passent d'heureuses vacances avec leur grand-mère avant d'être inscrites au couvent du Sacré-Cœur de Pressbaum, près de Vienne. Une école d'excellence pour les jeunes filles de l'aristocratie autrichienne et hongroise. Désormais, Géraldine et Virginia sont élevées comme les aristocrates hongroises qu'elles sont. Elles vont seulement passer, tous les deux ans, des vacances sur la Côte d'Azur, auprès de leur mère. Le petit frère, en revanche, est resté avec leur mère. Il sera élevé avec les trois enfants que Gladys aura avec son second époux, Gontran Girault. Mutti, la grand-mère, étant morte, c'est la sœur cadette de leur père, Fanny Apponyi, qui a épousé un Karolyi, qui va s'occuper de Géraldine et de Virginia. À dix-sept ans, Géraldine est une beauté, blonde aux yeux bleus, grande (elle mesure un mètre soixante-quinze). Elle est un mélange d'élégance et de charme hongrois, avec une aisance et une faculté d'adaptation qu'elle tient de sa mère américaine. Depuis la fin de la guerre, la vie mondaine à Budapest est très animée. Tous les palais ouvrent leurs portes pour les bals du début de l'année. La mode est aux orchestres de jazz, ce qui n'empêche pas le tango ni l'incontournable valse. De toute façon, à minuit, les Tziganes arrivent qui entraînent les danseurs jusqu'à l'aube. Géraldine fait ses débuts dans le monde à un bal qui ouvre la saison, celui des « monarchistes hongrois » à Budapest. Son entrée est très remarquée : elle porte une robe de mousseline rose pâle parsemée de boutons de roses blancs. Elle n'arrêtera pas de danser. Elle est la débutante de l'année. On ne parle que d'elle dans les gazettes mondaines. Plus tard, Géraldine dira : « Cette époque de ma vie fut un véritable rêve. Par chance, plusieurs amies de ma mère avaient des filles de mon âge, ainsi ai-je été invitée à toutes les soirées. Je reçus de nombreuses robes de bal de mes cousines et je pus changer de toilette à chaque invitation[2]. »

Les saisons des bals se succèdent, Géraldine a toujours autant de succès, elle est très courtisée. La famille Apponyi aimerait bien la marier, mais elle refuse systématiquement tous les partis qu'on lui présente. Elle se révolte contre les diktats familiaux. Elle aime cette vie insouciante de fêtes et de bals – on peut la comprendre ! – et n'a aucune envie de se marier ; ce sera pour plus tard. Elle va même bientôt faire ses débuts sur la scène de l'opéra de Budapest lors d'une soirée de gala en l'honneur du compositeur Franz Lehár. Il vit en Autriche, mais il

2 *Ibid.*

est hongrois et célèbre dans le monde entier pour ses merveilleuses opérettes, comme *La Veuve joyeuse*, créée en 1874. La soirée commencera par un concert, dirigé par le maestro lui-même, avant le grand bal qui suivra. On présentera sur scène une série de tableaux vivants, inspirés par dix opéras célèbres. Et justement, Géraldine a été choisie pour incarner la Mimi de *La Bohème.* On répète beaucoup, on choisit les costumes, on se donne un mal fou et Géraldine a un trac épouvantable. À la fin, tout le monde s'accorde à dire que c'est le tableau de *La Bohème* qui est le plus réussi et Géraldine y est pour quelque chose ! De très belles photos d'elle en Mimi ont été faites et la jeune comtesse est certainement bien loin de s'imaginer que l'une de ces photos sera montrée à Tirana au roi Zog qui se cherche une fiancée...

En 1936, la famille allemande de sa grand-mère Apponyi, les Seherr-Thoss, lui propose de passer quelques jours au château de Grüben, pour assister à l'ouverture des Jeux olympiques d'hiver de 1936, à Garmisch-Partenkirchen, en Haute-Bavière. Géraldine est très impressionnée par l'ordre impeccable qui règne dans la station, malgré la présence d'un million de spectateurs. La jeune fille raconte qu'elle ne dort pas plus de cinq heures par nuit car non seulement elle assiste aux compétitions, mais elle fait du ski et danse le soir très tard dans la nuit. Quelle santé ! Les cousins de Géraldine ont des places dans la tribune des invités de marque, juste à côté de la tribune officielle. Elle peut observer tous les hauts personnages du Reich dont, bien sûr, Hitler en personne, qui ne lui fait pas une forte impression. Mais elle remarque

que lorsqu'il sortait de sa voiture ou qu'il repartait, les femmes devenaient hystériques, lui jetant des fleurs.

Lorsqu'on joue l'hymne hitlérien, la voisine de Géraldine lui saisit le bras et l'oblige à faire le salut nazi, comme la totalité du public. Géraldine est un peu terrifiée. Soudain, elle préfère nettement l'atmosphère de Budapest.

Le 15 janvier 1937, elle est demoiselle d'honneur au mariage de sa sœur Virginia, qui a deux ans de moins qu'elle. Virginia épouse André de Baghy, un beau jeune homme plein de charme. Le mariage est typiquement hongrois : le marié porte le manteau de velours et l'épée traditionnels, la mariée est en tenue hongroise, semblable à celles immortalisées par Sissi. Comme toutes les demoiselles d'honneur, Géraldine a revêtu un ensemble de teinte saumon. Une photo le prouve... encore une photo qui sera montrée au roi Zog.

Désormais, Géraldine travaille au musée national de Budapest, au département des antiquités égyptiennes. Ayant toujours été passionnée par l'histoire de l'art, elle aime beaucoup ce qu'elle fait. L'après-midi, elle tient souvent la boutique du musée. C'est à l'automne suivant qu'elle va être informée de la demande du roi Zog Ier d'Albanie.

Une enquête minutieuse a été faite sur Géraldine et toute sa famille. L'ex-débutante, maintenant âgée de vingt-deux ans, que l'on surnomme la « rose blanche de Hongrie », semble avoir un dossier parfait pour devenir reine d'Albanie. Cependant, Géraldine n'est pas du tout d'accord. Quant aux Apponyi, ils sont méfiants. Le général Gyzy est envoyé à Budapest pour tenter de convaincre la famille. Mais il va falloir monter beaucoup plus haut ! Le régent Horthy lui-même va s'en mêler ! Il faut dire que le mari de Virginia, André de Baghy, est un neveu d'Horthy. Toutefois, Virginia est très hostile au mariage de sa sœur dans ces conditions et juge que cela va nuire à la réputation de Géraldine. Celle-ci demande un mois de réflexion. Pendant cette période, elle est approchée par une amie de sa tante Karolyi, la comtesse Teleki, sans doute téléguidée par le gouvernement albanais. Elle revient d'Albanie, vante la beauté du pays et le charisme du roi, bref elle commence à convaincre la candidate malgré elle... Enfin, Géraldine accepte de partir pour Tirana. Elle a pris sa décision seule mais sa famille a exigé des précautions et des garanties. D'abord, elle pourra revenir à Budapest quand elle le voudra. Elle accepte seulement que l'on couvre les frais de son voyage, rien de plus. La présentation au roi doit avoir lieu au bal de la Saint-Sylvestre. Géraldine sera escortée d'une dame de compagnie qui est au service des Apponyi depuis des années, la baronne Rüling. Juste après avoir fêté Noël en famille, Géraldine part pour l'Italie qu'elle connaît bien depuis son enfance. Vérone, Florence, Rome et enfin Bari, où elle s'embarque pour le port de Durrës, le plus important d'Albanie, ancienne possession vénitienne sous le nom de Durazzo. Ces deux ports sont face à face, de chaque côté de l'Adriatique. Depuis le pont du navire, elle aperçoit la ville de Durrës, couronnée par les ruines d'anciennes fortifications. Sur une colline dominant le port, on voit une belle maison blanche. C'est celle du roi. Géraldine apprendra à la connaître.

À huit heures du matin, le 31 décembre 1937, Géraldine descend du bateau avec la baronne Rüling et le général Gyzy. Arrive alors une énorme Mercedes noire. En descend le chambellan de la Cour. La baronne et Géraldine montent dans la limousine pour gagner Tirana, à une quarantaine de kilomètres. Il fait un temps radieux. Géraldine sera logée dans une jolie résidence ancienne, entourée d'un jardin, à l'entrée de Tirana, qui appartient aux Toptani, la famille de la mère du roi Zog. Dans toutes les pièces, de nombreux vases débordent de roses rouges. La voyageuse, fatiguée, se repose toute la journée avant de se préparer pour la soirée décisive. On lui a envoyé une coiffeuse autrichienne et tout à coup les réticences reprennent le dessus. Géraldine dira : « Je m'imaginais – bien sûr à tort – qu'on me menait à une sorte de marché aux esclaves et je me rebellais à cette idée[3]. » Comme pour manifester sa mauvaise humeur, elle ne choisit pas sa plus belle robe du soir, mais une vieille robe longue marron qui horrifie la baronne Rüling. Même dans une tenue peu flatteuse, Géraldine est éblouissante. Pour se rendre au palais, elles traversent la ville.

Tirana est une cité moderne, qui a été redessinée. Les bâtiments publics ont été construits par l'architecte Armando Brasini à qui Mussolini a fait appel pour tous les édifices monumentaux de l'Italie fasciste. Mais tout ce qui était ancien n'a pas été détruit. Tirana a conservé un charme oriental, dominé par la mosquée Ethem Bey.

Enfin, la voiture les dépose devant le palais. C'est une grande bâtisse carrée, de style vaguement

3 *Ibid.*

vénitien. La comtesse et sa dame d'honneur traversent une enfilade de salons meublés « à la française », avant d'arriver à la grande salle de réception dont « les murs étaient recouverts d'une collection d'armes précieuses ciselées d'or et d'argent, de somptueux manteaux et de capes, de costumes régionaux albanais auxquels s'entremêlaient d'anciens tapis de prières, véritables œuvres d'art ».

La salle est grande et Géraldine doit patienter quelque temps avant d'y entrer, le temps que le flux de deux mille invités s'y engouffre... Géraldine tente de se rassurer, elle va pouvoir passer inaperçue. À ce moment, la foule s'écarte pour laisser passer une femme brune, très élégante, vêtue d'une robe pailletée. C'est l'une des six sœurs du roi, la princesse Senije. Géraldine esquisse une révérence, la princesse la prend par le bras et lui dit : « Je vais vous présenter à mon frère. »

Géraldine raconte la scène : « Nous parvenions au fond de la salle quand j'aperçus soudain devant moi un homme grand et mince, très élégant, qui conversait avec un chef de mission étranger. Il se tourna vers moi et, rencontrant son regard pour la première fois, je ressentis un étrange embarras. Il avait des yeux bleus perçants et envoûtants[4]. »

La comtesse plonge dans une révérence très austro-hongroise. Le roi la relève, il sourit, l'interroge sur son voyage et la présente à plusieurs personnes avant de lui tendre une coupe de champagne. Géraldine est si émue qu'elle lâche la coupe qui se brise en mille morceaux, juste au moment où

4 *Ibid.*

retentissent les douze coups de minuit. L'année 1938 commence. On passe à table mais elle est si troublée qu'elle ne peut avaler une bouchée. Le roi lui parle, raconte qu'il a vécu à Vienne pendant la guerre mondiale. Elle est captivée. À cinq heures du matin, quand elle regagne la villa Toptani, Géraldine est amoureuse du roi des Albanais. Quelques heures plus tard, à son réveil, on lui dit qu'en ce 1er janvier le roi reçoit le corps diplomatique le matin, mais qu'elle est attendue au palais, à seize heures, pour une première visite privée. Le charme de la veille opère encore. Géraldine se sent parfaitement à l'aise avec le souverain. Elle a l'impression de le connaître depuis longtemps. Il lui demande si elle accepte de devenir sa femme. Il lui donne dix jours pour lui faire connaître sa réponse.

Dans cette période, ils se verront souvent. On présente Géraldine à la famille royale : le roi a un frère et six sœurs, un véritable clan. Les princesses soutiennent leur frère, patronnent des œuvres de charité. Très occidentalisées, elles parcourent la campagne albanaise pour encourager les femmes à abandonner le voile, comme en Turquie à la même époque. Géraldine a tout de suite conscience qu'elle doit se rapprocher d'elles, leur accorder de l'attention, mais ne pas avoir l'air de vouloir les supplanter. De toute façon, elle est amoureuse. Le roi la comble chaque jour de fleurs et de cadeaux. Le 4 janvier, conviée au bal de l'armée où il n'y a que des officiers et leurs familles, Géraldine est éblouissante dans une robe de tulle bleu que la maison Chanel a confectionnée pour elle. Décidément, le monarque pense à tout !

Ce soir-là, ils vont ouvrir le bal et ne cesser de danser ensemble toute la nuit. Le lendemain, 10 janvier, Géraldine accepte la demande en mariage du roi. Le 30 janvier, ce sont les fiançailles officielles. Le roi lui offre un solitaire de 14 carats, blanc-bleu, une merveille qui ne quittera plus la main de Géraldine...

Le Parlement doit approuver le mariage. La formalité a lieu le 31 janvier. Les députés, tous en jaquette, approuvent le choix du souverain à l'unanimité en criant : « Vive le roi ! »

Le mariage est fixé au 27 avril 1938. Géraldine va en profiter pour visiter son nouveau pays. La sérénité des fiançailles est bousculée par un événement européen au retentissement mondial : le 12 mars 1938, les blindés allemands entrent en Autriche. C'est l'Anschluss. Cette fois, l'Italie, qui avait été diplomatiquement critiquée et isolée à cause de son agression en Éthiopie en 1935, ne s'oppose pas à l'annexion de l'Autriche par l'Allemagne. L'axe Rome-Berlin devient effectif. Les démocraties tolèrent cette nouvelle violation du traité de Versailles et c'est inquiétant pour l'Albanie : si Hitler se permet tout, pourquoi Mussolini n'en ferait-il pas autant ? En se familiarisant de plus en plus avec l'Albanie, Géraldine ressent l'omniprésence italienne. Mais elle découvre aussi que le roi, en rendant l'instruction publique obligatoire, s'est inspiré du modèle français et que l'influence culturelle française est très importante en Albanie. Des conventions archéologiques ont été passées avec la France et de nombreux professeurs français sont attachés aux écoles secondaires du pays. L'examen final, qui correspond au baccalauréat, est reconnu par le ministère français de l'Instruction publique et les titulaires du diplôme peuvent s'inscrire dans les universités françaises. Une étonnante réalité, souvent oubliée.

Cette influence française rend les Italiens jaloux. Le comte Ciano, gendre de Mussolini et ministre italien des Affaires étrangères, obtient du roi Zog l'autorisation de créer un Centre italien de la jeunesse fasciste à Tirana. C'est symbolique mais inquiétant…

Le jour du mariage approche. Géraldine est comblée de cadeaux par son futur époux : colliers, bracelets, boucles d'oreilles en diamant venus de Vienne et de Paris. La presse commence à s'intéresser à l'événement. Le 25 avril, avant-veille de la cérémonie, Tirana compte 60 000 habitants de plus qu'à l'ordinaire. Des milliers de paysans venus de toutes les provinces d'Albanie veulent assister au mariage de leur roi. Les hôtels sont pleins à craquer, réservés pour les invités de marque et les soixante-dix-neuf journalistes et photographes présents pour couvrir cette actualité. Le soir du 25, une grande réception a lieu : tout Budapest est là ! Géraldine porte une robe albanaise de mousseline blanche brodée d'or. C'est un cadeau des municipalités du royaume. Les derniers cadeaux des chefs d'État arrivent à Tirana. Le régent Horthy offre un phaéton tiré par deux lipizzans. La France envoie un somptueux service en porcelaine de Sèvres. Le cadeau le plus clinquant est celui du chancelier Hitler : il offre une Mercedes sport, décapotable, rouge écarlate, avec des sièges en cuir ivoire. Il n'existe que deux exemplaires de cette voiture. L'autre appartient au Führer.

La famille de Géraldine arrive, sa famille hongroise mais aussi sa famille française, et c'est la maison Chanel qui réalise la robe de la mariée.

La cérémonie a lieu dans l'immense salle d'honneur du palais. Géraldine est superbe dans sa robe de satin blanc brodée d'argent et de perles. Elle porte un extraordinaire diadème orné de boutons de fleurs d'oranger. À onze heures du matin, au bras du roi Zog en uniforme d'apparat, elle traverse l'immense salle jusqu'à une grande table de palissandre sur laquelle a été déposé le Code civil, un épais registre et un stylo en or. Il s'agit d'une cérémonie uniquement civile, pour ne froisser aucune communauté religieuse. L'Albanie est une monarchie laïque et multiconfessionnelle, à large dominante musulmane. C'est le président du Parlement qui va les marier, après avoir lu les trois articles du Code civil concernant le mariage. Il pose ensuite la question rituelle à laquelle il est répondu deux fois oui. À vingt-trois ans, Géraldine est devenue reine des Albanais. Le roi Zog a quarante-cinq ans.

Après la signature des registres par les mariés et les témoins, dont le comte Ciano pour le roi, il est midi. Toutes les cloches des églises de Tirana sonnent au moment où le couple royal apparaît au balcon du palais devant une foule ravie.

Bien sûr, un déjeuner va suivre. Zog aidera Géraldine à découper la pièce montée de… trois mètres de haut ! Puis arrivent les Tziganes. Géraldine est née hongroise, la fête sera hongroise.

Le voyage de noces commence par un séjour dans la belle villa blanche de Durrës que Géraldine avait aperçue le jour de son arrivée en Albanie. Le roi reste très occupé. Dès le lendemain, le comte Ciano vient s'entretenir avec lui pendant plusieurs heures. Les six belles-sœurs, un peu envahissantes, arrivent très vite elles aussi. Heureusement, elles ont chacune leur propre maison et laisseront le couple à peu près tranquille.

Au cours de l'été, le roi Zog va devoir donner son accord à deux projets dont Ciano lui a parlé, l'assèchement et la mise en culture de 3 500 hectares de terres à blé dans la région de Durrës. Le blé sera-t-il pour les Albanais ou pour les Italiens ? Le second projet concerne l'aménagement du port de Durrës. Est-ce pour améliorer le commerce maritime albanais ou pour faciliter le débarquement de troupes italiennes ? Tout ce que propose Ciano peut se lire de deux façons, mais pour le gendre du Duce, il n'y a aucun doute : l'Albanie doit devenir italienne. En août, le roi Zog loue un petit bateau de croisière. Il emmène son épouse, Virginia et son mari, et ses six inévitables sœurs pour visiter la côte albanaise. On verra les ports pittoresques presque jusqu'à la frontière grecque, on découvrira les sites archéologiques de Butrint. Bref, une croisière de rêve. Ils ont raison d'en profiter : l'année suivante sera plus sombre...

Géraldine se retrouve très vite enceinte, pour la plus grande joie de la famille royale, mais l'étau italien se resserre sur l'Albanie. Le 12 février 1939, le couple royal échappe de justesse à un attentat dans le jardin du palais : un tireur les a visés du haut d'un immeuble voisin. Le 26 mars 1939, Ciano fait remettre au roi un texte qui établirait un protectorat très dur et supprimerait l'indépendance albanaise. Le roi y est totalement opposé et demande un délai pour réfléchir. Le 5 avril 1939, à trois heures du matin, la reine Géraldine met au monde un garçon qui sera prénommé Leka. Là se situe un épisode pittoresque totalement albanais. Pendant que Géraldine, anesthésiée, dort encore, Zog vient voir son fils et, conformément à une tradition familiale, place un revolver sous son oreiller. Quand Géraldine, réveillée, réclame son enfant, elle pousse un cri en apercevant la crosse de l'arme qui dépasse de l'oreiller du bébé. La famille qui se presse autour d'elle est enchantée, Géraldine un peu moins. Au même moment, mais c'est beaucoup moins réjouissant, le roi Zog reçoit un télégramme de Mussolini qui est un véritable ultimatum : il a jusqu'au surlendemain, 7 avril, à midi, pour signer le protectorat. On suppose que s'il ne signe pas, l'invasion sera immédiate. En toute hâte, on réunit le Parlement. Il s'oppose, lui aussi, à la signature. L'Allemagne fait savoir qu'elle considérerait comme un acte hostile toute aide accordée à l'Albanie par la Yougoslavie. La situation semble sans issue. Zog demande à Géraldine de quitter l'Albanie. On prépare son départ rapide. Le vendredi 7 avril 1939, vendredi saint, à trois heures du matin, le roi Zog reçoit un télégramme l'informant de la démission de son aide de camp. C'est un code qui révèle le début du débarquement italien. La marine italienne et les remarquables troupes amphibies du Duce débarquent dans les baies de Valona, au sud du pays, et de Durrës. Une demi-heure plus tard, à Tirana, un convoi se met en route. Il y a bien sûr la reine et le petit prince Leka. La grand-mère américaine de Géraldine, les six sœurs du roi et leurs enfants, une nourrice albanaise, quelques domestiques et deux médecins les accompagnent. La reine, qui a accouché deux jours auparavant, est installée sur un matelas dans une Chrysler dont on a enlevé deux sièges pour les disposer dans le sens de la longueur. La voiture est transformée en ambulance. Les adieux du couple sont déchirants : Géraldine ne sait pas si elle reverra son mari. Le trajet sur ces routes qui traversent les montagnes est chaotique, très dangereux et fatigant. Partis à trois heures du matin, les fugitifs n'atteignent la frontière grecque qu'à la nuit tombante, le lendemain.

Ils arrivent dans une petite ville de Macédoine, Flórina. Dans la voiture, la reine est inconsciente, dans un état critique. Le roi Georges II de Grèce, prévenu, fait envoyer sur place deux médecins par train spécial. Géraldine refuse de quitter ses compagnons d'exode, les médecins grecs la soigneront sur place. Pendant ce temps, le roi Zog et le gouvernement albanais sont près de la frontière grecque à Pogradec. Ils apprennent que toute résistance a cessé dans le sud du pays et que les troupes italiennes seront bientôt à Tirana. Le roi prend alors contact avec le Premier ministre grec, le général Metaxás. Cet homme à poigne propose l'asile politique en Grèce pour lui et ses compagnons, à condition de passer la frontière avant le 9 avril à minuit, car après cette heure, elle sera fermée. On suppose que Metaxás se méfie des Italiens. Ils ont envahi l'Albanie, pourquoi ne s'attaqueraient-ils pas à la Grèce ? L'avenir ne lui donnera pas tort…

Ce sont près de deux mille personnes qui vont quitter l'Albanie avec le roi Zog, les ministres, les préfets, cinq cents députés et quelques notables avec leurs familles. À Flórina, Zog retrouve Géraldine. Les circonstances sont bien tristes. Ils sont désormais des souverains en exil. Le lendemain, Metaxás, sans doute menacé par Mussolini, demande au roi Zog de quitter le territoire grec dans les plus brefs délais. Le souverain grec, Georges II, intervient et les exilés albanais vont pouvoir s'installer à Larissa en Thessalie. Pendant ce temps, Ciano est arrivé à Tirana. L'Albanie est conquise et Victor-Emmanuel, déjà roi d'Italie et empereur d'Éthiopie, gagne une troisième couronne : il sera aussi roi d'Albanie...

La Thessalie est accueillante, Larissa est située juste au pied de l'Olympe. Mais la famille royale albanaise va être séparée : trois princesses et la grand-mère de Géraldine partent directement pour la France. Zog, Géraldine, leur fils et trois autres sœurs du roi partent pour Istanbul. Ils sont très bien accueillis. Zog y retrouve ses souvenirs de jeunesse dans la ville où il a fait ses études, mais ils ne resteront pas longtemps. Ils veulent regagner la France mais ne peuvent prendre le risque de longer les côtes italiennes. Ils vont devoir faire un grand détour par le nord. Ils commencent par la Roumanie, où ils arrivent le 2 juillet 1939. On les accueille très bien, on les installe à l'Athénée Palace, à Bucarest. Le roi Carol II les invite à déjeuner au palais royal avant de les emmener passer une journée à Sinaia. Géraldine va mieux. Puis, ce sera la Pologne, les pays Baltes, car ils sont obligés de contourner l'Allemagne avant d'espérer gagner la Suède par la mer. Après une traversée houleuse qui a failli les obliger à débarquer en territoire allemand (un cauchemar !), la Baltique s'est soudainement calmée. Le couple royal peut profiter de l'admirable arrivée à Stockholm, dans la sublime lumière des nuits encore blanches. Après

Stockholm, Anvers et enfin la France où le roi a fait louer un château près de Versailles. À peine installés au château de La Maye, ils vont vivre la « drôle de guerre », de septembre 1939 à mai 1940.

L'offensive allemande de juin 1940 jette aussi la famille royale albanaise dans le cauchemar de l'exode. Leur convoi de plusieurs voitures rejoint l'interminable file des Français et des réfugiés qui fuient l'invasion allemande. Après un arrêt à Orléans, ils mettront dix jours à atteindre Royan. Le roi Zog alerte à plusieurs reprises les autorités françaises, mais n'obtient pas de réponse. Il alerte alors le roi George VI qui leur offre immédiatement asile au Royaume-Uni et leur transmet la date de départ du dernier navire britannique qui quittera Bordeaux. Les Albanais montent sur ce bateau rempli de gens de toutes nationalités qui veulent poursuivre la lutte aux côtés de l'Angleterre. Le lendemain, ils gagnent Londres et s'installent... au Ritz. Après le cauchemar de l'exode, ils vont subir, maintenant, celui du Blitz. Ils quittent Londres en juin 1941 pour la campagne. Le petit Leka est très grand pour son âge ; adulte, il atteindra les deux mètres ! Après les nuits difficiles du Blitz, l'air campagnard fait du bien à tout le monde. Finalement, ils s'installent dans un château, Parmoor House.

Le couple royal est parfaitement uni. Ils s'aiment. L'épreuve les a encore rapprochés. Le roi a de nombreux contacts avec des chefs d'État ou de gouvernement en activité, comme le président Roosevelt ou le Premier ministre Churchill, mais aussi avec les gouvernements monarchiques en exil.

Zog est sceptique sur l'avenir. Il a une phrase pessimiste devant son épouse : « Tu verras que pour nous, il n'y aura pas d'armistice joyeux. »

Plus la fin de la guerre se rapproche, plus Zog est persuadé que les Alliés abandonneront une bonne partie de l'Europe, Albanie comprise, au communisme. Il n'a pas tort.

Le roi, la reine et le prince héritier quittent le Royaume-Uni pour s'installer en Égypte. Il espère que les pays arabes seront plus sensibles que les Occidentaux aux malheurs des Albanais qui sont une population officiellement musulmane. Le jeune roi Farouk accueille Zog favorablement. Après avoir séjourné quelque temps au Mena House, au Caire, la famille s'installe à Alexandrie. L'Égypte accueille volontiers les souverains exilés. Il y a déjà Victor-Emmanuel III d'Italie et la reine Hélène, ainsi que leur fille, Giovanna, veuve de Boris III de Bulgarie, que Zog n'avait pas pu épouser. La seule tentative des Occidentaux concernant l'Albanie se situe en 1949. Le rideau de fer est tombé sur l'Europe mais l'Albanie a un statut spécial : les Albanais n'ont pas été « libérés » par les Soviétiques. Ils sont farouchement communistes, sans dépendre officiellement de Moscou. On parlera de pays « non aligné » mais très susceptible. Il y a quelques foyers de résistance, notamment dans le nord du pays, mais la dictature du communisant Enver Hodja est sanglante. D'autre part, un grave incident diplomatique a opposé le Royaume-Uni à l'Albanie en 1948 : deux destroyers de la Royal Navy, qui naviguaient « en infraction à la règle des 4,5 kilomètres d'eaux territoriales imposée unilatéralement par l'Albanie », ont sauté sur des mines. On demande au roi Zog de conseiller les services secrets américains et britanniques qui veulent envoyer des commandos pour savoir ce qui se passe exactement en Albanie et tenter de créer un soulèvement anticommuniste. Malheureusement, les commandos sont repérés, arrêtés et condamnés rapidement. Ils étaient visiblement attendus. L'agent de liaison entre les services britanniques et américains dans cette opération n'était autre que Kim Philby, un espion britannique passé au service de Moscou qui sera démasqué bien après ce fiasco.

Le départ en exil du roi Farouk se situe en 1952. Avec l'arrivée du général Neguib et du colonel Nasser au pouvoir, les souverains albanais quittent l'Égypte en août 1955. Cap sur la France, les voici à Cannes. Malheureusement, la santé du roi Zog se détériore. Il maigrit et souffre d'un ulcère à l'estomac. De plus, il se heurte à de graves difficultés financières. En 1958, en toute discrétion, la reine Géraldine doit vendre ses bijoux à New York. Elle se consacre totalement à son mari, l'homme qu'elle a toujours aimé. En janvier 1961, ils emménagent dans la région parisienne, à Ablon. Le roi va de plus en plus mal. Admis à l'hôpital Foch de Suresnes, les médecins révèlent à la reine que son cancer de l'estomac est inguérissable. L'agonie du roi Zog est atroce. Il s'éteint le 5 avril 1961, le jour du 22e anniversaire de son fils Leka. Il est enterré au cimetière de Thiais, dans le carré musulman. Des milliers d'Albanais de la diaspora viennent lui rendre un dernier hommage. Désormais, Géraldine est seule. Sa situation matérielle est très précaire. En 1962, grâce à l'aide de

Siméon de Bulgarie et du prince Juan Carlos de Bourbon, le prince Leka trouve un emploi dans une entreprise espagnole d'import-export. Géraldine va désormais vivre à Madrid pour se rapprocher de son fils. Elle y est en terrain connu, au milieu d'amis, souvent membres de familles détrônées. En 1975, Leka épouse une Australienne à Tolède. En 1982, Géraldine part en Afrique du Sud pour la naissance de son petit-fils, lui aussi prénommé Leka. Elle s'y installera, reviendra parfois en Europe. Elle se réjouira de la fin du bloc communisme, surtout en Albanie qui était le pays le plus fermé du monde, dans un isolement politique et économique absolu.

Cette reine tant aimée, si belle, si fidèle et si discrète s'éteindra en 2002. Elle aura connu un exil beaucoup plus long que son règne effectif. Aujourd'hui, son petit-fils est revenu à Tirana. Il s'y est marié. L'Albanie – comme la Serbie, comme la Bulgarie, comme le Monténégro, comme la Roumanie – se souvient qu'elle a été une monarchie et qu'on ne peut pas effacer l'histoire.

12

Léopold III et Lilian de Réthy : un mariage qui choque…

C'est l'histoire d'un roi qui avait épousé une belle et blonde princesse des neiges et lui avait donné trois enfants. Elle meurt prématurément dans un accident de voiture. Elle laisse le souverain veuf et désespéré avec ses petits princes. Six ans plus tard, il rencontre une très belle jeune fille brune mais qui n'est pas princesse. Il en tombe amoureux, il se remarie et aura avec elle trois enfants. Une belle histoire en apparence, mais qui va choquer l'opinion. L'idylle se passe en pleine guerre, l'occupation allemande est très dure. Pour le peuple belge, le roi n'a pas droit au bonheur, ce n'est pas le moment. Le souvenir de la reine trop tôt disparue est profondément imprimé dans l'imaginaire belge. Il va falloir beaucoup d'amour à Léopold III et à Lilian pour résister au torrent d'opprobre qui les inonde.

Léopold est le premier enfant du couple princier Albert Ier et Élisabeth. Il naît en 1901, suivi en 1903 d'un frère, Charles, et en 1906 d'une sœur, Marie-José, qui épousera le futur roi d'Italie, Umberto de Savoie, et deviendra la fameuse « reine de mai » en 1946.

Il a treize ans quand la Première Guerre mondiale éclate. Il est envoyé en Angleterre avec son frère et sa sœur, fait ses études à Eton. Il retrouve ses parents à La Panne, où le couple royal belge s'est établi. Il creuse des tranchées, participe à l'effort de guerre lors de ses brefs séjours sur le territoire belge. Avec ses parents, il participe au défilé de la Victoire, avant d'entrer à l'École militaire d'où il sort sous-lieutenant en novembre 1920. Il poursuit alors des études de droit et de sciences politiques. Il voyage au Brésil, en Égypte, au Congo en 1925 et se rend aux États-Unis en 1929. Comme son père, avec lequel il entretient des liens étroits, il pratique l'alpinisme. Quant à sa mère Élisabeth, elle l'adore, il est son enfant préféré. Charles et Marie-José sont un peu jaloux de ce frère tant aimé.

Le 10 novembre 1926, à Bruxelles, il épouse la princesse Astrid de Suède. Elle est la nièce du roi Gustave V de Suède. Sa simplicité, son sourire, son charme vont faire la conquête non seulement de son mari, mais de toute la Belgique. Le bonheur du couple enchante la population. Trois enfants vont naître, Joséphine-Charlotte en 1927, et deux futurs rois des Belges, Baudouin en 1930 et Albert en 1934.

Tout est pour le mieux dans le meilleur des mondes lorsque survient une terrible tragédie : le roi Albert Ier meurt, à cinquante-neuf ans, dans un accident de montagne, le 18 février 1934. Ce « roi-chevalier » était très aimé pour sa conduite exemplaire pendant la guerre. La reine Élisabeth est désespérée. Son fils aîné devient le roi Léopold III à trente-trois ans. La reine Astrid est alors enceinte de leur troisième enfant, Albert. Le jeune monarque est très déstabilisé. Son père est mort trop tôt. Se montrer à la hauteur de ce souverain si vénéré est une tâche très dure. Dès son discours d'avènement, Léopold trouve les mots justes. Il se dit « résolu à tous les sacrifices pour assurer la sauvegarde de son sol et de ses libertés ». Mais, surtout, il lance cette phrase : « Je me donne tout entier à la Belgique. » La vie semble sourire au couple royal. Si Léopold III se montre plein de compréhension et d'humilité à l'égard des autres, il n'a pas le contact facile. Il parle peu, reçoit ses ministres debout. Il n'aime pas les défilés, les cérémonies officielles l'ennuient et, surtout, il se méfie des politiques. Alors qu'il s'habitue à sa fonction, une nouvelle tragédie va bouleverser sa vie.

Le 29 août 1935, le roi et la reine sont en vacances en Suisse, dans leur résidence des bords du lac de Lucerne, acquise en 1900 par la grand-mère du roi. Ils montent à bord de la voiture d'Astrid, un roadster décapotable muni d'un porte-bagages. On y arrime les valises. Léopold III prend le volant, Astrid est assise à côté de lui. Le chauffeur est à l'arrière. À 9 h 30 du matin, ils longent le lac sur une ligne droite qui va de Lucerne à Zurich. Ils arrivent à hauteur du village de Küssnacht. La carte dépliée sur ses genoux, Astrid cherche un itinéraire. Léopold III se penche pour l'aider ; une fatale inattention. Le lourd cabriolet, peut-être trop chargé, dévie, dérape sur l'asphalte mouillé, heurte un muret. Le roi accélère pour tenter de sortir de l'ornière. La voiture franchit le parapet, fait plusieurs tonneaux. Astrid est éjectée. La voiture s'immobilise enfin dans les roseaux au bord du lac. Le roi est blessé au visage et au thorax. Il rampe vers Astrid qui agonise. Un médecin arrive mais c'est trop tard : Astrid est morte. Léopold III est désespéré. Son épouse avait trente ans. Le pire est qu'il est responsable de l'accident. L'opinion ne lui pardonnera pas cette faute. La première...

Les funérailles ont lieu le 3 septembre 1935 à Bruxelles, en la cathédrale Saints-Michel-et-Gudule. Après le décès du roi Albert Ier, c'est un nouveau traumatisme pour la Belgique. Le roi n'a pas voulu monter dans le carrosse prévu, il suit le corbillard à pied, claudiquant, un pansement sur le visage et le bras droit en écharpe. Il est en uniforme et tient son képi à la main. Derrière lui, sa mère, la reine Élisabeth, son frère Charles et le frère d'Astrid. Avant les funérailles, 2 millions de Belges ont défilé devant la dépouille de la reine.

D'une certaine façon, la mort soudaine d'Astrid est comme un électrochoc pour la reine Élisabeth. Elle se morfondait dans le désespoir depuis la mort de son mari. Elle réalise que son fils va avoir besoin d'elle. Non seulement la reine mère redevient la première dame du royaume, mais surtout la grand-mère, qui avait été loin d'être une mère parfaite, va devoir s'occuper de ses petits-enfants.

Économiquement, la Belgique souffre aussi ; le franc belge est dévalué de 28 % en 1935. En 1936, la loi sur les congés payés est signée par un Léopold III qui émerge de sa douleur. À partir de 1937, il effectue de nouveau des visites officielles et assume totalement son métier de roi. Il malmène un peu les ministres du gouvernement. Il est particulièrement sévère à l'égard de Léon Degrelle, fondateur du mouvement pronazi appelé « Rex », qui a remporté un succès électoral. Quand on demande au roi ce qu'il pense de l'homme, il répond : « Suffisant et insuffisant... » Le roi ne manque pas d'esprit. Mais il est seul, veuf avec ses trois orphelins de mère qui grandissent. On les voit jouer avec leur père dans le parc de Laeken, aussi avec leur grand-mère qui réside au pavillon des Palmiers, dans le parc du château. Elle a fait ce choix car le palais lui rappelle trop son époux... Les aînés, Joséphine-Charlotte et Baudouin, participent à la vie officielle aux côtés de leur père et de leur grand-mère.

Le 10 mai 1940, à 4 h 30 du matin, l'Allemagne attaque la Belgique. Comme son père vingt-six ans plus tôt, Léopold III prend la tête de ses troupes. Avant de rejoindre le front, il organise le départ de ses enfants pour la France. Il demande à sa mère de rejoindre La Panne, comme en 1914.

Voulant assurer la sauvegarde des archives du roi Albert Ier, elle met quelques jours à gagner la villa Maskens. Comme en 1914, elle s'active, visite les soldats blessés et les réfugiés. Mais l'avancée allemande est foudroyante. Les forces belges ne cessent de battre en retraite. Après dix-huit jours épuisants, c'est la déroute. Le 25 mai, le Premier ministre, Hubert Pierlot, tente de dissuader le roi de capituler et lui propose l'exil, comme le feront la reine Wilhelmine des Pays-Bas, la grande-duchesse de Luxembourg et le roi Haakon de Norvège. Hanté par le souvenir de son père Albert Ier qui avait réussi à conserver libre un fragment de territoire sur la côte belge, Léopold III lui répond : « Malgré tous les conseils opposés, je préfère suivre le sort de mon armée et demeurer avec mon peuple. »

Le gouvernement belge s'exile à Londres afin de poursuivre la lutte aux côtés des Alliés. Léopold III refuse de le rejoindre. Le 28 mai, le roi signe la capitulation sans conditions de la Belgique. Cette reddition est ressentie comme une humiliation par la population. Vaincue, la Belgique se sent déshonorée. Le peuple condamne la décision de Léopold. On le qualifie de « roi servile », de « roi félon », de « roi traître ». Mais Léopold III avait tranché en faisant ce qu'il estimait être son devoir. Il s'en explique auprès du souverain britannique, le roi George VI, dans un message rédigé en français : « Mon cher Bertie, je suis convaincu d'avoir agi pour les meilleurs intérêts de mon pays. J'ai été très ému par ton impressionnant discours hier soir à la radio. J'ai, moi aussi, entièrement foi dans l'avenir. Que Dieu vous bénisse. Affectueusement à toi et à la chère Elizabeth. Léopold. »

Si George VI peut comprendre, Churchill, en revanche, est furieux, car sa politique consistait à avoir auprès de lui, à Londres, le maximum de chefs d'État et de gouvernement des pays occupés par l'Allemagne avec le statut de « gouvernements alliés libres de Londres ».

Le 29 mai, à vingt-trois heures, Léopold III entre dans le palais de Laeken, gardé par la Wehrmacht et sur lequel flotte le drapeau nazi. C'est là qu'est assigné à résidence le « roi prisonnier » avec sa famille, sa suite militaire et ses serviteurs. Comme son gouvernement est à Londres, il ne peut plus régner. L'occupant gère la Belgique. Léopold III est si déprimé qu'il songe à abdiquer. Mais abdiquer en faveur de qui ? Son fils aîné, Baudouin, n'a que dix ans. Le roi s'est enfermé lui-même dans un piège. Il va le payer très cher.

L'occupation allemande est très dure pour la Belgique. On manque de tout. À cause de la pénurie d'orge et de houblon, la bière ne titre plus que 0,8 degré. Même cette boisson si populaire n'est plus ce qu'elle était !

Un jour de 1940, le gouverneur de Flandre-Occidentale, Henri Baëls, demande à rencontrer le roi reclus dans son palais. Ses détracteurs lui reprochent d'être parti en France au moment du déclenchement de la guerre. Henri Baëls veut dire au roi que c'est faux : il n'a pas abandonné son poste de gouverneur. Il se rend en voiture à Laeken. Sa fille Lilian, vingt-quatre ans, lui sert de chauffeur. Léopold III est subjugué par la jeune femme, brune, élancée, élégante. Elle est éblouissante. Ils s'étaient déjà rencontrés en 1938 sur l'hippodrome d'Ostende. C'est son frère qui la lui avait présentée. Brève rencontre, sans aucune conséquence. Mais cette fois, le roi est vraiment séduit. La reine Élisabeth va jouer un rôle dans cette idylle. Elle va même la favoriser en insistant pour que son fils revoie la jeune femme. La reine mère s'inquiète de la solitude du roi dans une période si éprouvante alors qu'il culpabilise déjà d'être resté en Belgique, entre les mains des nazis. La veuve d'Albert Ier pense aussi à ses trois petits-enfants privés de mère, livrés aux gouvernantes. Ils auraient besoin de la chaleur d'un vrai foyer.

Mais qui est donc Lilian Baëls ? Elle est née à Londres en 1916. Son père a été avocat puis échevin d'Ostende ; il est actionnaire d'une importante société de pêche. Il a été ministre de l'Agriculture, des Travaux publics, de l'Intérieur, puis de la Santé. En 1933, il a accédé au poste prestigieux de gouverneur de la Flandre-Occidentale. Lilian est la sixième des huit enfants qu'il a eus avec son épouse Anne-Marie. Cet anglophile a souhaité que ses enfants pratiquent aussi bien le français, le flamand que l'anglais. C'est un homme cultivé. Lilian l'est aussi. Dans cette famille de la grande bourgeoisie belge, les enfants s'entraident beaucoup. Lilian s'occupe volontiers de ses petites sœurs. Elle a été élevée à l'Institut des dames du Sacré-Cœur avant d'achever sa formation dans ce qu'on appelait une *finishing school* en Angleterre. La jeune fille a passé de nombreuses vacances en Autriche et en Hongrie. Elle aime cette Mitteleuropa, ses traditions et son art de vivre.

Dès le printemps 1940 et durant l'été 1941, Lilian et Léopold III se retrouvent pour des weekends dans la villa qu'il possède à Knokke-le-Zoute. Le roi prisonnier a le droit de s'y rendre, mais cette maison est, elle aussi, sous haute surveillance. Le coup de foudre est réciproque, c'est une véritable passion. Ils se marient religieusement et secrètement le 11 septembre 1941. Le sacrement leur est donné par le cardinal Van Roey. Les seuls témoins sont le père de Lilian, Henri Baëls, et la mère de Léopold III, la reine mère Élisabeth. Toutefois, une union religieuse sans mariage civil n'a aucune valeur. La cérémonie civile aura lieu le 6 décembre 1941, au palais de Laeken. Le même jour, le cardinal annonce publiquement l'événement par cette formule : « Nous avons eu l'honneur et la joie de bénir le mariage royal selon les formes de l'Église, le 11 septembre dernier, dans la chapelle du château de Laeken. Les formalités civiles ont été accomplies aujourd'hui, dans le même château. Nous sommes autorisés à ajouter que ce mariage intéresse uniquement la vie privée et familiale du roi. Il ne produira aucun effet de droit public... L'épouse royale renonce au rang et au titre de reine, condition qu'elle a mise elle-même à son mariage. Elle portera le titre de princesse de Réthy. Par le même acte, le roi déclare que la descendance éventuelle de ce mariage ne jouira d'aucun droit héréditaire à la Couronne. » C'est donc un mariage morganatique.

La nouvelle stupéfie le pays ! Depuis le début de la guerre, Léopold III bénéficiait auprès du peuple d'une certaine popularité. La légende noire de Lilian va commencer à ternir l'image royale. Les femmes et les anciens combattants rappellent la personnalité tant aimée de la défunte reine Astrid. Comment le roi a-t-il osé donner la place d'Astrid à une inconnue même pas titrée ? Le roi n'est donc pas aussi cloîtré dans son palais qu'on le croyait. Il prend du bon temps avec sa dulcinée alors que la Belgique est à genoux ! C'est insupportable ! Dans la presse clandestine, ce mariage sert de prétexte pour aviver l'opinion antiléopoldiste. Le mythe du roi partageant le sort de ses soldats s'effondre.

Comme la princesse de Réthy va s'occuper des trois enfants du roi, elle devient une vilaine marâtre. Sa beauté presque andalouse est opposée à la blondeur d'Astrid. Pour ne rien arranger, le 18 juillet 1942, Lilian donne naissance à un garçon, Alexandre. On compte les mois : la liaison du roi a précédé son remariage... La réalité est loin de l'image brouillée que l'on fait du couple. En fait, des photos attestent une vie familiale qui semble chaleureuse. Joséphine-Charlotte, Baudouin et Albert paraissent très bien s'entendre avec leur belle-mère. L'arrivée d'un demi-frère a l'air de beaucoup les réjouir. Sur une photo de famille prise le 3 novembre 1941, pour les quarante ans du roi, on voit le petit Alexandre (quatre mois) sur les genoux de son arrière-grand-mère, la duchesse Charles-Théodore en Bavière (belle-sœur de Sissi), entourée de la reine Élisabeth, sa fille, de la princesse de Piémont, Marie-José, sa petite-fille, de son petit-fils le roi, que Lilian tient affectueusement par l'épaule, ainsi que les trois autres arrière-petits-enfants de la duchesse, Joséphine-Charlotte, Baudouin et Albert. Malgré la guerre, une telle réunion de famille a été possible. Et si elle a eu lieu, c'est que les présents en avaient vraiment envie, malgré des temps difficiles et même dangereux.

Le mercredi 7 juin 1944, au lendemain du débarquement des Alliés en Normandie, les Allemands décident de déporter le roi Léopold III. Il n'a pas le temps d'embrasser les enfants royaux qui sont à Ciergnon. Le roi proteste énergiquement mais une caravane de camions militaires escortée de motocyclistes l'emporte, sur ordre d'Himmler. Il quitte Laeken et sa famille. Il ignore où on va le conduire. Il apprend que ses proches vont aussi être déportés en Allemagne. Lilian réagit violemment, arguant que ni elle ni les enfants ne sont prisonniers de guerre. Elle ajoute que les jeunes princes ne sont pas en état de voyager, Baudouin se remet d'une scarlatine et Albert souffre des oreillons. Mais elle est contrainte de partir avec tous les enfants, y compris

Joséphine-Charlotte et le petit Alexandre, qui a trois ans. Les Allemands tentent d'arrêter le frère du roi, Charles, mais il leur échappe en prenant le maquis.

La reine Élisabeth, elle, peut rester à Laeken. Le roi et sa famille sont retenus prisonniers dans la forteresse de Hirschstein, en Saxe, près de Dresde. À un moment, les Allemands veulent les séparer en isolant Baudouin et Albert. Lilian s'y oppose fermement. Le soir du 11 juin, la famille est enfin réunie. Elle est isolée du monde, sans nouvelles des suites de la guerre ni de l'état de l'opinion en Belgique. Le fait d'être otages des Allemands peut-il plaider en leur faveur ? Ils ne sauront pas que Bruxelles est libérée le 4 septembre ni que Liège et Anvers le seront le 7. Inquiets de l'avancée américaine, les Allemands transfèrent Léopold III et les siens le 7 mars 1945, *via* Munich, à Strobl, en Autriche, près de Salzbourg, dans une maison entourée de barbelés. Ils en seront libérés le 7 mai par les Américains. La famille s'installe alors dans une grande villa, à Saint-Wolfgang, villégiature célèbre depuis la fameuse opérette *L'Auberge du Cheval blanc*.

Pendant ce temps, à Bruxelles, le 14 septembre, Charles est sorti du maquis et rentré dans la capitale. Le gouvernement, revenu d'exil, constate que Léopold III, prisonnier des Allemands, ne peut regagner la Belgique. Il décide, selon l'article 82 de la Constitution, de nommer Charles, son frère cadet, régent du royaume. Celui-ci est désigné par un vote du Parlement, la Chambre et le Sénat, le jeudi 21 septembre 1944. Dans son discours, le régent Charles se place sous la continuité de la monarchie, dans l'attente du retour de son frère.

La reine Élisabeth n'est pas enchantée par la prise de pouvoir de son second fils, dont elle connaît les faiblesses. Elle s'inquiète pour son fils aîné.

En Belgique, les partisans et les opposants au roi Léopold III s'affrontent car une partie du pays considère qu'il est le monarque légitime. Le 5 mai 1945, le régent se rend en Autriche avec le Premier ministre, pour rencontrer Léopold III. L'entrevue est plutôt glaciale. Léopold pense qu'il va pouvoir rentrer immédiatement à Bruxelles. Les catholiques le soutiennent mais Charles lui dit que c'est impossible car une partie de la population va s'opposer à son retour, en particulier les socialistes. Le roi est très atteint par cette réalité, il n'avait pas mesuré son impopularité. Léopold III décide alors de s'installer avec sa famille à Pregny, en Suisse, dans une grande villa appelée Le Reposoir. Ils y emménagent le 1er octobre 1945 et vont y séjourner jusqu'au 22 juillet 1950. C'est une étrange situation « dans un pays qui a tant besoin de paix et de concorde », selon le parti socialiste. C'est ce qu'on appellera la « question royale », désormais au cœur de tous les débats. Charles est régent du royaume tandis que Léopold III, exilé volontaire en Suisse, attend que les esprits s'apaisent et espère toujours pouvoir rentrer en roi à Bruxelles.

Le souverain exilé et Lilian mènent une vie familiale en apparence heureuse. Léopold III voit très souvent sa sœur Marie-José, l'éphémère « reine de mai » d'Italie, elle-même installée près de Genève, alors que son époux Umberto réside au Portugal. Beaucoup de Belges font le voyage pour rencontrer leur roi et son épouse en Suisse. La reine Élisabeth est dans une situation complexe : elle est favorable au retour de son fils aîné sur le trône, considérant qu'il a été trahi par ses ministres, mais elle doit se montrer prudente et impartiale car c'est son second fils qui est régent du royaume. Pendant les cinq années où Léopold III réside en Suisse, elle ne le verra que trois fois : le 17 septembre 1948, à Genève ; le 3 novembre 1949, à l'hôtel Meurice, à Paris, pour son anniversaire ; et en décembre, à nouveau à Paris. Elle ne se rendra pas en Suisse pour voir ses petits-enfants. Ils en seront meurtris, particulièrement Joséphine-Charlotte qui s'en ouvrira à une de ses grands-tantes, sœur de la reine Élisabeth.

Si Léopold III a une image brouillée en Belgique, celle de Lilian est pire. Paradoxalement, personne en Belgique, à l'époque, ne connaît vraiment Lilian. Mais cela n'empêche pas l'opinion de l'avoir déjà jugée : « Intrigante, parvenue, calculatrice, elle est devenue l'âme damnée du roi. Nombreux sont ceux qui excusent le comportement du souverain pendant la guerre en accablant son épouse. Trop belle, trop lointaine et trop silencieuse, Lilian est incapable de se défendre[1]. » On ne lui pardonne pas d'être aimée et d'avoir été épousée par le roi. Elle est en trop...

Au début de 1950, Léopold III décide de jouer son va-tout. Il demande au gouvernement d'organiser une consultation populaire pour savoir si le peuple belge le veut toujours pour roi. Il prévient que « s'il n'obtient pas une indiscutable majorité, il abdiquera ». Inutile de préciser que son frère Charles, le

1 Esmeralda de Belgique et Patrick Weber, *Lilian, une princesse entre ombre et lumière*, Bruxelles, Racine, 2012.

régent, est fermement opposé à ce référendum qui ne dit pas son nom. Les Belges se rendent aux urnes le dimanche 12 mars 1950. Ils doivent répondre à la question : « Êtes-vous d'accord pour que le roi reprenne les prérogatives de ses fonctions ? »

Le oui l'emporte par 57,68 %. C'est la majorité, mais est-elle indiscutable ? Le roi concède que ce n'est pas une grande victoire. La Flandre agricole, plutôt à droite, lui est très favorable, alors que la Wallonie, industrielle et socialiste, ne lui donne pas la majorité. Le samedi 22 juillet, Léopold III quitte Genève avec ses deux fils, Baudouin et Albert. Il est en uniforme. Il se rend à Laeken où la reine Élisabeth l'attend sur le perron. Mais l'atmosphère est houleuse en Belgique. Certaines villes mettent le drapeau national en berne, l'état de siège est décrété à Liège. La Belgique est au bord du gouffre, partagée entre pro et antiléopoldistes. Pour tenter de calmer la situation, Léopold III décide d'abdiquer et de transmettre ses pouvoirs à son fils Baudouin. Mais Baudouin a tout juste vingt ans. Or, la majorité étant en Belgique à vingt et un ans, la transmission du pouvoir devra s'effectuer en deux temps.

Le 11 août 1950, Baudouin prête serment une première fois, mais la dévolution réelle de ses prérogatives ne se fera que le lundi 16 juillet 1951. Léopold III signe son acte d'abdication dans la grande salle du palais royal, puis Baudouin le contresigne. Le père et le fils vont ensuite apparaître au balcon. La foule acclame Léopold III, mais pas Baudouin. Léopold III s'écarte alors, tend le bras vers son fils pour le désigner et lance à la foule : « Voici votre nouveau roi. Acclamez-le ! »

La foule applaudit. Baudouin Ier est le nouveau roi des Belges. Une page est tournée après une période particulière et sombre de l'histoire de la Belgique.

Après son abdication, Léopold III veut regagner Pregny, en Suisse. Mais Baudouin, très seul, demande à son père de rester près de lui. Léopold III, Lilian, Joséphine-Charlotte, Albert et le petit Alexandre vont donc s'installer à Laeken. Deux rois sous un même toit !

Chaque matin, Baudouin, avant neuf heures, se rend à son bureau, au palais royal de Bruxelles. Il revient à Laeken pour déjeuner. Le jeune souverain éprouve quelques difficultés à travailler avec des ministres qui ont désavoué son père. Comment être heureux dans une telle situation ? Il va donner l'image d'un monarque triste, bien que la vie familiale à Laeken soit plutôt harmonieuse.

La princesse de Réthy n'est pas la première dame du royaume mais elle est néanmoins présente dans toutes les circonstances officielles. Elle est très élégante, trop peut-être dans cet après-guerre difficile. On ne lui pardonne pas la place qu'elle occupe. Léopold et Lilian vont avoir deux autres enfants, les princesses Marie-Christine en 1951 et Esmeralda en 1956. Le bonheur conjugal de Léopold III et Lilian est évident. Les deux petites filles deviennent la coqueluche de leurs aînés. Baudouin est le parrain de Marie-Christine et Albert celui d'Esmeralda. Léopold III et Lilian vont beaucoup voyager. En leur absence, Baudouin leur donne des nouvelles de la vie à Laeken.

Deux mariages vont braquer les projecteurs sur la famille royale. Le 9 avril 1953, Joséphine-Charlotte épouse le prince Jean de Luxembourg, l'héritier du trône du grand-duché. En 1959, c'est au tour d'Albert de se marier : le 2 juillet 1959, il épouse la très belle Paola Ruffo di Calabria. Tout le monde s'interroge alors sur le célibat prolongé du roi Baudouin lorsque l'année suivante, le 16 septembre 1960, le palais annonce les fiançailles du roi, qui a juste trente ans, avec doña Fabiola de Mora y Aragon, une aristocrate espagnole qui a deux ans de plus que lui. La fiancée est présentée à la famille royale et au peuple belge le lendemain, à Ciergnon, résidence familiale. Le mariage, fastueux, aura lieu le 15 décembre 1960. Fabiola porte une somptueuse robe bordée d'hermine, créée par Balenciaga. Les mariés sont très amoureux. Ils s'envolent le soir même pour leur voyage de noces en Espagne. Tout le monde ignore à ce moment-là que Baudouin a demandé à son père et à sa belle-mère de quitter Laeken où il a l'intention de vivre avec Fabiola... sans eux.

Sans doute, était-il temps que le roi de trente ans s'émancipe de la présence permanente de son père et de sa belle-mère. Mais pour ce couple non accepté par les Belges, qui tient une place très ambiguë dans la monarchie, c'est une mise à l'écart cinglante. Ils déménagent dans l'urgence pour s'installer au château d'Argenteuil, dans le Brabant wallon. Les mauvaises langues prétendent que Léopold III et Lilian ont vidé Laeken avant de partir... C'est sans doute excessif, mais l'image offerte jusqu'à présent de la famille unie et heureuse est mise à mal. Visiblement, Baudouin et Fabiola n'ont aucune envie de côtoyer Lilian et les trois enfants de son amour qui avait scandalisé. Lilian est très blessée. Elle fera d'Argenteuil un très plaisant domaine où elle et Léopold III recevront beaucoup. Ce sera un rendez-vous à la fois mondain, culturel et scientifique fréquenté par les plus hautes personnalités européennes. Une sorte de brillante revanche pour l'épouse contestée, à qui on ne pardonne pas d'exister. Léopold et Lilian s'occuperont tendrement de leurs trois enfants. Désormais, c'en est fini de la vie officielle. On les verra beaucoup dans le chalet que Lilian a fait construire, en 1959, en Autriche, à Hinterriss. Le couple multipliera les voyages, mais pour eux la blessure reste profonde. Depuis leur mariage en pleine guerre, leur existence a toujours été ambiguë. Reclus à Laeken, emprisonné en Allemagne, exilé en Suisse, le couple avait retrouvé pendant dix ans une place, elle-même mal définie dans la monarchie, comme père et belle-mère du roi. Le mariage de Baudouin a compromis ce fragile équilibre. Le jeune souverain a voulu s'affirmer, son épouse le soutient. Il n'y a plus de place dans la lumière pour Léopold III et Lilian.

À la fin de l'été 1983, le roi émérite ne se sent pas bien. On diagnostique un blocage au niveau de l'artère coronaire. Une opération est possible mais risquée. Une équipe médicale américaine, venue de Houston, l'examine et juge qu'il faut l'opérer. D'autres spécialistes la déconseillent. Léopold III ne veut pas prendre de décision. Il demande à Lilian de le faire. Elle choisit l'opération. Léopold III ne se réveillera pas après l'intervention. Le quatrième roi des Belges s'éteint le 25 septembre. Le 1er octobre

1983, l'ancien souverain a droit à des funérailles nationales. Désormais, la princesse de Réthy est seule. « Quand elle devient veuve, Lilian a soixante-cinq ans et elle a été la femme d'un seul amour[2]. » Elle se retire à Argenteuil.

En 1997, dans les bois du domaine, elle est chargée par un cerf. Elle reste plus d'une heure et demie sans que personne ne sache rien de cet accident. Elle a une hanche fracturée. Elle en sera très diminuée. Elle s'éteint le 7 juin 2002. Ses funérailles, à Notre-Dame de Laeken, ne sont pas officielles, mais un peu quand même puisqu'elle avait été l'épouse d'un souverain. Contrairement à ses souhaits, elle ne sera pas inhumée à Argenteuil. Cela avait été l'objet de longues discussions avec le roi Léopold III. Il lui avait toujours dit que c'était impossible. Elle est enterrée dans la crypte des rois de l'église de Laeken, dans le même caveau que son mari et la reine Astrid.

Lilian a épousé un roi, n'a jamais été reine, mais le roi repose près des deux femmes de sa vie, celle qui avait été adulée, morte trop jeune, et celle qui fut sans cesse et systématiquement critiquée pour avoir osé prendre la place d'Astrid.

---

2 Esmeralda de Belgique et Patrick Weber, *Lilian, une princesse entre ombre et lumière*, *op. cit.*

13
Le roi Umberto II et la reine Marie-José d'Italie : si beaux, si proches… si loin…

C'est l'histoire d'un roi et d'une reine qui ont régné sur l'Italie… à peine un mois, du 9 mai au 2 juin 1946 ! Ils étaient beaux, destinés l'un à l'autre par leurs parents depuis l'enfance. C'est l'histoire difficile d'un couple plongé dans le chaudron infernal de l'Italie fasciste, de la Seconde Guerre mondiale, des tragédies familiales, victime aussi du référendum qui met fin à la monarchie italienne. Ces événements ont fini par les éloigner l'un de l'autre. Malgré lui, malgré elle…

La princesse Marie-José est le troisième enfant d'Albert Ier et d'Élisabeth, souverains de Belgique de 1909 à 1934. Lorsqu'elle naît, le 4 août 1906, à Ostende, dans une maison de vacances, ses parents ne sont encore que princes héritiers, Léopold II étant toujours le roi des Belges. Elle a deux frères aînés, Léopold, futur Léopold III, né en 1901, et Charles, comte de Flandre, né en 1903. Albert et Élisabeth ont fait un véritable mariage d'amour. Albert n'était pas destiné à régner. Léopold II avait perdu son seul fils, Léopold, duc de Brabant, à l'âge de dix ans. Le frère aîné d'Albert, Baudouin, étant mort en 1891, Albert était donc l'héritier en second après son père. Il avait rencontré sa future épouse, la duchesse Élisabeth, en Bavière, aux obsèques de la duchesse d'Alençon, brûlée vive dans l'incendie du Bazar de la Charité, à Paris, le 4 mai 1897. Élisabeth était la fille du duc Charles-Théodore, frère de Sophie d'Alençon, d'Élisabeth d'Autriche (Sissi) et de la reine Marie de Naples. Les funérailles sont rarement des occasions de coups de foudre. C'est pourtant ce qui leur arrive ! Grâce à la reine Marie de Naples, ils se revoient beaucoup chez elle à Saint-Germain-en-Laye. Puis ils se revoient chez le duc et la duchesse de Vendôme à Neuilly. Ils y sont tout à fait en famille puisque le duc est le fils de la duchesse d'Alençon et que la duchesse, Henriette, est la propre sœur d'Albert. C'est chez les Vendôme que seront célébrées, le 30 mai 1900, les fiançailles d'Albert et Élisabeth. Ils se marient à Munich le 2 octobre suivant et, malgré leurs dissemblances, ils formeront un couple parfaitement harmonieux. Albert n'aime pas la vie de cour, il est simple, réservé mais direct. Élisabeth est plus timide – cela changera –, passionnée de musique, alors que son mari préfère la lecture. Ils ont tout de même des points communs : ils adorent la montagne. Albert est un alpiniste expérimenté, Élisabeth préfère le ski et surtout le patinage sur glace, qu'elle pratique à un haut niveau. Ils s'aiment et sont heureux ensemble. Ils sont très proches de leurs enfants, les voient le plus souvent possible malgré leurs multiples occupations, d'autant que la mort de Léopold II, le 17 décembre 1909, fait d'Albert le nouveau roi des Belges. Leur fille Marie-José n'a que trois ans. Pour elle, cet événement n'est surtout qu'un déménagement avec l'installation de la famille au palais royal de Bruxelles et à celui de Laeken. Les enfants profitent du vaste parc. L'été, ils vont à Ostende, mais aussi dans les Ardennes où Albert Ier pratique l'alpinisme. Ils sont très libres. À cette époque, Marie-José passe de nombreux séjours en Bavière, chez son grand-père Charles-Théodore. Évidemment, elle n'a pas connu sa grand-tante Sissi, assassinée en 1898. Sa mère, en revanche, l'avait bien connue. Elle mettait en pratique ce que Sissi lui avait appris : se promener fréquemment dans les bois, se baigner dans l'eau froide, pratiquer la gymnastique. Elle appréciait aussi son amour de l'art et de la culture. Elle était tout aussi anticonformiste...

Marie-José adore les retours d'escalade de son père, piolet à la main. Elle se régale quand il lui raconte les « secrets de la montagne ». Marie-José deviendra, elle aussi, une alpiniste de haut niveau. Cela lui sera bien utile lors de son retour mouvementé en Italie, en 1945.

La vie joyeuse et insouciante de toute la tribu va être bousculée, comme toute l'Europe, le 1er août 1914, lorsque les Allemands envahissent la Belgique, refusant de reconnaître la neutralité proclamée du royaume. Après la chute de Bruxelles et de Namur, Élisabeth et la famille royale quittent Bruxelles pour Anvers. Le 1er août, la reine et ses trois enfants embarquent pour l'Angleterre. Elle veut les mettre à l'abri. Lord Curzon va les héberger pendant plus d'un an dans sa résidence campagnarde. Les trois enfants y passent des heures heureuses en compagnie des trois filles de lord Curzon. Élisabeth retourne auprès de son mari et fera souvent la navette entre la Belgique et l'Angleterre pour voir ses enfants mais aussi pour porter au roi George V des messages d'Albert Ier.

Les princes sont placés dans des écoles anglaises, Léopold à Eton, Charles à Winchester et Marie-José au couvent des Ursulines de Brentwood, dans l'Essex. Là, curieusement, alors qu'elle a environ neuf ans, sa gouvernante, miss Hammersley, passionnée par les familles royales, collectionneuse de photos des souverains européens, donne à cette petite fille une image du prince Umberto de Savoie, l'héritier du trône d'Italie, en uniforme de boy-scout. Marie-José raconte elle-même : « À partir de ce jour, je portai cette photo sur moi et me mis à rêver d'un futur enchanté avec ce prince. » Ils ont environ deux ans de différence. Si cette photo a été donnée à Marie-José, ce n'est pas un hasard. Les souverains de Belgique étaient déjà en contact avec le roi Victor-Emmanuel III et la reine Hélène pour fiancer leurs enfants. Élisabeth pense qu'il faut préparer Marie-José à ce projet le plus tôt possible et lui faire envisager ce mariage comme un conte de fées.

À partir de 1915, les enfants rejoignent leurs parents pour des vacances à La Panne, la seule partie du territoire belge non occupée par les Allemands. Au début de 1917, les nouvelles du front ne sont pas bonnes. Albert Ier prend la décision de ne pas laisser sa fille en Belgique et de l'envoyer étudier dans un prestigieux collège en Italie, à Florence. Marie-José dira : « Au Poggio Imperiale, j'ai passé les meilleurs moments de ma vie. » Sa mère, la reine Élisabeth, l'accompagne. Elles arrivent à Florence le 3 mars

1917 et tout émerveille la petite Marie-José : le Ponte Vecchio, les maisons qui se reflètent dans l'Arno, la visite des Offices, les marchés. La seule chose qui ennuie l'adolescente est de porter un uniforme. Ce n'est pas très flatteur ! Elle apprend l'italien, s'amuse énormément, se livre à mille pitreries qui font rire tout le monde. En réalité, elle fait tout cela pour être convoquée par la directrice car elle ne supporte pas d'être traitée différemment des autres élèves. Au début, elle prenait ses repas avec sa gouvernante, dans une salle particulière, et dormait avec elle dans une chambre à part. À force de protestations, elle parvient à partager le réfectoire et le dortoir avec ses camarades.

Le 7 février 1918, une surprise attend Marie-José. Un gentilhomme de la Cour vient la chercher pour lui dire qu'elle est invitée chez le roi et la reine d'Italie à Battaglia Terme, près de Padoue. À son arrivée elle est accueillie par la reine Hélène, qu'elle trouve « grande et robuste », et un beau garçon brun, en costume marin, avec des pantalons courts. C'est Umberto. Il a treize ans. Il y a aussi sa sœur Yolanda. On s'amuse beaucoup dans le parc, si ce n'est qu'Umberto ne participe pas à leurs jeux et ne dit rien. Il est complètement paralysé par la présence de celui qui veille sur son éducation, le terrible amiral Bonaldi qui le surveille à tout instant.

Au dîner, Marie-José a la surprise de découvrir ses parents auprès du roi et de la reine. Ils sont venus pour parler de la guerre à Victor-Emmanuel, sans prévenir leur fille. Victor-Emmanuel III et Albert Ier inspectent le front italien du 7 au 9 février pendant que les deux reines font du tourisme en Vénétie.

Umberto et Yolanda sont là avec Marie-José. Sur la place Saint-Marc, Umberto réprimande Marie-José lorsqu'elle donne du pain aux pigeons. Il lui explique qu'on est en guerre et que bien des familles qui manquent de tout aimeraient manger ce pain. En dehors de trois ou quatre remarques de ce genre, Umberto est toujours aussi muet. Marie-José, elle, est toujours aussi attirée par lui, mais perplexe devant son étrange attitude.

Enfin, arrive l'armistice et la fin de la guerre. La libération de Bruxelles est célébrée solennellement le 22 novembre 1918 avec l'entrée de toute la famille royale à cheval. Le roi et la reine sont en tête des troupes. Marie-José et ses frères ferment la marche. Marie-José reprend ses cours avec des précepteurs. On y ajoute un professeur d'italien, une femme, Amelia. Elle s'entend parfaitement avec la princesse et va devenir sa confidente jusqu'à son mariage.

En 1919, Marie-José est inscrite au Sacré-Cœur de Bruxelles. Elle y restera de treize à dix-huit ans. Elle est très proche de son père qui aime discuter avec ses enfants, y compris de problèmes politiques. Sa mère est plus autoritaire et moins accommodante. Ce qui les rapproche le plus, c'est la musique. Marie-José commence le piano avec un professeur du Conservatoire.

Elle ne reverra le prince de Piémont, Umberto, qu'en septembre 1922. Il vient d'avoir dix-huit ans. Il est sous-lieutenant des grenadiers. Il est arrivé à Anvers en bateau pour représenter ses parents à l'inauguration du canal reliant l'Escaut à Bruxelles. C'est un prétexte qu'ont trouvé leurs parents pour qu'ils se revoient. Umberto est devenu magnifique, bronzé, les cheveux noirs, élancé dans son uniforme blanc. Marie-José est éblouie. Il raconte ses voyages à Benghazi, Rhodes, toutes les récentes colonies italiennes. Ils se reverront une fois l'année suivante sans qu'Umberto se déclare. Il va mettre du temps. Il faudra que son père lui inflige un ultimatum pour qu'il se décide à demander la main de Marie-José. Apparemment, les rapports familiaux chez les Savoie sont très différents de ceux des souverains belges. Victor-Emmanuel III est autoritaire et distant avec son fils. Il y a beaucoup de raisons à cela. Victor-Emmanuel III est né en 1869, de l'union de deux cousins germains, Umberto Ier, fils de Victor-Emmanuel II, le roi de l'Unité italienne, et Marguerite de Gênes, fille du frère cadet d'Umberto Ier. C'est probablement à cette consanguinité que Victor-Emmanuel III doit le point faible qui a conditionné toute sa vie : une petite taille (un mètre cinquante-quatre). De plus, il a une grosse tête avec un nez proéminent sous un front « apparemment proportionné », selon des contemporains, et des jambes petites et atrophiées. Il y a de quoi avoir quelques complexes, d'autant qu'on a essayé de le soigner. On a testé sur lui une inquiétante « machine à étendre » et on imagine quel supplice il subissait ! On lui impose des séances de gymnastique intensive qui l'épuisent et le font horriblement souffrir. Finalement, on se résigne à ce qu'il ne grandisse pas...

Bien entendu, il faut le marier. Malgré son handicap, il fait de nombreuses conquêtes. Il choisira finalement pour épouse la grande et belle princesse Hélène de Monténégro. Les Monténégro n'ont aucun lien de parenté avec les Savoie, il n'y a donc pas de risque de consanguinité. On espère que leurs enfants seront de taille normale. Contrairement à ce que l'on pourrait penser, cette étonnante union est un mariage d'amour. Ils se sont rencontrés à Saint-Pétersbourg, ils se retrouvent au couronnement du tsar Nicolas II à Moscou. Victor-Emmanuel va s'éprendre d'Hélène, elle tombe amoureuse de lui. Ils se sont mariés le 24 octobre 1896 à Rome. La mariée mesure 22 centimètres de plus que son époux, mais qu'importe, ils s'aiment ! Ils auront cinq enfants : Yolanda en 1901, Mafalda en 1902, Umberto, le seul garçon, en 1904, Jeanne en 1907 et Marie-Françoise en 1914.

Si la reine Hélène, élevée dans une famille très nombreuse, se comporte avec ses enfants comme une véritable « mamma » italienne, notamment avec Umberto, son seul fils, qu'elle chérit particulièrement, Victor-Emmanuel est beaucoup plus distant et froid à l'égard de sa progéniture, dont il entend bien gérer la vie. C'est la raison pour laquelle il exige qu'Umberto demande rapidement la main de Marie-José.

Umberto se présente le 7 octobre 1929 au château de la famille royale dans l'Ardenne belge, où elle passe ses vacances. Il fera sa demande officielle à Marie-José dans le parc. Ils ont enfin une vraie et longue conversation. Umberto lui raconte son enfance et Marie-José comprend tout de suite qu'il n'a connu que des professeurs et des militaires plus âgés que lui, chargés de son éducation, que les jeux et l'insouciance n'ont jamais été au programme pour lui. Il ne pouvait rencontrer que des membres de la haute aristocratie italienne. Marie-José est tellement heureuse de ses fiançailles, tellement amoureuse de ce prince séduisant, qu'elle ne se pose aucune question. On a décidé pour eux.

Le mariage aura lieu à Rome le 8 janvier 1930. Si Victor-Emmanuel III est bien le roi d'Italie, l'homme qui détient alors tous les pouvoirs – depuis 1922 – est Mussolini. Le Parti fasciste dirige le royaume, économiquement pour le meilleur, humainement pour le pire. Victor-Emmanuel III et le Duce se détestent. Ils sont contraints à une cohabitation souvent difficile. Leurs relations sont complexes, faites de complicité, de fascination mutuelle et parfois de grandes tensions. Pour l'un comme pour l'autre, le mariage du prince héritier doit être fastueux. Mussolini y voit l'occasion d'offrir au monde des signes tangibles de la grandeur italienne. Le fascisme aime les fêtes grandioses, le mariage d'Umberto et de Marie-José en sera une.

De façon très étonnante, c'est Umberto qui s'est occupé personnellement de la garde-robe et de la robe de mariée de Marie-José. Il a prévu pour elle des robes du soir, des manteaux garnis de fourrure confectionnés par la célèbre maison Venturini. Marie-José est enchantée de sa somptueuse garde-robe, mais pas de sa robe de mariée ! Elle en avait prévu une très simple et très à la mode. Elle trouve la robe choisie pour elle d'abord démodée, avec son style médiéval et ce lourd manteau de cour, du même velours, bordé d'hermine et doublé de lamé blanc argenté, avec une traîne de... sept mètres ! Si l'on ajoute sa tiare de diamants et son voile de dentelle de Bruges, l'ensemble est très pesant à porter. Pis encore : les manches ont été montées à l'envers ! Il faut les découdre. La mariée est donc bras nus avec de très longs gants ! La cérémonie ayant lieu en plein hiver, malgré le velours et l'hermine, ses bras sont gelés ! Elle se sent mal à l'aise dans cette robe, ce qui est fâcheux pour une mariée.

Le mariage est célébré dans la chapelle Paolina du Quirinal, le palais royal de Rome. On se demande comment les mariés et leurs familles résistent, car depuis trois jours les défilés, les déjeuners, les dîners, les bals se succèdent à un rythme épuisant. Il y aura encore un somptueux banquet et, le lendemain, une revue militaire. Umberto et Marie-José commencent leur lune de miel le 11 janvier dans la résidence toscane des Savoie, à San Rossore, avant de gagner le Val d'Aoste. Là, ils sont enfin seuls. Ils pratiquent leur sport favori, le ski. Ils resteront à Courmayeur jusqu'au début février. Un bonheur un peu gâché par la présence de photographes et de journalistes. Le 2, le couple fait son entrée à Turin et s'installe au palais royal. La princesse de Piémont découvre alors à quel point l'étiquette est importante pour la maison de Savoie en général et pour Umberto en particulier. Ses règles strictes pèsent sur la jeune mariée. Elle déclarera : « Je faisais de mon mieux pour m'y habituer car lorsqu'il arrivait à faire abstraction du protocole et des obligations dynastiques, Umberto était l'homme le plus divertissant et le plus fascinant que l'on puisse imaginer. »

Marie-José ne peut ignorer les potins et les rumeurs malveillantes sur les infidélités supposées de son époux. Il avait eu, en 1928, donc avant leur mariage, une liaison avec une comédienne d'opérettes, Milly. Cela n'avait rien d'extraordinaire ! D'autre part, le prince héritier recevait des centaines de lettres de femmes. Cela non plus n'avait rien d'exceptionnel ! Il n'y était pour rien si toutes les jeunes filles d'Italie étaient amoureuses de lui ! Mais à Turin, chaque fois qu'il se rend à une représentation d'opérette, on attribue à Umberto une aventure avec la vedette du spectacle. On raconte aussi qu'il avait repris sa liaison avec Milly, récemment revenue des États-Unis. Mais le comble se situe en mars 1931 : un journal français annonce que Marie-José a tiré plusieurs coups de feu sur la maîtresse de son mari, la vedette hollywoodienne Jeanette MacDonald, célèbre actrice et chanteuse. On raconte que l'affaire a eu lieu à Monte-Carlo et que la victime a été transportée à l'hôpital de Turin. Tout cela est inventé, mais la « nouvelle » est reprise par la presse italienne. Comme Mussolini contrôle la presse et qu'il n'a exigé aucun démenti, on peut supposer que cette affaire jetant le discrédit sur le couple héritier ne le dérange pas, au contraire ! Le scandale finit lorsque l'avocat de Jeanette MacDonald publie un démenti formel, assurant que ces inventions viennent de sociétés cinématographiques rivales de celle de la star. En fait, tout avait été imaginé par la compagnie produisant le film de Jeanette MacDonald intitulé *Monte-Carlo*. Une totale invention ! Un coup publicitaire !

Fin 1931, Marie-José et Umberto quittent Turin et ses ragots pour s'installer à Naples. Ils ne résident pas au palais royal, réservé aux occasions officielles, mais dans une délicieuse maison, la villa Rosebery, construite dans le golfe du Pausilippe à la fin du XVIIIe siècle par le roi Ferdinand Ier de Bourbon. Cette résidence avait été offerte par son propriétaire, le comte de Rosebery, à Mussolini en 1929. Le Duce l'avait offerte à son tour à la commune de Naples, qui en fait cadeau au prince de Piémont. Ces années vécues à Naples sont certainement les plus heureuses du couple héritier. Marie-José dira :

« C'est à Naples que nous avons passé les plus beaux moments de notre vie de couple. Je n'oublierai jamais nos soirées sur la plage quand Umberto rentrait à la maison, enfin libéré de ses obligations. L'été, nous prenions des bains nocturnes, quand les eaux du Pausilippe semblaient phosphorescentes du reflet des lumières ; c'étaient des moments d'intimité absolue, les rares dont nous avons pu profiter en tant d'années[1]. »

Marie-José travaille comme infirmière volontaire à l'hôpital des Incurables. Elle prend aussi des leçons de piano, s'initie à la sculpture et à la peinture sur céramique. Une seule ombre au tableau : l'absence d'enfants. La reine Hélène, sa belle-mère, lui dit pour la consoler qu'elle-même a attendu cinq années avant d'avoir son premier enfant, et qu'ensuite elle en a eu cinq. Marie-José attendra quatre ans pour donner naissance à Maria Pia, et elle aura trois autres enfants. Au début de l'année 1934, elle est enfin enceinte. Tout à la joie du début de sa première grossesse, Marie-José est anéantie par un événement tragique : le 18 février 1934, une dépêche de Bruxelles annonce la mort du roi Albert Ier dans un accident de montagne, près de Namur. La reine Élisabeth, totalement désespérée, refuse de s'alimenter. Albert Ier était

1 Luciano Regolo, *Marie-José de Savoie, la reine de mai*, Bruxelles, Racine, coll. « Les racines de l'histoire », 2001.

son « roi-chevalier », elle ne veut pas lui survivre... Umberto se rend seul aux obsèques de son beau-père car les médecins interdisent à Marie-José de bouger : on craint que son état de choc et les fatigues du voyage ne lui fassent perdre son enfant.

Le 24 septembre 1934, la princesse de Piémont accouche d'une fille, la princesse Maria Pia, au deuxième étage du palais royal de Naples. Le couple des parents est radieux, Umberto est fou de sa fille. L'enfant est baptisé le 30 décembre dans la chapelle royale, en l'absence remarquée de Mussolini... Malgré leur installation à Naples, les princes de Piémont restent en contact avec la famille royale. Marie-José ne s'entend pas très bien avec Yolanda, l'aînée de ses quatre belles-sœurs, qui vit près de Turin. En revanche, elle est très liée à une autre belle-sœur, Jeanne, mais elle ne pourra guère profiter de son amitié, car au mariage de Marie-José Jeanne a rencontré le roi Boris III de Bulgarie. Un coup de foudre : ils se marient à Assise le 25 octobre 1930 ; la nouvelle reine de Bulgarie part donc pour Sofia. Mais la meilleure amie de Marie-José est sa belle-sœur Mafalda dont elle partage l'amour de l'art et de l'archéologie. Mafalda, qui subira un destin tragique...

Outre la famille royale, Marie-José a des contacts avec Mussolini. Au début, elle a plutôt une bonne opinion du personnage. Elle a pu constater que les rues des villes italiennes sont beaucoup plus propres et mieux tenues que lorsqu'elle était pensionnaire à Florence et que les trains sont à l'heure ! Le régime a mis en chantier un programme de travaux publics créant beaucoup d'emplois et le taux de criminalité a baissé. Mais ce qui impressionne le plus Marie-José, ce sont les innovations sociales créées par le Duce, telle « l'œuvre de la maternité et de l'enfance ». Marie-José fait appel à lui lorsqu'elle a des problèmes dans les hôpitaux dont elle s'occupe et il répond toujours positivement à ses demandes. Elle est même impressionnée par son efficacité.

Elle commence à découvrir la face noire du régime lorsqu'elle rencontre un archéologue, Umberto Zanotti Bianco. Elle l'a connu à Bruxelles chez ses parents car la reine Élisabeth est une passionnée d'archéologie. Elle le retrouve à Naples où il a fondé une association d'entraide mal vue du Parti fasciste qui veut mettre la main sur toute activité, même de bienfaisance. Marie-José commence à réaliser l'omnipotence du Parti fasciste.

À l'été 1935, Marie-José a la douleur de perdre sa belle-sœur, la ravissante reine Astrid, épouse de son frère, le roi Léopold III. C'est une tragédie. La Belgique tout entière est en état de choc car la jeune reine venue du Nord, si belle, si populaire et mère de trois jeunes enfants, est morte dans un accident de voiture en Suisse ; et c'est le roi qui conduisait.

Ce même été, les princes de Piémont vont se rendre en Libye, terre conquise par Victor-Emmanuel III avant 1914. Le gouverneur de la colonie italienne s'appelle Italo Balbo, il est très proche de Mussolini. Il était son bras droit lors de la célèbre marche sur Rome en 1922. Le couple princier est ébloui par les villes antiques, grecques et romaines, que les archéologues italiens s'appliquent à répertorier et à mettre en valeur. Umberto et Marie-José sont reçus très chaleureusement dans le magnifique manoir oriental du gouverneur et de son épouse. Marie-José a la surprise de découvrir que Balbo n'est plus aussi convaincu par le régime de Mussolini et qu'il considère qu'un pays où on ne peut pas exprimer ses opinions n'a pas d'avenir. Balbo est néanmoins encore très bien informé puisqu'il est au courant des préparatifs de la guerre d'Éthiopie que le Duce va déclarer le 3 octobre 1935, malgré les réticences du roi. Il craignait les réactions du Royaume-Uni. Ce n'est pas de Grande-Bretagne que viendront les remontrances, mais de la SDN (Société des Nations) qui, le 18 novembre, frappe l'Italie de lourdes sanctions économiques car elle est considérée comme un État agresseur.

Umberto ne participe pas à cette guerre, mais Marie-José s'y rend en tant qu'infirmière de la Croix-Rouge. Le 26 mars 1936, elle embarque à bord d'un navire-hôpital, le *Cesarea.* Mussolini veut faire de cette mission une opération de propagande. Marie-José, en uniforme d'infirmière, est la marraine de l'expédition. À Port-Saïd, elle débarque, visite les hôpitaux où sont soignés de nombreux soldats blessés, avant de gagner la Somalie. On la considère comme une sainte. Malgré elle, la princesse devient une sorte de symbole de la qualité de l'assistance sanitaire italienne. L'année suivante, le 14 février 1937, Umberto et Marie-José ont la joie d'avoir enfin un héritier, le petit Victor-Emmanuel (encore un !) est né, comme sa sœur Maria Pia, au palais royal de Naples. Cinq mille personnes assistent au baptême du nouveau prince, mais toujours pas de Mussolini. Le Duce ne semble plus supporter la popularité de la famille royale autour d'événements familiaux heureux. Dans ces circonstances, Mussolini n'a pas la vedette et il ne le supporte pas ! Il a aussi d'autres préoccupations. Depuis la guerre civile espagnole, l'Italie et l'Allemagne se sont rapprochées et engagées toutes deux à soutenir le général Franco. Mussolini est reçu par Hitler en Allemagne, du 25 au 30 septembre 1937, et l'année suivante, le 5 mai, c'est Hitler qui est reçu à Rome puis à Naples, juste après l'Anschluss. La famille royale est présente au dîner de gala. Marie-José est placée à côté d'Hitler. Elle le juge antipathique et glacial. Il ne mange presque rien, ne cesse de demander des tablettes de chocolat et réclame des biscottes à la place du pain. De plus, sa conversation est laborieuse.

Le roi Victor-Emmanuel III est ulcéré par l'alliance avec l'Allemagne nazie. Ne supportant pas Hitler, il le fait toujours passer devant lui et fait des grimaces de dégoût dans son dos ! Umberto et Marie-José sont terrorisés à l'idée qu'un membre de la clique du Führer s'en rende compte... Mais le roi n'y peut rien : l'alliance entre l'Italie et l'Allemagne se fera, même s'il ne l'approuve pas. Seul Pie XI refuse d'assister à ces festivités. Le pape s'est retiré à Castel Gandolfo après avoir fait fermer solidement les portes des musées du Vatican pour s'assurer qu'Hitler ne pourrait s'y rendre.

Les accords de Munich augmentent encore la popularité de Mussolini qui se présente alors comme un « partisan de la paix ». Marie-José est révulsée par la tournure des événements. Elle est à nouveau enceinte lorsque, le 1er septembre 1939, Hitler envahit la Pologne. Elle raconte : « Le 1er septembre, Umberto et moi étions sur la plage avec Maria Pia et

Vittorio. Nous aimions rester le long de l'eau pendant les premières heures de la matinée ; la nouvelle de l'offensive allemande surprit toute l'Italie. Après le début des hostilités, le roi et Mussolini furent avertis. Comme d'habitude, personne ne songea à prévenir Umberto. » C'est un pêcheur qui les informe de ce qu'il vient d'entendre à la radio. Marie-José est effondrée. Elle a peur pour la Belgique et pour son frère Léopold. Elle a raison. La Seconde Guerre mondiale vient de commencer par la surprenante « drôle de guerre ». Les hostilités sont en suspens.

En février 1940, Marie-José donne naissance à Maria Gabriella, à Naples, comme cela avait été le cas pour sa sœur et son frère. Le couple princier est assez proche du comte Ciano, gendre de Mussolini et ministre des Affaires étrangères. Il les tient informés personnellement de la situation. Le 27 mars de cette même année, Umberto revoit Ciano et lui dit qu'il s'inquiète du « pronazisme » du gouvernement qui se développe. De son côté, Marie-José contacte son cousin, le duc d'Aoste, alors vice-roi d'Éthiopie, et Italo Balbo, toujours gouverneur de Libye. Amedeo d'Aoste lui fait part de ses inquiétudes : si les Britanniques attaquent l'Éthiopie, la situation italienne sera désespérée car les troupes du Duce seront encerclées. Il l'avait dit à Mussolini, lequel lui avait assuré que la guerre ne se passerait qu'en Europe et pas en Afrique. Le Duce était sûr que l'Allemagne triompherait après ses succès au Danemark et en Norvège. Italo Balbo est tout aussi pessimiste car la Libye est située entre l'Égypte et la Tunisie ; il déclare : « En cas de guerre en Libye, les Italiens ne sauveront leur peau qu'en rejoignant l'Italie à la nage ! »

Marie-José ne reverra ni l'un ni l'autre. Italo Balbo meurt dix-huit jours après l'entrée en guerre de l'Italie, abattu par erreur par l'armée italienne au-dessus de Tobrouk. Quant à Amedeo d'Aoste, il avait vu juste : les Britanniques s'empareront de l'Éthiopie. Lui-même sera fait prisonnier et mourra de malaria dans un camp anglais, au Kenya, en mars 1942.

Le nouveau pape, Pie XII, exhorte lui aussi le Duce à ne pas entraîner l'Italie dans la guerre et à prendre des contacts diplomatiques avec les Alliés. Tout cela ne servira à rien : les nazis envahissent la Belgique, les Pays-Bas et le Luxembourg le 10 mai 1940. Le frère de Marie-José, le roi Léopold III, est mis aux arrêts à Laeken et contraint de signer l'acte de reddition sans conditions.

Marie-José est consternée. Pis encore : un mois plus tard, le 10 juin, le Duce annonce, depuis le balcon du Palazzo Venezia, le siège du gouvernement à Rome, que l'Italie a déclaré la guerre au Royaume-Uni et à la France. La princesse est déchirée car elle se retrouve, malgré elle, dans le camp des ennemis de son pays natal. Umberto est commandant des troupes envoyées à l'ouest, contre la France. Il considère que l'armée italienne n'a pas été préparée, mais c'est presque sans importance puisque le 24 juin, deux jours après l'armistice franco-allemand, un armistice est signé entre l'Italie et la France. Dans cet accord, Mussolini n'obtient pas la Savoie, Nice et la Corse, comme il le souhaitait, mais seulement la démilitarisation et l'occupation d'un bout de territoire situé entre Menton et Vintimille.

Marie-José confie ses trois enfants à sa belle-mère, la reine Hélène, et elle s'engage à nouveau dans la Croix-Rouge. La princesse de Piémont va partager son temps entre ses enfants et ses activités caritatives.

Le 27 septembre 1940, grâce à l'intervention auprès des autorités allemandes de son mari et de son beau-père le roi d'Italie, Marie-José réussit à se rendre à Bruxelles pour voir son frère, le roi Léopold III. Le roi des Belges demande alors à sa sœur de rencontrer Hitler pour qu'il accepte le retour des prisonniers en Belgique et la livraison de ravitaillement pour la population civile. Marie-José n'a aucune envie de rencontrer Hitler ! Mais elle estime de son devoir d'aider son frère. Le 17 octobre 1940, Hitler lui accorde une audience dans son nid d'aigle de Berchtesgaden. La princesse se heurte à un mur. Chaque fois qu'elle lui transmet une demande, comme de permettre aux États-Unis de faire parvenir du blé en Belgique, il oppose un « *Nein !* » catégorique avec un évident plaisir. C'est « *Nein !* » pour tout jusqu'au moment où il tente de la séduire. Il lui prend la main, elle la retire. Puis il lui fait des compliments, l'assurant qu'elle est « le modèle de la princesse aryenne avec sa taille » (elle est beaucoup plus grande que lui !), « ses cheveux blonds et ses yeux bleus ». Pour l'amadouer, il lui explique qu'il veut construire une cité des Arts, des Lettres et de la Musique près de Linz, en Autriche, à 200 kilomètres de Munich. C'est adroit et cela prouve qu'il connaît très bien les goûts de Marie-José. Mais elle n'est pas dupe !

Après cet entretien qui ne mène à rien, elle prend le thé avec Hitler et Martin Bormann, l'un des hommes les plus puissants du IIIe Reich. Le Führer se montre particulièrement aimable. Marie-José pense qu'avoir été reçue par Hitler peut impressionner Mussolini. À son retour à Rome, elle le rencontre au Palazzo Venezia pour lui relater son entretien et plaider à nouveau la cause de la Belgique. Le Duce répond qu'il ne peut rien faire, que la guerre durera sans doute trois ans, mais qu'elle sera gagnée par l'axe Rome-Berlin.

Fin octobre 1940, l'offensive italienne contre la Grèce rencontre une résistance aussi forte qu'inattendue. L'hiver transforme cette tentative en une guerre de tranchées peu favorable aux Italiens. En Afrique, les Anglais progressent chaque jour, mais c'est surtout la déclaration de guerre à l'URSS, en juin 1941, qui rend la situation encore plus difficile. Mussolini crée un corps expéditionnaire qu'il envoie en Russie, mais l'aventure s'achève en carnage. Par ailleurs, l'entrée en guerre des États-Unis après Pearl Harbor bouleverse la donne : l'Axe a désormais un adversaire supplémentaire. Tandis qu'Umberto est paralysé par l'obéissance qu'il s'impose à l'égard de son père, Marie-José s'agite beaucoup. Elle consulte le pape Pie XII car elle sait qu'il a des contacts avec les Américains. Elle lui demande s'il estime que si Mussolini était renversé et que l'Italie demandait alors l'armistice, les Américains soutiendraient la monarchie. Le pape lui avoue ne rien en savoir, mais elle le reverra à plusieurs reprises. La princesse entre aussi en contact avec de nombreux antifascistes. Comme quatre autres dames de la Cour participent à ces contacts, les activités de Marie-José sont alors appelées « la conjuration des dames ». Elle voit aussi régulièrement le général Badoglio qui a démissionné de son commandement de l'état-major général après la désastreuse campagne de Grèce. Badoglio est, lui aussi, antifasciste ; depuis mai 1942, il entretient des liens avec le Foreign Office britannique. Le seul point de désaccord entre la princesse et Badoglio concerne l'attitude à adopter après s'être débarrassés de Mussolini. Badoglio estime qu'il ne peut ni rompre son alliance avec l'Allemagne, ni souscrire une paix séparée avec les Alliés. Marie-José et Umberto (qui est au courant des contacts de son épouse) jugent que la fin de la dictature et l'armistice sont tout à fait indissociables. Poursuivre la guerre avec l'Allemagne est suicidaire.

Évidemment, toutes les activités de Marie-José sont connues du roi Victor-Emmanuel III. Grâce à elle, le souverain obtient des informations que personne d'autre ne lui transmettrait. À l'automne 1942, Marie-José est à nouveau enceinte, ce qui l'oblige à prendre un certain recul dans ses activités politiques. Marie-Béatrice, quatrième enfant du couple princier, naît le 2 février 1943, mais l'heure n'est plus aux réjouissances populaires pour ce genre d'événement. La signature de l'acte de naissance de Marie-Béatrice par le comte Ciano est son dernier acte en tant que ministre des Affaires étrangères. Le lendemain même, le Duce convoque son gendre pour le démettre de ses fonctions. Il le nomme ambassadeur auprès du Saint-Siège. Mussolini se sent menacé dans son entourage. C'est dans l'été que son sort va être scellé. Le Duce s'apprête à fêter ses soixante ans le 30 juillet.

Auparavant, il doit participer à un Grand Conseil fasciste, fixé au 24 juillet. Il s'agit de discuter d'une campagne de propagande pour rehausser le moral des Italiens. Le roi juge que le moment est venu de se débarrasser du Duce. Il va s'appuyer sur l'armée. Dans la nuit du 24 au 25 juillet, la réunion du Grand Conseil fasciste est un calvaire pour le Duce. Le président Grandi propose une motion afin de sauver l'unité nationale. Il prie Sa Majesté le roi « à qui le cœur de toute la nation s'adresse, fidèle et confiant en sa volonté de sauver la patrie, de prendre le commandement effectif des forces armées terrestres, maritimes et aériennes, suivant l'article 5 de la Constitution ». Cette motion est approuvée par dix-neuf voix contre sept. Mussolini, beau joueur, déclare : « Vous avez provoqué la crise du régime. La séance est levée. » Le lendemain, le Duce est reçu en audience par le roi à la villa Savoia.

Le dictateur est contraint de donner sa démission. À sa sortie de la villa Savoia, il est arrêté, conduit en ambulance vers une caserne. Dans un premier temps, il est interné sur l'île de Ponza, puis au Gran Sasso, dans les Abruzzes, d'où Hitler le fera libérer par un commando aéroporté le 12 septembre 1943. Le 25 juillet est donc la date de la chute officielle du fascisme en Italie. Le roi nomme le maréchal Badoglio chef du gouvernement, mais Victor-Emmanuel III ne va pas du tout remercier sa belle-fille. Bien au contraire ! Umberto et Marie-José ne participent pas à la joie collective qui se manifeste dans les rues. Du discours du nouveau Premier ministre Badoglio, ils ne retiennent qu'une seule phrase : « La guerre continue, l'Italie respectera sa parole. »

Le 6 août, Victor-Emmanuel III convoque sa belle-fille dans son bureau et lui intime l'ordre de quitter Rome dans les vingt-quatre heures avec ses quatre enfants. En fait, le roi est furieux contre Marie-José qui a eu des contacts avec les Alliés. Il la soupçonne de viser la régence et d'avoir demandé au Vatican de servir d'intermédiaire dans ses tractations. Le lendemain matin, 7 août, la princesse héritière et ses enfants doivent partir pour le Piémont par le train. Sa belle-sœur Yolanda, qui ne l'aime guère, les accompagne. Elle est en vérité chargée de la surveiller. Elles gagnent une résidence d'été des Savoie sur une petite île, au milieu d'un lac, à Sant'Anna di Valdieri, dans le Piémont, près de la frontière française. Umberto, lui, est à son commandement militaire à Agnani, à une soixantaine de kilomètres au sud-est de Rome. Les deux époux n'ont même pas eu le temps de se dire au revoir ! Une fois de plus, Marie-José va reprendre son métier d'infirmière dans les divers hôpitaux autour de Turin. Cependant, si c'était pour mettre sa belle-fille et ses petits-enfants à l'abri, le roi avait mal choisi l'endroit : les Allemands sont dans le Piémont et il serait très facile pour eux de capturer la princesse et ses enfants. Or, Hitler a toutes les raisons d'être furieux puisque la Sicile est aux mains des Alliés et que le 3 septembre 1943, à 17 h 15, un armistice est signé entre l'Italie et les Alliés. Le même jour, les forces britanniques débarquent en Calabre. Badoglio fait immédiatement téléphoner à Marie-José, lui demandant de partir tout de suite pour la Suisse avec ses enfants car ils pourraient être pris en otages. Le 9 septembre, Marie-José, ses quatre enfants et leur suite s'embarquent dans deux voitures, franchissent le col du Grand-Saint-Bernard et gagnent Montreux où ils s'installent à l'hôtel Excelsior, au bord du lac. Le même jour, Victor-Emmanuel III, la reine Hélène et leur fils Umberto quittent Rome par la seule route non bloquée par la Wehrmacht. Ils s'embarquent dans un petit port de l'Adriatique et gagnent Brindisi. La fuite de la famille royale est une faute politique majeure. Umberto aurait dû rester à Rome. Sa présence au milieu des troupes italiennes aurait maintenu le lien entre la dynastie et le peuple en plein désarroi. Beaucoup d'Italiens ne lui pardonneront pas cet abandon.

Le 20 septembre, Marie-José sort de l'Excelsior pour faire des courses. Une heure plus tard, une voiture noire franchit les grilles de l'hôtel à toute vitesse et s'engage vers le petit jardin où se trouvent les quatre enfants et leur nurse anglaise. Des gendarmes accourent. Ils sont une dizaine. Le chef de brigade tire un coup de revolver sur la voiture qui fait alors demi-tour et réussit à s'échapper. C'était, évidemment, une tentative d'enlèvement ratée... Deux jours plus tard, Marie-José quitte Montreux avec ses enfants et gagne Oberhofen, sur le lac de Thoune. La princesse va rester dans cet hôtel suisse avec eux jusqu'au 29 avril 1945. Entre-temps, elle a pris contact avec des partisans italiens, les a aidés, y compris des communistes – ce qui lui sera beaucoup et injustement reproché. Elle aura aussi beaucoup tricoté avec sa belle-sœur Yolanda. Marie-José a des nouvelles d'Umberto par l'intermédiaire d'Italiens fuyant leur pays et qui « échouent » en Suisse. Elle sait qu'il est toujours à Brindisi. Pour rentrer en Italie, Marie-José doit attendre que tout le territoire ait été libéré. Le 5 juin 1944, la princesse apprend que son mari a été nommé lieutenant général du royaume. Enfin ! Son père a mis du temps à lui transmettre une responsabilité. Mais Umberto juge la situation encore trop incertaine pour rapatrier sa famille qui est en sécurité en Suisse. Marie-José est fatiguée. Elle en a assez de vivre à distance, déconnectée des événements qui bouleversent l'Italie. Le 25 avril 1945, elle laisse ses enfants à Glion, qui surplombe le lac Léman, et elle se met en marche... en tenue d'alpiniste (pantalon de golf, sac à dos, chaussures cloutées, lunettes noires), pour rentrer en Italie à pied, à partir de Martigny !

Heureusement, elle ne peut savoir que quelques jours après son départ, ses filles Maria Pia et Maria Gabriella attraperont le typhus. Leur institutrice en mourra mais les deux princesses guériront.

Marie-José est heureusement en bonne santé, très sportive et très entraînée. De Martigny, l'alpiniste gagne l'hospice du Grand-Saint-Bernard où elle est accueillie par le père prieur ; celui-ci tente de la décourager. Voyant que rien ne l'arrêtera, il lui dit alors : « Si vous voulez jouer la princesse des neiges, je vous escorterai ! »

Le prieur a une arme secrète : un flacon de whisky, toujours sur lui en cas de coup de froid dans ces altitudes glacées ! Marie-José passe la frontière italienne ; une automobile l'attend, et aussi un détachement de jeunes partisans communistes qui vont l'accompagner jusqu'à Aoste. Elle s'installe dans le château de Sarre, propriété des Savoie. Début juin, elle gagne Turin, libérée des Allemands depuis un mois. La presse apprend sa présence et publie sur elle des articles épouvantables, sur son appartenance au Parti fasciste en 1940, sur sa rencontre avec Hitler. Bref, pour ces journaux, elle a tout faux. C'est très injuste. Elle avait quitté l'Italie le 9 septembre 1943 et c'est petit à petit qu'elle apprend tout ce qui s'est passé en son absence. On lui dit que les Américains veulent une république et que l'URSS exige un régime communiste. Seul Churchill soutient la cause monarchiste.

Depuis 1943, de nombreux politiciens avaient souhaité une abdication de Victor-Emmanuel III en faveur de son fils. Le roi temporisait depuis huit mois avec des politiciens italiens et les Alliés. Il semble qu'il y ait de moins en moins de chance pour le prince héritier Umberto de donner une image positive de la monarchie en raison du blocage paternel.

Le 16 juin 1945, un mois et demi après son retour en Italie, Marie-José quitte Turin. Elle monte à bord d'un DC-3 militaire mis à sa disposition par les Alliés. Umberto l'attend à Rome, sur le tarmac de Ciampino. Ils ne se sont pas vus depuis juillet 1943, presque deux ans ! La princesse trouve son époux fatigué. Elle dit : « Sa souffrance fut pour moi palpable dès le premier instant. C'était un homme résigné, qui faisait front à tous ses engagements avec dignité et courage. » Le couple s'installe au Quirinal ; le palais est dans un triste état. Des réfugiés et des sans-abri sont dans les sous-sols. Umberto fait porter dans l'appartement du couple le piano à queue de Marie-José, cadeau de son père le roi Albert, des photos et quelques objets auxquels elle tient. En juillet 1945, la princesse va chercher ses quatre enfants en Suisse. La famille se retrouve enfin au complet. Et la vie, presque normale, reprend dans les conditions de l'immédiat après-guerre. Umberto aide Maria Gabriella dans ses gribouillages, il s'occupe des devoirs des aînés, Victor-Emmanuel et Maria Pia. Il prend sur ses genoux la petite Marie-Béatrice qui commence à peine à parler. Les enfants jouent dans les jardins du palais où ils rencontrent d'autres enfants, des mutilés qui deviendront leurs plus chers amis. Marie-José se sent tout de suite responsable de l'immense souffrance de milliers de Romains et d'Italiens, comme le décrira Malaparte dans *La Peau*. Elle se rend en personne dans les quartiers les plus touchés et gagne petit à petit la confiance des gens. Elle va de maison en maison, d'hôpital en hôpital. Elle est toujours la même, disponible, généreuse, attentive aux autres dans la misère. La seule chose à laquelle elle renonce à ce moment-là est la politique. Dans cette période éprouvante, elle considère que pour Umberto et elle l'institution monarchique a été abîmée, de façon sans doute irréparable, en raison d'erreurs commises dans un passé trop récent.

Le 18 mars 1946, Umberto signe le décret qui fixe au 2 juin le jour des élections à l'Assemblée constituante en même temps que le référendum par lequel les Italiens choisiront entre la monarchie et la république. Un mois plus tard, le 17 avril, une cérémonie a lieu à Rome à la mémoire de la princesse Mafalda de Savoie. En effet, la sœur d'Umberto, qui avait épousé le prince Philippe de Hesse, était à Rome au moment où elle avait appris la mort de son beau-frère, le roi Boris III de Bulgarie, le 28 août 1943.

Mafalda veut absolument soutenir sa sœur Jeanne et assister aux obsèques du roi des Bulgares ; elle part pour Sofia et en revient le 22 septembre. Entre-temps, la famille royale italienne a quitté Rome pour Brindisi.

Elle reçoit la visite de dirigeants nazis qui lui demandent de les suivre à l'ambassade d'Allemagne d'où elle pourra téléphoner à son mari Philippe de Hesse dont elle n'a plus de nouvelles depuis plusieurs mois. C'est un piège. En fait, Mafalda est dirigée vers un avion qui la conduit en Allemagne. Elle sera internée au camp de Buchenwald où sa mort est annoncée le 14 avril 1945. Son mari avait été conduit à Dachau. Hitler n'a pas épargné la maison de Savoie.

À un mois et demi du référendum, Victor-Emmanuel III ne veut toujours pas entendre parler d'abdication. Il s'y résout enfin le jeudi 9 mai 1946, à 15 h 15. Il écrit : « J'abdique de la couronne du royaume d'Italie en faveur de mon fils Umberto de Savoie, prince de Piémont. »

Ce même jour, Victor-Emmanuel III et Hélène, désormais titrés comte et comtesse de Pollenzo, quittent à jamais l'Italie, à bord du croiseur *Duc des Abruzzes*, en direction de l'Égypte. Ils vont s'installer à Alexandrie. Avant le départ de son père, sur le quai, Umberto lui baise la main. Marie-José, elle, n'est pas venue…

Les princes de Piémont sont devenus roi et reine d'Italie. Il reste exactement vingt-quatre jours avant le référendum. Le 10 mai, à dix-sept heures, à Rome, il y a foule sur la place du Quirinal. Les monarchistes scandent : « Umberto ! »

Au balcon, il apparaît d'abord seul, puis avec Marie-José et leurs quatre enfants ; la foule leur fait un triomphe. Quelques jours plus tard, Umberto déclare publiquement qu'« il n'acceptera pas de rester le souverain d'une partie de la population trop proche des 50 % et que, dans le cas d'une victoire de la monarchie, quel que soit le résultat, le référendum devra être répété à intervalle de deux ans ». Umberto sillonne l'Italie, de Turin à Venise, de la Sardaigne à la Sicile, à Gênes, à Milan, à Naples, parlant avec tout le monde, veillant à éviter tout risque de désordre. Marie-José ne s'implique pas dans la campagne. Elle continue ses activités à la Croix-Rouge. Elle pense qu'Umberto doit être le plus sincère possible dans cette période et aussi le plus prudent possible. Là-dessus, ils sont totalement d'accord.

Le dimanche 2 juin 1946, à dix-neuf heures précises, Marie-José va voter. Umberto votera le matin suivant. Ni l'un ni l'autre ne sont très optimistes sur le résultat de la consultation et Umberto se prépare à l'idée d'un adieu imminent à l'Italie. À la clôture des urnes, c'est la république qui l'emporte, mais de justesse : 12,7 millions de voix sur 24,945 millions de votes exprimés ; 10,7 millions vont à la monarchie, soit plus de 45 %. Le Sud donne beaucoup plus de voix à la monarchie que le Nord. C'était prévisible. Certains observateurs parleront de fraudes, il y en eut sans doute. Le président du Conseil, Alcide de Gasperi, vient informer Umberto du résultat. Après son départ, Umberto demande à Marie-José de venir dans son bureau. Il lui dit qu'il s'est engagé auprès du chef du gouvernement à ce que sa propre famille et les membres de la maison de Savoie quittent l'Italie dès le lendemain. Lui ne s'en ira qu'une fois que la Cour de cassation aura proclamé le résultat officiel. Marie-José aimerait rester plus longtemps. Ce n'est pas possible. Elle prend un avion pour Naples avec ses enfants. Elle passe sa dernière nuit en terre italienne dans la villa Rosebery rebaptisée « Maria Pia » après la naissance de sa première fille, cette maison où elle a vécu les moments les plus heureux de son mariage. Elle reste debout toute la nuit. Elle n'arrive pas à dormir, jugeant que c'est trop injuste de devoir quitter l'Italie.

La « reine de mai » et ses enfants quittent l'Italie à bord du *Duc des Abruzzes*. Direction Lisbonne. La duchesse de Cadaval a mis à leur disposition à Sintra une villa, la Quinta da Bella Vista, où elle s'installe avec les enfants en attendant l'arrivée d'Umberto. Le 13 juin 1946, Umberto atterrit à Lisbonne et rejoint sa famille. C'est lui qui a choisi le Portugal plutôt que l'Égypte car il voulait éviter à Marie-José une cohabitation insupportable avec ses beaux-parents.

Le Portugal est alors le lieu de prédilection des familles royales détrônées, de Carol II de Roumanie au comte et à la comtesse de Barcelone, parents du futur roi d'Espagne Juan Carlos. Ils seront bientôt rejoints par le comte et la comtesse de Paris et leur nombreuse progéniture. Tous se connaissent, se retrouvent, se reçoivent, organisent des fêtes pour leurs enfants.

Marie-José se lie d'amitié avec la comtesse de Barcelone. Si Umberto s'intègre parfaitement dans cet univers d'exilés, leur couple va mal. Son épouse, avec son tempérament positif, est bien décidée à tourner la page ; ce n'est pas le cas de son mari. Il passe des heures dans le jardin à lire les journaux italiens et à se torturer entre culpabilité et regrets. Il s'enferme dans un mutisme qui pèse beaucoup sur Marie-José. La « reine de mai » avait espéré qu'après cette sombre période leur histoire prenne un tour nouveau et même plus intense. Mais c'est tout le contraire : peu à peu, le silence s'installe entre eux. Là-dessus, Marie-José tombe malade. Elle souffre de troubles gastro-intestinaux et doit être opérée en mars 1947. Malheureusement, on lui transfuse un sang incompatible avec le sien. Elle sombre dans le coma. Lorsqu'elle se réveille, elle a perdu la vue à cause d'une hémorragie de la rétine. Elle va se faire soigner à Genève par un spécialiste réputé. Umberto l'accompagne. Comme elle voit très mal, il lui fait la lecture et s'occupe d'elle avec gentillesse. Elle se rétablit, revient à Sintra, déclare que le climat ne convient pas à sa santé. La séparation des époux est inévitable. Elle va s'installer à Genève avec son fils Victor-Emmanuel ; ses trois filles resteront au Portugal, auprès de leur père. Umberto aide son épouse à s'installer à Merlinge, dans le voisinage de Genève. Il lui écrit de très belles lettres et chaque mois lui fait remettre une brassée de roses rouges avec un billet affectueux. Elle résume la situation : « À ce moment-là, en 1947, je pensais que la distance était la meilleure chose pour tous deux, l'unique voie à suivre pour ne pas abîmer ce qui subsistait après un passé si difficile : une solide affection. »

Marie-José se consacre à l'écriture de livres sur ses parents, sur l'histoire de la maison de Savoie. Elle voyage beaucoup avec sa mère, la reine Élisabeth des Belges, puis avec des amies. Umberto, lui, se partage entre crises de mélancolie dans sa nouvelle résidence de Cascais, la villa Italia, et mondanités avec les exilés du Gotha. Il se rend souvent en Espagne, est très lié au couple Luis Miguel Dominguín-Lucia Bosè et à Salvador Dalí.

On reverra une seule fois, pour un voyage, Umberto et Marie-José ensemble. Ils sont tous deux les hôtes de la reine Frederika de Grèce, à bord de l'*Agamemnon*, lors de la fameuse « croisière des rois » à l'été 1953. C'est d'ailleurs pendant cette croisière que Maria Pia rencontre le prince Alexandre de Yougoslavie qui sera son premier époux. Leur mariage au Portugal, à Cascais, le 12 février 1955, aura lieu en présence de presque toutes les maisons régnantes ou détrônées d'Europe, ainsi que d'un fort contingent de royalistes italiens qui, contrairement aux Portugais, vexés qu'elle les ait abandonnés, feront un véritable triomphe à celle qui, pour eux, était restée la « reine de mai ». J'ai eu la chance de connaître la reine Marie-José à Paris où elle présidait, une année, le jury du prix Historia, puis à Genève.

En 1982, Umberto est atteint d'une tumeur à la moelle osseuse. C'est très douloureux. Il est hospitalisé à Londres, puis à Genève. Il s'éteint le 8 mars 1983, à Genève, âgé de soixante-dix-huit ans. Marie-José et leurs enfants sont auprès de lui. Ses funérailles ont lieu à l'abbaye de Hautecombe, la sépulture des Savoie. La plupart des monarchies européennes sont présentes pour lui rendre un dernier hommage. Marie-José s'éteint à Genève le 27 janvier 2001, âgée de quatre-vingt-quinze ans. Le 2 février, elle rejoint Umberto dans la crypte de Hautecombe. Ce couple, séparé par la vie, s'est retrouvé dans la mort. Ils reposent côte à côte. En 2002, le parlement italien a abrogé la loi d'exil qui interdisait aux descendants de la maison de Savoie de revenir en Italie.

14

Le shah d'Iran et la shahbanou : d'un empire d'Iran modernisé à une errance tragique

Téhéran, 26 octobre 1967. Les milliers de témoins se demandent s'ils rêvent. Est-ce un conte des *Mille et Une Nuits* mis en scène par une nouvelle Schéhérazade ? En cette seconde moitié du XXe siècle où les fastes monarchiques se raréfient et sont plutôt discrets, c'est un extraordinaire et incroyable spectacle que le couronnement et le sacre de Mohammad Reza Pahlavi, shah d'Iran, et de sa troisième femme. Il l'avait épousée huit ans plus tôt, le 21 décembre 1959. Ce 26 octobre est aussi une histoire d'amour…

Pour les uns, c'est une journée féerique et inoubliable. Pour les autres, c'est anachronique, excessif, voire choquant. Dès la nuit de mercredi à jeudi, une marée humaine a vu défiler des carrosses d'apparat tirés par des chevaux enrubannés. Avec ses mille miroirs, le palais du Golestan, restauré, est devenu l'écrin fabuleux recevant, selon un protocole rigoureux, mille cinq cents invités prestigieux.

En ce jour historique, à Téhéran tout est exceptionnel pour 23 millions d'Iraniens qui, depuis vingt-six ans, sont sous l'autorité d'un monarque non couronné. On comprend pourquoi les journaux, les radios et les télévisions du monde entier ont dépêché à Téhéran des hordes d'envoyés spéciaux. Les images, parfois en direct, donnent à chacune et à chacun le sentiment d'être aussi l'hôte de l'événement. Il semblait impossible d'imaginer ou de revoir une telle magnificence, alors que toutes les monarchies impériales, à l'exception du Japon, ont été balayées par les revers de l'histoire.

Le souverain attendait ce jour depuis vingt-six ans ! Pourquoi un si long délai ? Pour le comprendre, il faut revenir en arrière.

Le 12 décembre 1925, son père, Reza Shah, un colosse d'un mètre soixante-dix-huit né en 1878, avait chassé la dynastie des Qadjar et intronisé en sa personne celle des Pahlavi. D'ailleurs, refusant de ceindre la couronne des souverains bannis, il en avait fait faire une nouvelle, dans le plus grand secret. Elle avait été créée par un joaillier persan qui s'était inspiré du vieux style sassanide. Pesant plus de 2 kilos, cette merveille est sertie de 3 380 diamants, 368 perles, 5 émeraudes et 2 saphirs. Le sceptre, offert par le peuple d'Azerbaïdjan, long de 79 centimètres, est en or, surmonté d'un globe avec trois lions et trois soleils. Quant au sabre, ciselé en 1889 par un orfèvre persan, il est orné de 214 émeraudes, 64 rubis, 4 saphirs et 12 384 diamants !

Au début des années 1930, Reza Shah avait voulu réduire, sinon éliminer de son pays, les ingérences britanniques dans les exploitations pétrolières, notamment celle de l'Anglo-Persian Oil Company. Les nouvelles concessions rapportèrent d'énormes bénéfices financiers à l'Iran. Par ailleurs, une réforme des mœurs et des usages traditionnels fit perdre au clergé chiite son autorité. Les femmes durent renoncer au voile (comme dans la Turquie de Mustafa Kemal à la même époque), les mots turcs et arabes furent exclus du vocabulaire et, en 1935, la Perse prit le nom officiel d'Iran.

En 1939, Reza Shah avait tenté de maintenir la neutralité de son État dans le conflit qui divisait le monde, mais ses sympathies personnelles allaient vers le IIIe Reich. Après la rupture du pacte germano-soviétique et l'entrée en guerre de l'URSS aux côtés des Alliés, en août 1941, il refusa le passage des convois envoyés par Londres et Moscou. Le 25 août 1941, les troupes britanniques et soviétiques envahirent l'Iran. Contraint d'abdiquer en faveur de son fils le 16 septembre, Reza Shah fut déporté par les autorités anglaises, d'abord sur l'île Maurice, puis en Afrique du Sud, où il mourut en 1944. C'est ainsi que Mohammad Reza, âgé de vingt-cinq ans, succéda à son père. Formé à l'occidentale, cultivé et sportif, il a fait ses études en Suisse, au collège du Rosey, ce qui lui a aussi donné le goût des sports d'hiver. Le jeune souverain veut transformer la dictature en une monarchie constitutionnelle. Il proclame que sa priorité est le progrès de son peuple, un progrès étayé par des réformes où le glorieux passé de la Perse permettrait « de faire de l'Iran le pays le plus évolué du monde et de ressusciter son ancienne gloire et son ancienne grandeur ». Une tâche longue et difficile jalonnée de malheurs et de plusieurs tentatives d'assassinat parce que l'Iran reste occupé par des unités britanniques et soviétiques.

En 1951, le Premier ministre Mossadegh entreprend une politique violemment nationaliste et indépendante à l'égard des deux blocs Est-Ouest en pleine guerre froide. Mais la nationalisation du pétrole iranien provoque son boycott par l'étranger et de graves difficultés économiques. Réduit à l'impuissance politique, le souverain s'enfuit hors d'Iran. Puis, appuyé par l'armée qui lui est restée fidèle et soutenu par les Américains, Mohammad Reza Pahlavi revient par un coup d'État qui renverse Mossadegh, le 19 août 1953. C'est alors que commence le véritable règne du shah. En 1955, il lance une extraordinaire réforme agraire : 200 000 hectares de terres sont répartis entre 42 000 paysans. C'est audacieux mais insuffisant : au début de 1963, plus de 60 % des agriculteurs iraniens ne sont toujours pas propriétaires des domaines qu'ils cultivent. Le shah promulgue de nouveaux changements agraires, mais les propriétaires sont mécontents. C'est la « révolution blanche » qui abolit les propriétés féodales, nationalise les forêts, les pâturages et les ressources d'eau naturelle. Parmi les réformes imposées, citons l'égalité des droits civiques entre les hommes et les femmes, la participation des ouvriers aux bénéfices industriels, l'instauration d'une justice populaire élective dans les villages et la très importante création des « armées du savoir, de l'hygiène, de la santé et du développement », afin de moderniser la vie rurale. En appliquant des changements économiques et sociaux spectaculaires, le shah élève l'Iran au niveau des grandes puissances de l'Asie occidentale.

Et les femmes ? Sa vie privée est compliquée et source de nombreux drames. En 1939, il a épousé la princesse Fawzia, sœur du roi Farouk d'Égypte. Il avait vingt ans, elle dix-huit. En 1940, elle lui a donné une fille, la princesse Shahnaz ; le couple était apparemment heureux, mais en réalité c'était un mariage de convenance. Fawzia supportait mal l'atmosphère étriquée du palais de Téhéran où la vie était moins brillante et moins divertissante que dans les résidences de la monarchie égyptienne. De plus, Fawzia souffrait de l'omniprésence de la reine mère et de la sœur jumelle du shah, la princesse Ashraf. Fawzia avait quitté Téhéran en 1945, regagnant Le Caire et laissant sa fille en Iran. Le shah avait un peu espéré son retour. Elle ne revint pas et le divorce fut prononcé en 1948.

Le deuxième mariage du shah eut lieu le 12 février 1951. Il épousait la très belle Soraya Esfandiari Bakhtiari dont le père avait été ambassadeur d'Iran à Bonn ; sa mère était d'origine allemande. Soraya, née à Ispahan en 1932, avait fait ses études à Zurich où sa famille s'était installée en 1947. Parlant parfaitement le français et l'allemand, Soraya se trouvait à Londres lorsque la famille du shah remarqua sa beauté, sa culture et son intelligence. À l'époque, le shah n'était pas encore divorcé, mais leur première rencontre fut un véritable coup de foudre. Il ne put résister aux superbes yeux de Soraya. Le drame du couple sera de ne pas avoir d'enfants. Lors de l'exil du shah, tous leurs voyages sont discrètement ponctués de secrètes visites médicales auprès de spécialistes, dans l'espoir de la naissance d'un héritier. C'est avec Soraya que le shah a vécu l'éloignement douloureux de l'Iran, c'est avec elle qu'il a partagé son retour triomphal à Téhéran en 1953. Hélas, Soraya ne parvient toujours pas à être enceinte. Son lumineux regard devient un regard sombre, comme désespéré. Le couple s'aime mais elle est meurtrie par cette injustice de la nature. Son impossibilité d'être mère est une humiliation. C'est un drame intime, conjugal, mais c'est aussi un drame national. En 1958, le souverain, âgé de trente-neuf ans et ayant absolument besoin d'un héritier, se sépare de Soraya pour raison d'État. Elle est malheureuse, le shah aussi, car ils s'aimaient. Elle devient une princesse injustement répudiée, promenant sa solitude, sa mélancolie romanesque et ses sublimes yeux verts dans tous les lieux mondains. Elle s'y ennuie, traquée par la presse qui guette ses larmes. « Soraya, la princesse triste » est à la une des magazines et elle se « vend bien ». Le shah doit donc absolument se trouver une nouvelle épouse. Ce sera Farah Diba. Elle a vingt et un ans.

Son père est issu d'une très ancienne famille d'Azerbaïdjan ; sa mère est originaire des bords de la mer Caspienne. Son père, Sorab Diba, très francophile, a été l'un des premiers Persans à fréquenter l'École militaire de Saint-Cyr. Orpheline de père à neuf ans, Farah a été recueillie avec sa mère par un oncle fortuné. Après de brillantes études au collège Jeanne-d'Arc de Téhéran tenu par des religieuses françaises, mais n'ayant jamais renié ses racines musulmanes, Farah a été admise à l'École spéciale d'architecture de Paris, boulevard Raspail. En 1957, elle a quitté Téhéran pour s'installer à la Cité universitaire. C'est lors d'une visite du shah à Paris, en

1959, que son destin a basculé. Plus tard, le maître de l'Iran dira : « J'ai su, ce jour-là, que cette jeune fille serait ma troisième épouse. » Le mariage est décidé l'été suivant, à Téhéran, où l'étudiante est de retour pour ses vacances. Lorsqu'elle est revenue à Paris le 3 novembre 1959, ce n'était plus pour ses études mais pour préparer son mariage. La France s'enthousiasma pour cette jeune fille si belle, si réservée, si charmante, qui allait être transformée en princesse de conte de fées par les sœurs Carita pour la coiffure et par le génie d'Yves Saint Laurent, alors directeur artistique de Dior, pour la robe de la mariée et aussi la garde-robe de la future impératrice. Dans la presse mondiale, Farah éclipse Soraya. Vingt jours plus tard, les fiançailles étaient célébrées officiellement. Selon un rituel séculaire, Farah dut répondre trois fois « oui ». Et le mariage fut célébré trois mois plus tard à Téhéran, au palais du Golestan. Aux journalistes qui l'interrogent sur son choix, le shah répond :

« Si j'épouse Mlle Diba, ce n'est pas pour des raisons biologiques ou politiques. C'est tout simplement parce que je l'aime. Je l'ai choisie parmi des dizaines de candidates parce que j'ai cru voir en elle le symbole de la jeune fille moderne, patriote, forte, capable de me donner le fils que j'attends et de tenir avec sagesse le rôle d'impératrice. »

Comme la famille princière de Monaco au même moment, le couple impérial n'échappera plus à la presse, avec une seule question : Farah donnera-t-elle un enfant au shah d'Iran ? Une obsession... Une question politique n'était toujours pas réglée : le shah régnait depuis vingt-cinq ans mais il n'avait toujours pas été couronné. Plus tard, l'impératrice Farah expliqua pourquoi :

« Bien que régnant depuis un quart de siècle, mon mari avait constamment repoussé les cérémonies de son sacre. À ceux qui le pressaient de ceindre la couronne, il répondait avec gravité qu'il le ferait le jour où il sentirait le pays résolument engagé dans la voie du progrès, mais qu'en attendant il n'éprouvait pas de fierté particulière à être couronné devant un peuple encore pauvre et en partie illettré. »

C'est seulement après la naissance de leur troisième enfant et second fils que le couple impérial fixa définitivement la date de la cérémonie au 26 octobre 1967, jour du quarante-huitième anniversaire du shah. Une cérémonie ? Non, deux ! Et cela est une révolution inspirée par l'amour. Jamais l'épouse d'un monarque iranien n'avait été sacrée. Par la volonté de son époux, Farah allait être la première impératrice d'Iran. Pour elle, il faut tout inventer, à commencer par sa couronne. Ce ne sont pas les pierres précieuses qui manquent dans les coffres de la Banque centrale ! Mais quel joaillier choisir ? Finalement, c'est la prestigieuse maison parisienne Van Cleef & Arpels qui est retenue, ses dessins mariant parfaitement la culture persane, l'élégance et la féminité. Pierre Arpels vient en personne à Téhéran afin de sélectionner les joyaux, mais comme il est interdit de les sortir du pays, il revient à Téhéran avec les spécialistes de son atelier pour les monter. La première – et la seule – couronne de l'impératrice est un chef-d'œuvre. Par ailleurs, Farah ne souhaite pas porter une robe ressemblant à celles des souveraines occidentales, qu'elles règnent, comme au

Royaume-Uni ou aux Pays-Bas, ou qu'elles soient des reines consorts. Christian Dior est choisi et c'est Marc Bohan qui la dessine, ainsi que la cape brodée de motifs persans. Des amies de Farah, brodeuses, s'installent au club des officiers : c'est le seul endroit de Téhéran disposant de tables assez longues pour étaler l'impressionnante traîne (7 mètres de velours vert) incrustée de bijoux qui sera soutenue par six demoiselles d'honneur.

D'urgents travaux remettent en état le vieux palais du Golestan, surnommé le « Versailles iranien » en raison de sa galerie des Glaces. Pendant ce temps, l'épouse du shah répète le programme de la journée, qui se rapproche. Fatiguée, elle a beaucoup maigri, mais elle s'amuse à dire qu'elle est soulagée d'avoir perdu « les joues rondes et pleines de la jeune fille que le shah avait demandée en mariage huit ans plus tôt[1] ».

Arrive le jour de cette double et exceptionnelle cérémonie. Ce 26 octobre 1967, déclaré jour férié, il fait très beau à Téhéran. Au milieu des guirlandes, des drapeaux et des tapis, on voit partout des portraits du couple. L'aviation lâche sur le cortège des milliers de roses, exactement 17 532 symbolisant le nombre de jours de l'existence du souverain. Sortis du palais de Marbre et sur le chemin du Golestan, deux carrosses bleu et or de la période Qadjar, dont les vitres et les portes ont été blindées, avancent lentement. Le premier, tiré par huit chevaux blancs, conduit les souverains. Le second, plus petit, tiré par quatre chevaux noirs, est celui du prince héritier

1 Farah Pahlavi, *Mémoires*, Paris, XO Éditions, 2003.

Reza, sept ans. Il est déjà bien habitué à saluer la foule avec dignité, bien que ce jour-là il soit enrhumé et fiévreux.

Quarante et un ans après le couronnement de son père et vingt-six ans après lui avoir succédé, Mohammad Reza Pahlavi se couronne lui-même. Puis – et c'est un acte inédit dans la mémoire impériale – il intronise son épouse avec le titre de shahbanou (impératrice), une dignité et un titre inconnus dans une société islamique.

Le trône du paon étincelle sous cinq lustres de cristal. Des officiers remettent au souverain les insignes de l'ordre du Nadir, des manteaux de couronnement et le sceptre. La couronne spécialement conçue pour Farah est incrustée de 1 646 pierres précieuses. Elle la reçoit à genoux. « En me couronnant, le roi m'a donné le sentiment qu'il couronnait toutes les femmes d'Iran. Quatre ans plus tôt seulement, assimilées dans un article de loi aux handicapés mentaux, nous n'avions même pas le droit élémentaire de désigner nos représentants ! Cette couronne effaçait des siècles d'humiliations ; plus sûrement que toutes les lois, elle affirmait, solennellement, l'égalité de l'homme et de la femme[2] », écrit la shahbanou dans ses *Mémoires*. Afin que ce double couronnement ait un caractère exclusivement iranien, aucun chef d'État étranger, président ou souverain, n'a été invité, à l'exception du prince Karim Aga Khan et de la bégum Om Habibeh « en raison de liens historiques, de respect et d'affection », dira la shahbanou. La reine mère est absente.

---

2 *Ibid.*

Cette cérémonie, dont le rite remonte à l'an 641 de l'ère chrétienne, est encore illustrée par un immense cortège de 7 kilomètres de long entre la résidence de Marmar et le Golestan. Quinze mille soldats forment une haie d'honneur pour la limousine d'apparat, blindée, qui a coûté l'équivalent de 500 000 nouveaux francs. Une tradition millénaire vient de revivre devant des centaines de milliers de personnes, comme une promesse d'avenir. La population féminine est émue par la simplicité, l'élégance et le souci des autres de l'impératrice. Dans la soirée, l'ancienne troupe des ballets du marquis de Cuevas danse à l'opéra dans la nouvelle salle Rudaki – baptisée ainsi en mémoire du grand poète et musicien sassanide du IXe siècle. Et la danseuse étoile française Liane Daydé se produit dans le ballet-pantomime *Coppélia*, de Léo Delibes, avant un hommage dédié au couple souverain par le chorégraphe et maître de ballet Serge Lifar[3].

Le couple impérial est très épris. Avec une aisance exceptionnelle, Farah s'était coulée dans son rôle de souveraine. Très vite elle avait donné au shah l'héritier tant espéré, Reza, le 31 octobre 1960. Farah avait dit : « En quelques semaines, j'ai vu le roi se métamorphoser. Lui, si pudique, si réservé, ne cherchait pas à cacher la tendresse et l'émotion que lui inspirait son fils. » Pour la plus grande joie du couple, la famille s'est rapidement agrandie : une fille, Farahnaz, est née le 12 mars 1963, suivie d'un second fils, Ali Reza, le 28 avril 1966. En fait, le shah avait attendu que sa succession soit assurée pour célébrer son double

3 Entretien avec l'auteur sur Europe 1, le 23 décembre 2016.

couronnement, un hommage particulier à la femme iranienne et à la mère de ses enfants tant espérés. La naissance d'une seconde fille, Leila, le 27 mars 1970, précède les extraordinaires fêtes de Persépolis, le 12 octobre 1971. Il s'agit de célébrer la fondation de l'Empire perse par Cyrus le Grand... et cette célébration de vingt-cinq siècles de monarchie doit éblouir le monde. Le shah veut que tous les yeux se tournent vers l'Iran, un pays en plein essor économique, démographique et social. La shahbanou y prend une large part, veillant à l'organisation de ce que certains appelleront le « nouveau camp du Drap d'or ». Ce sera l'apogée du règne du shah et les plus hautes personnalités internationales y assisteront. Mais derrière ces splendeurs, il y a un couple et une famille unis, malgré leur statut. L'éducation des enfants est privilégiée, mais surtout pleine d'amour. Dès que Reza, l'héritier, atteint l'âge de trois ans, ses parents réalisent que, malgré leur désir, ce serait une folie de le mettre dans une école publique. Le prince est l'objet d'une telle ferveur et d'une telle curiosité que sa vie en serait probablement perturbée. On va donc installer une école au palais, pour lui, son frère, ses sœurs et ses cousins. Tous sont élevés par des gouvernantes, mais les parents tiennent à les voir quotidiennement, sauf en cas de voyage. Les moments les plus heureux sont, bien entendu, les vacances, que l'impératrice décrira comme « des escales miraculeuses au milieu d'un océan constamment déchaîné ». Les lieux sont soit le petit palais de Babol, sur la mer Caspienne, soit Now Shaah, une maison très simple, sur pilotis, idéale pour les baignades et le ski nautique. Plus tard leur refuge estival sera l'île de Kish, dans le golfe Persique.

Plus grands, les enfants y découvriront les plaisirs de la plongée sous-marine dans des eaux transparentes et poissonneuses. D'autre part, le shah, grand cavalier, a transmis sa passion équestre à Reza et à Farahnaz. Les vacances d'hiver les attirent pour skier le plus souvent dans les montagnes dominant Téhéran et, parfois, à Saint-Moritz.

Le couple est en parfaite harmonie pour que les enfants soient aussi experts dans l'histoire et les traditions iraniennes que dans le scoutisme, que Farah a pratiqué quand elle était jeune fille, et les métiers modernes, afin que le passé, le présent voire l'avenir coexistent dans un Iran en plein développement. Ce qui enchante Reza, l'héritier, c'est l'aviation. Très tôt, il prend des leçons de pilotage, et à treize ans il a la joie d'effectuer son premier vol, évidemment accompagné de son instructeur, mais seul aux commandes. À seize ans, quelle fierté de piloter un avion de chasse américain ! Le prince Reza sera breveté pilote sur Boeing 707, 737 et 727. Ses parents sont conscients qu'à une excellente éducation classique il faut désormais ajouter la formation technologique d'un futur souverain du XXe siècle, et son frère Ali Reza est tout aussi exalté par l'aviation. Farahnaz, elle, a une passion pour les animaux, les chiens, bien sûr, mais aussi – et c'est plus étonnant ! – pour les souris qu'elle élève dans sa salle de bains ! Elle ose faire venir des vaches dans le parc du palais, et même un lionceau provenant de la réserve africaine française de Thoiry.

Le couple impérial et ses enfants sont le plus souvent réunis, mais les obligations des parents sont très prenantes. Ainsi, le 28 octobre 1970, Nikolaï

Podgorny, influent membre du Politburo et du parti communiste à Moscou, a inauguré avec le shah le plus long gazoduc du monde, exemple des relations entre l'Iran et l'URSS. Si le souverain se rend souvent en Union soviétique, les États-Unis demeurent un allié essentiel. Dans cette période, le couple effectue plusieurs voyages en Iran pour vérifier les progrès d'une modernisation maîtrisée. En septembre 1972, Farah est à la tête d'une importante délégation à Pékin afin de rétablir les anciens liens sino-iraniens. Le 17 février 1975, à Saint-Moritz, en, Suisse, le shah s'entretient avec le président Valéry Giscard d'Estaing.

Malheureusement, à partir de la fin 1977, l'empereur se sait gravement malade. Dans le plus grand secret, le shah est traité depuis 1973 par des spécialistes français pour la maladie de Waldenström, une forme de cancer du sang. Il est suivi par une sommité française, le professeur Jean Bernard, spécialiste de la leucémie. Longtemps, par amour, le shah a caché la vérité à Farah, prétextant une grande lassitude devant l'effervescence politique croissante. L'impératrice n'en est informée qu'au printemps 1977. Quant aux enfants, ils en ignorent tout, pensant que la fatigue de leur père est due aux inévitables tensions de la vie publique et aux récriminations incessantes.

Parallèlement, la situation intérieure de l'Iran se dégrade, les revendications pour davantage d'ouverture et de libéralisation du régime se heurtant aux extrémistes religieux hostiles à une certaine laïcisation de l'État et à l'émancipation des femmes qui ont déjà obtenu le droit de vote.

L'autoritarisme du souverain – sans doute aggravé par ses souffrances – et ses innovations maladroites ou mal présentées dressent contre lui les communistes et les islamistes qui se rejoignent dans une détestation du régime impérial. Cette double opposition est, selon le monarque, une alliance contre nature qu'il décrit comme l'« union non sacrée du rouge et du noir ». Farah, très inquiète de cette collusion, tente de faire supprimer les portraits officiels du couple désormais affichés sous n'importe quel prétexte en dehors des lieux publics et des manifestations officielles. Le shah et son épouse sont désignés comme responsables du nouvel Iran, tantôt pas assez traditionnel, tantôt trop moderne. La personnalisation du régime fait le plus grand tort au couple. Et, bien sûr, les islamistes ne peuvent pardonner au shah d'avoir rendu hommage, à travers le souvenir de Cyrus le Grand, à la Perse d'avant l'islam, au point même d'avoir remplacé le calendrier islamique par un calendrier « solaire impérial ».

Les divers opposants sont réduits au silence par la redoutable police secrète du shah, la Savak. Le 5 août 1978, pour calmer l'agitation politique qui avait commencé en janvier dans la ville sainte de Qom, fief de l'ayatollah Khomeyni réfugié en France, le shah promet plus de libertés. En août, à Ispahan, un cinéma, symbole du sacrilège occidental, est incendié par des manifestants. Bilan : quatre cents victimes. Le mécontentement se cristallise autour des intégristes opposés à la modernisation des mœurs et au retour d'anciens politiciens qui avaient été exclus de la vie publique.

Au début de 1979, après la nomination de Chapour Bakhtiar comme Premier ministre, malgré une croissance économique encore soutenue et une timide ouverture en faveur de libertés, les manifestations et les émeutes se succèdent. Une révolution conduite par les intégristes chiites contraint le souverain – très malade – et les siens à l'exil. L'Occident ne réagit pas. Leur départ est fixé au 16 janvier 1979, à l'aéroport de Mehrabad. La shahbanou écrira : « [...] C'est un peu comme si on vous demandait de sortir très rapidement d'une maison en feu. Le chagrin me broie le cœur, intense, intact, quand je me remémore ce matin de janvier 1979. Un silence angoissant s'était abattu sur Téhéran, comme si notre capitale, à feu et à sang depuis des mois, retenait soudain son souffle. » La veille, ses deux plus jeunes enfants, Ali Reza et Leila, accompagnés par leur grand-mère, Mme Diba, leur gouvernante et un officier de sécurité, ont pu partir pour les États-Unis.

Au moment où le shah quitte le sol iranien, un soldat lui baise les pieds. Il faut noter que le souverain n'a jamais abdiqué. Qui va accueillir l'ancien tout-puissant monarque, autocrate maintenant haï, et sa femme, courageuse dans l'adversité ? Un seul chef d'État a ce courage et cette élégance, Anouar el-Sadate, le président de la République égyptienne, probablement parce qu'au-delà de sa générosité personnelle, lui aussi redoute les extrémistes musulmans, non sans raison, comme on le sait...

Mais on apprendra vite que le séjour à l'hôtel Oberoï d'Assouan ne sera qu'une escale de quelques jours dans l'interminable errance imposée à l'ancien « roi des rois », sous prétexte médical, mais qui n'est pas à l'honneur des prétendus alliés de l'Iran, devenus soudain sourds, aveugles et sans mémoire. La plupart des chefs d'État, autrefois si fiers de se précipiter à Persépolis, se montrent d'une indécente hostilité, voire d'une incroyable indifférence. Le couple impérial ne reste qu'une semaine en Égypte. Un autre souverain accepte de les recevoir, le roi Hassan II du Maroc. Le 22 janvier 1979, ils gagnent Marrakech. C'est là qu'ils apprennent le retour triomphal de Khomeyni dans un avion d'Air France, au début de février. L'Occident, dépassé, a appris un nouveau mot, celui d'ayatollah.

Seul réconfort, les quatre enfants rejoignent leurs parents à Marrakech, puis les exilés s'installent à Rabat, dans un palais mis à leur disposition. Mais le cauchemar de l'errance revient : Alexandre de Marenches, le très informé patron des services secrets français, avertit le shah que sa présence au Maroc fait courir des risques au roi Hassan II. Où aller ? Valéry Giscard d'Estaing estime la France incapable d'assurer la protection des Pahlavi, le Royaume-Uni de même... C'est grâce à une colère et aux efforts d'Henry Kissinger et de David Rockefeller que les exilés peuvent gagner les Bahamas. Le 30 mars 1979, ils s'installent à Nassau en louant à prix d'or une villa pour les enfants. Farah se souvient : « Désormais, au seul énoncé de notre nom, tous les prix allaient être multipliés par cinq, voire par dix. » Épouse et mère, l'impératrice fait tout pour que ses enfants pâtissent le moins possible d'une situation intenable. Elle vit un véritable calvaire : « [...] Jour et nuit, l'anxiété me serrait le cœur, et je sentais que le roi, bien qu'il ne se plaignît jamais, traversait le même calvaire. Voir cet homme, si actif toute sa vie, essayer de survivre à la moiteur étouffante et silencieuse des jours... Sa maladie l'épuisait[4]. » Les enfants – Reza va avoir dix-huit ans, Farahnaz quinze, Ali Reza douze et Leila neuf –, qui ont toujours vu leur père dynamique, adulé et respecté, souffrent aussi. Un traumatisme ineffaçable qui pèsera sur leurs existences, celui du sentiment que le monde entier les abandonne. Trois jours avant l'expiration de leurs visas, le gouverneur des Bahamas leur fait savoir qu'ils ne seront pas renouvelés. Une fois de plus, Henry Kissinger, ami fidèle et qui ne perd pas la mémoire, obtient du président du Mexique qu'ils puissent séjourner dans son pays. Farah observe : « Nous eûmes aussi le sentiment que le Mexique n'était pas mécontent de donner à cette occasion une leçon d'éthique politique aux États-Unis. » La famille atterrit donc le 10 juin 1979 à Cuernavaca, au sud de Mexico. L'ambiance est différente : la maison est vaste, entourée d'un magnifique jardin tropical. Toutefois, elle est rongée par l'humidité, ce dont, curieusement, le shah ne semble pas se préoccuper. Après la claustration des Bahamas, il a l'impression de revivre. Hélas, son état empire. Après de multiples négociations et examens, tandis que les enfants ont pu, difficilement, gagner New York et le Massachusetts, le shah et son épouse arrivent eux-mêmes à New York le 23 octobre 1979. Le shah est opéré le 25. Il souffre beaucoup. L'hôpital est entouré de manifestants qui crient : « Mort au shah ! » Le 4 novembre, alors que son mari est toujours

4 Farah Pahlavi, *Mémoires*, *op. cit.*

hospitalisé, Farah écrit : « L'Amérique découvrit qu'en représailles à notre entrée aux États-Unis, son ambassade à Téhéran était désormais occupée et ses diplomates prisonniers des islamistes. » Pour le clan exilé, ce chantage international est incroyable. L'ayatollah Khomeyni exige l'extradition du shah pour qu'il puisse être jugé. Il va même jusqu'à mettre en doute la réalité de son cancer !

Farah, au comble du désespoir, écrit dans son journal : « Maintenant, je sais que jusqu'à la fin de mes jours, il n'y aura plus nulle part de tranquillité pour nous. La maladie de mon mari est peut-être en train de provoquer une troisième guerre mondiale. »

Dans les rues de Téhéran, les étudiants islamistes défilent en hurlant *« Marg bar Āmrikā »* (« À mort l'Amérique »). Le président Jimmy Carter est conspué. L'ambassade américaine est envahie, les bâtiments saccagés et une cinquantaine d'Américains, membres de la représentation diplomatique, sont pris en otages. Contre leur libération, les « étudiants » exigent que le shah soit livré à la justice islamique. L'ayatollah Khalkhali, qui dirige la tendance dure de la révolution, est un fanatique. Il promet, contre l'absolution, une récompense de 140 millions de dollars à l'ex-impératrice si elle accepte... de tuer son mari !

Dans cette confusion, Jimmy Carter déclare que l'Amérique ne cédera pas au chantage et que le shah est libre de partir dès que sa santé le lui permettra. Les médecins estiment, début novembre, que le shah et sa suite peuvent partir. Mais où ? On tente le Mexique, mais cette fois c'est le Mexique qui s'y oppose ! Dans ce refus, on peut déceler l'influence de Fidel Castro. Le temps de trouver une nouvelle résidence, la Maison-Blanche finit par expédier le couple « embarrassant » vers une base aérienne proche de San Antonio, au Texas. Par sécurité, même les enfants ne doivent pas en être informés, et la petite Leila ne comprendra jamais comment sa maman a pu partir sans l'embrasser ni lui dire au revoir. Le shah et la shahbanou passent quinze jours dans une résidence surveillée avant qu'on leur annonce que le Panama est prêt à les accueillir et que l'ambassadeur du Panama à Washington leur prête sa résidence, située sur l'île de Contadora, à une trentaine de minutes par avion de Panama City.

Le couple y arrive à la mi-décembre, la chaleur et l'humidité sont étouffantes. Les enfants viennent rejoindre leurs parents avec leur grand-mère pour les fêtes de Noël. Une douce parenthèse, surréaliste, dans cette nouvelle étape de cet interminable exode. Malheureusement, il faut opérer le shah. Une ablation de la rate. Et rapidement, les proscrits ne se sentent pas en sécurité. Le président du Panama, le général Torrijos, joue double jeu car c'est à Jimmy Carter qu'il doit la restitution du canal à l'État panaméen. Pressentant une trahison de plus, Farah appelle l'épouse du président Sadate. Elle lui explique l'état gravissime de son mari, qui n'est toujours pas opéré, et lui dit qu'ils doivent quitter le Panama au plus vite. Elle ne donne pas plus de détails : elle sait que leur ligne est sur écoute.

Une fois de plus, les Sadate vont répondre présent. Ils proposent de leur envoyer immédiatement l'avion présidentiel égyptien. Prouvant que le téléphone panaméen était bien surveillé, Jimmy Carter appelle Anouar el-Sadate pour le dissuader d'accueillir le shah et les siens. Le président égyptien aurait répondu fermement : « *Jimmy, I want the shah here and alive !* » (« Jimmy, je veux le shah ici et vivant ! »).

Arrivé au Caire avec ses fidèles, le shah est opéré de la rate, mais l'intervention est inutile : les chirurgiens ont découvert des métastases dans le foie. Toujours vaillante et songeant aussi à l'avenir, Farah inscrit Ali Reza et Leila au collège américain du Caire, les aînés devant continuer leurs études aux États-Unis. Le patient souffrant aussi d'un abcès au poumon, il subit une nouvelle opération. Il semble se remettre et récupère si bien que le 26 juillet la shahbanou envoie les plus jeunes enfants à Alexandrie pour les éloigner de cette atmosphère médicale pesante.

Malheureusement, le sentiment d'une amélioration est une illusion, c'est le mieux avant la fin. En quelques heures l'état du patient s'aggrave. D'urgence, on rappelle les enfants. Les deux plus jeunes n'assisteront pas à l'agonie de leur père, mais Reza et Farahnaz seront auprès de lui jusqu'à son dernier souffle, avec Farah et la sœur jumelle du shah, la princesse Ashraf.

Le lointain successeur de Cyrus s'éteint le 27 juillet 1980. Avant de mourir, il donne à son fils aîné ce conseil : « Sois proche du peuple. »

Il avait soixante ans. Ses funérailles ont lieu le 29 juillet. L'impératrice raconte : « Nous étions en tête du cortège ; sur ma droite, marchait Leila en robe blanche, Farahnaz et Ali Reza. Sur ma gauche, Richard Nixon et mon fils Reza, le président égyptien et les trois frères du roi. » Sa dépouille est descendue dans un caveau particulier de la mosquée Al-Rifa'i.

La journée, brûlante, a été pénible. La veuve du shah d'Iran, la première impératrice qu'il avait fait couronner et qu'il estimait son égale, ajoutera : « Les enfants avaient forcé mon admiration. Ils avaient vécu chaque instant avec dignité, retenant leurs larmes, les cachant. »

Table

DU MÊME AUTEUR *(suite)*

AUX ÉDITIONS DE FALLOIS

Malesherbes, gentilhomme des Lumières, 1994, Grand Prix de la biographie d'histoire de l'Académie française.

AUX ÉDITIONS JULLIARD

Sleeping Story, la fabuleuse épopée des wagons-lits, 1998.

AUX ÉDITIONS DENOËL
(en collaboration avec Jean-Paul Caracalla)

L'Orient-Express. Un siècle d'aventures ferroviaires, 1984, couronné par l'Académie française.

Le Transsibérien, 1986.

Le Train bleu et les Grands Express de la Riviera, 1988.

La Tour Eiffel, 1989 (album du centenaire).

Les Trains des rois et des présidents, 1992.

AUX ÉDITIONS DU ROCHER

Colette et Monaco, 1997.

Inoubliable Grace de Monaco, 1999.

S.A.S. Rainier III et Monaco. 700 ans d'histoire des Grimaldi, 2005.

Le Roman de Vienne, 2005.

AUX ÉDITIONS FLAMMARION

Mémoires d'un palace : Baur au Lac, photographies de Jérôme da Cunha, 2002.

Le Hameau de la reine. Le monde rêvé de Marie-Antoinette, 2018.

AUX ÉDITIONS SPE BARTHÉLÉMY

Le Haut-Kœnigsbourg (en collaboration avec François Loyer), photographies de Robert César, 2013.

AUX ÉDITIONS CHRONIQUE
(rédacteur en chef)

Chronique du 20ᵉ siècle, 2003 (épuisé).

Paris, « Chronique des métropoles », 2013.

AUX ÉDITIONS POCKET

La Saga des Romanov, 2010.

Petit dictionnaire amoureux des trains, 2013.

La Saga des reines, 2014.

La Saga des favorites, 2015.

Achevé d'imprimer en octobre 2020
dans les ateliers de Normandie Roto Impression s.a.s.
61250 Lonrai
N° d'impression : 2004092

Imprimé en France